Sermones de Spurgeon sobre Jesús En nueva Edición e Impreso en Tamaño Grande

LA VIDA EN CRISTO

Lecciones de los milagros y las parábolas de Nuestro Señor

Volumen 1

Charles H. Spurgeon

Primera Edición en Español
LS Company
ISBN: 978-1-0882-6742-4
Copyright©2023

Tabla de contenido:

Sermón #1355—La Pregunta del Señor a los Ciegos 5

Sermón #1560—El Sencillo Camino del Hombre hacia la Paz 20

Sermón #701—Ver y no ver, Hombres como Árboles Caminando 35

Sermón #753—Nazaret—o Jesús, Rechazado por sus Amigos 51

Sermón #2003—Joven, ¿es esto para ti? 67

Sermón #1426—La Elevación de los Abatidos 82

Sermón #1635—¡Sólo confía en Él! ¡Sólo confía en Él! 97

Sermón #2960—"¿Dónde están los Nueve?" ¿Dónde están? 112

Sermón #2317—Obedecer las Órdenes de Cristo 124

Sermón #1556—Las Pilas de agua de Caná 135

Sermón #225—El Banquete de Satanás 149

Sermón #226—Fiesta del Señor 164

Sermón #2155—El Comienzo de los Milagros que hizo Jesús 175

Sermón #1865-La Fe del Noble 189

Sermón #317—Características de la Fe 204

Sermón #1355—La Pregunta del Señor a los Ciegos

PRONUNCIADO LA TARDE DEL DÍA DEL SEÑOR, 13 DE MAYO DE 1877,

POR C. H. SPURGEON,

EN EL TABERNÁCULO METROPOLITANO, NEWINGTON.

"Saliendo Jesús de allí, le siguieron dos ciegos, dando voces y diciendo: Hijo de David, ten misericordia de nosotros. Cuando entró en casa, los ciegos se acercaron a él; y Jesús les dijo: ¿Creéis que puedo hacer esto? Ellos le dijeron: Sí, Señor. Entonces les tocó los ojos, diciendo: Conforme a vuestra fe os sea hecho. Y les fueron abiertos los ojos". Mateo 9:27-30.

(En esta ocasión los miembros de la Congregación regular dejaron sus asientos a los extraños).

En nuestras propias calles nos encontramos, aquí y allá, con un mendigo ciego, pero pululan en las ciudades orientales. La oftalmia es el azote de Egipto y Siria, y Volney declara que en El Cairo, de cien personas con las que se encontró, veinte eran completamente ciegas, diez tenían un ojo y otras veinte estaban más o menos afectadas en ese órgano. En la actualidad, todo el mundo se sorprende del inmenso número de ciegos que hay en las tierras orientales, pero probablemente las cosas eran peores en tiempos de nuestro Salvador. Debemos estar muy agradecidos de que la lepra, la oftalmia y algunas otras formas de enfermedad se hayan controlado maravillosamente entre nosotros en los tiempos modernos, de modo que la plaga que devastó nuestra ciudad hace 200 años es ahora desconocida y nuestros hospitales Lock ya no están abarrotados de leprosos.

En la actualidad, la ceguera se previene a menudo y se cura con frecuencia. Y no es, de ninguna manera, un mal de ocurrencia tan frecuente como para constituir una fuente principal de la pobreza del país. Debido a que había tantos ciegos en los días de nuestro Salvador y tantos reunidos a su alrededor, muy comúnmente leemos acerca de su curación de los ciegos. La misericordia se encontraba con la miseria en su propio terreno. Donde el dolor humano era más conspicuo, el poder divino era más compasivo. Ahora, en estos días, es muy común que los hombres estén ciegos espiritualmente, y, por tanto, tengo una gran esperanza de que nuestro Señor Jesús actúe como antes, y despliegue Su poder en medio del mal que abunda.

Confío en que haya algunos aquí en este momento que anhelan obtener la vista espiritual, anhelando especialmente, como los dos ciegos de nuestro texto, ver a Jesús, a quien ver es vida eterna. Hemos venido esta noche a hablar a quienes sienten su ceguera espiritual y anhelan la luz de Dios: la luz del perdón, la luz del amor y la paz, la luz de la santidad y la pureza. Nuestro anhelante deseo es que se levante el manto de oscuridad, que el Rayo Divino encuentre un pasaje en la penumbra interior del alma y haga que la noche de la Naturaleza desaparezca para siempre. ¡Oh, que el momento del amanecer esté a la mano para muchos de ustedes que son "sólo ciegos"!

La iluminación inmediata es la bendición que imploro sobre ti. Sé que la Verdad de Dios puede permanecer en la memoria durante años y, al fin, producir fruto. Pero en este momento nuestra oración es por resultados inmediatos, pues tales sólo estarán de acuerdo con la naturaleza de la luz de la que hablamos. Al principio, Jehová no hizo más que decir: "Hágase la luz", y se hizo la luz. Y cuando Jehová Jesús estuvo aquí abajo, no hizo más que tocar los ojos de los ciegos, y en seguida recibieron la vista. ¡Oh, que la misma obra rápida se realice en esta hora! Hombres que eran llevados de la mano a Jesús, o que caminaban a tientas por las paredes hasta el lugar donde Su voz proclamaba Su presencia, eran tocados por Su dedo y regresaban a casa sin guía, regocijándose de que Jesucristo les había abierto los ojos.

Tales maravillas Jesús es todavía capaz de realizar, y, dependiendo del Espíritu Santo, predicaremos Su Palabra y estaremos atentos a las señales que siguen, esperando verlas de inmediato. ¿Por qué cientos de ustedes, que entraron en este Tabernáculo en la negrura de la naturaleza, no habrían de salir de él bendecidos con la luz del cielo? Este es, en todo caso, el más íntimo y elevado deseo de nuestro corazón, y a él aspiramos con concentradas facultades. Vengan con nosotros, entonces, al texto, y sean lo suficientemente amistosos consigo mismos para estar dispuestos a ser afectados por las verdades que les presentará.

I. En primer lugar, al explicar el pasaje que tenemos ante nosotros, debemos llamar su atención sobre LOS BUSCADORES mismos: los dos ciegos. Hay algo en ellos digno de ser imitado por todos los que quieren ser salvos. Notamos de inmediato que los dos ciegos estaban muy serios. La palabra que describe su apelación a Cristo es "clamando", y con esto no se quiere decir simplemente hablando, pues son representados como "clamando y diciendo". Ahora bien, clamar implica implorar, suplicar y suplicar con seriedad, energía y patetismo. Sus tonos y gestos indicaban que lo suyo no era un capricho festivo, sino un anhelo profundo y apasionado.

Imaginaos en tal caso. Cuán ansiosos estarían por la bendita luz si durante años se hubieran visto obligados a permanecer en lo que Milton llamó "la siempre duradera oscuridad". Tenían hambre y sed de ver. Ahora, no podemos esperar la salvación mientras no la busquemos con el mismo vigor; y, sin embargo, ¡cuán pocos están seriamente interesados en ser salvos! Cuán serios son algunos hombres en cuanto a su dinero, su salud, o sus hijos. ¡Cuán sinceros son en política y en los asuntos parroquiales! Pero en el momento en que los tocas en asuntos de verdadera piedad, están tan fríos como las nieves árticas. Oh, señores, ¿a qué se debe esto? ¿Esperan ser salvados mientras están medio dormidos? ¿Esperan encontrar perdón y gracia mientras continúan en una apática indiferencia? Si es así, están lamentablemente equivocados, pues "el reino de los cielos sufre violencia y los violentos lo toman por la fuerza".

La muerte y la eternidad, el juicio y el infierno no son cosas con las que se pueda jugar. El destino eterno del alma no es un asunto insignificante y la salvación por la preciosa sangre de Cristo no es una nimiedad. Los hombres no se salvan de descender a la fosa por un descuidado movimiento de cabeza o un guiño. Un "Padre nuestro" murmurado, o un apresurado "Señor, ten misericordia de mí", no serán suficientes. Estos hombres ciegos habrían permanecido ciegos si no hubieran estado serios para que sus ojos fueran abiertos. Y así, muchos continúan en sus pecados porque no están serios para escapar de ellos. Estos hombres estaban completamente despiertos. Querido lector, ¿lo estás tú? ¿Puedes unirte a mí en estos versículos?

"Jesús, que ahora pasas

Nuestro Profeta, Sacerdote y Rey ¡Eres Tú!

Escucha el llanto de un pobre incrédulo,

Y cura la ceguera de mi corazón

Urgiendo mi apasionada petición,

Imploro tu misericordia indulgente,

A quien reprenda no le daré tregua,

Hasta que Tú devuelvas la vista a mi espíritu". Los ciegos perseveraban a fondo como consecuencia de su seriedad, pues "seguían" a Cristo y así continuaban insistiendo en su demanda. ¿Cómo consiguieron seguir los movimientos del Señor? No lo sabemos. Debió de ser muy difícil, pues eran ciegos, pero, sin duda, preguntaron a otros por el camino que había tomado el Maestro y mantuvieron los oídos atentos a cualquier sonido. Sin duda decían: "¿Dónde está? ¿Dónde está Jesús? ¡Guíanos! ¡Guíanos!

Debemos encontrarle". No sabemos hasta dónde se había alejado nuestro Señor, pero lo que sí sabemos es que le siguieron hasta donde había llegado. Fueron tan valientemente perseverantes que, habiendo llegado a la casa donde Él estaba, no se quedaron afuera esperando hasta que Él saliera de nuevo, sino que entraron en la habitación donde Él estaba sentado. Tenían una sed insaciable de ver.

Sus gritos fervientes le apartaron de su predicación. Se detuvo y escuchó mientras ellos decían: "Hijo de David, ten misericordia de nosotros". Así prevalece la perseverancia: ningún hombre se perderá si conoce el arte de la oración importuna. Si te propusieras no abandonar nunca la puerta de la misericordia hasta que el portero te abra, con toda seguridad abriría la puerta. Si te aferras al ángel del pacto con esta resolución: "No te dejaré ir a menos que me bendigas," saldrás del lugar de la lucha más que vencedor. Una boca abierta en oración incesante traerá ojos abiertos en plena visión de fe. Oren, por tanto, en la oscuridad, aunque no haya esperanza de luz, pues cuando Dios, que es la luz misma, mueve a un pobre pecador a suplicar y clamar ante Él con la solemne intención de continuar haciéndolo hasta que llegue la bendición, Él no piensa burlarse de ese pobre corazón que clama. La perseverancia en la oración es una señal segura de que el día de la apertura de los ojos está cerca.

Los ciegos tenían un objeto definido en sus oraciones. Sabían lo que querían, no eran como niños que lloran por nada, o avariciosos que lloran por todo. Querían la vista y lo sabían. Demasiadas almas ciegas no son conscientes de su ceguera y, por lo tanto, cuando rezan, piden cualquier cosa excepto lo único necesario. Muchas de las llamadas oraciones consisten en decir palabras muy bonitas, frases muy bonitas y piadosas, pero no son oraciones. La oración, "para los salvados", es comunión con Dios. Y para las personas que buscan la salvación, es pedir lo que necesitan y esperar recibirlo a través del nombre de Jesús, cuyo nombre suplican a Dios.

Pero, ¿qué clase de oración es aquella en la que no hay sentido de necesidad, ni petición directa, ni súplica inteligente? Querido oyente, ¿le has pedido claramente al Señor que te salve? ¿Has expresado tu necesidad de un corazón nuevo, tu necesidad de ser lavado en la sangre de Cristo, tu necesidad de ser hecho hijo de Dios y adoptado en Su familia? No hay oración hasta que un hombre sabe por qué está orando y se pone a orar por ello como si no le importara nada más. Si, siendo ya sincero e importuno, está también instruido y lleno de deseos definidos, está seguro de tener éxito en su súplica. Con un brazo fuerte tensa el arco del deseo y coloca en la cuerda la flecha afilada del anhelo apasionado. Y luego, con el ojo instruido de la percepción, apunta deliberadamente y, por lo tanto, podemos esperar que dé en el centro mismo del blanco.

Ruega por luz, vida, perdón, salvación, y ruega por ellos con toda tu alma, y tan ciertamente como Cristo está en el cielo, Él te dará estos buenos dones. ¿A quién rechazó Él alguna vez? Estos ciegos en sus oraciones honraron a Cristo, pues dijeron: "Hijo de David, ten misericordia de nosotros". Los grandes de la tierra se resistían a reconocer que nuestro Señor pertenecía a la simiente real, pero estos ciegos proclamaban enérgicamente al Hijo de David. Eran ciegos, pero podían ver mucho más que algunos con ojos agudos, pues podían ver que el Nazareno era el Mesías, enviado de Dios para restaurar el reino a Israel.

De esta creencia dedujeron que, como el Mesías había de abrir los ojos ciegos, Jesús, siendo el Mesías, podía abrir los ojos ciegos de ellos. Y así apelaron a Él para que realizara las señales de Su oficio, honrándole así con una fe real y práctica. Esta es la manera de orar que siempre acelerará al cielo, la oración que corona al Hijo de David. Oren glorificando a Cristo Jesús en sus oraciones, haciendo mucho de Él, alegando mucho el mérito de Su vida y muerte, dándole títulos gloriosos porque su alma tiene una alta reverencia y una vasta estima de Él. Las oraciones de adoración a Jesús tienen en ellas la fuerza y la rapidez de las alas de las águilas. Deben ascender a Dios, pues en ellas abundan los elementos del poder celestial.

La oración que hace poco de Cristo es la oración que Dios hará poco de, pero la oración en la que el alma glorifica el Redentor se eleva como un pilar perfumado de incienso desde el lugar santísimo y el Señor, Él mismo, huele un sabor dulce. Observa, también, que estos dos ciegos en su oración confesaron su indignidad. "Hijo de David, ten piedad de nosotros". Su única súplica era a la misericordia. No hablaron de méritos, no invocaron sus sufrimientos pasados, ni sus esfuerzos perseverantes, ni sus resoluciones para el futuro. No, nada más que: "Ten piedad de nosotros".

Nunca ganará una bendición de Dios quien la exija como si tuviera derecho a ella. Debemos suplicar a Dios como un criminal condenado apela a su soberano, pidiendo el ejercicio de la prerrogativa real del perdón gratuito. Como un mendigo pide limosna en la calle, alegando su necesidad y solicitando una dádiva por caridad, así debemos dirigirnos al Altísimo, apelando y dirigiendo nuestra súplica a la amorosa bondad y a la tierna misericordia del Señor. Debemos suplicar así: "Oh Dios, si me destruyes, lo merezco. Si nunca una mirada confortable viniera de Tu rostro hacia mí, no puedo quejarme. Pero salva a un pecador, Señor, por misericordia. Yo no tengo ningún derecho sobre Ti; pero, oh, porque Tú estás lleno de gracia, mira a una pobre alma ciega que gustosamente quiere mirarte a Ti".

Mis hermanos y hermanas, no puedo juntar buenas palabras. Nunca me he dedicado a la oratoria. De hecho, mi corazón aborrece la idea misma de tratar de hablar finamente cuando las almas están en peligro. No, me esfuerzo por hablar directamente a vuestros corazones y conciencias. Y si hay, en esta multitud que escucha, alguien que escucha de la manera correcta, Dios bendecirá la Palabra para ellos. "¿Y qué clase de escucha es esa?", preguntarán ustedes. Pues, aquella en la que el hombre dice: "En la medida en que perciba que el predicador entrega la Palabra de Dios, lo seguiré, y haré lo que él describe que hace el pecador que busca. Oraré y suplicaré esta noche, y perseveraré en mis súplicas, esforzándome por glorificar el nombre de Jesús y, al mismo tiempo, confesando mi propia indignidad. Así, incluso así, anhelaré misericordia de las manos del Hijo de David".

Feliz es el predicador si sabe que así será.

II. Ahora, nos detendremos un minuto y notaremos, en segundo lugar, LA PREGUNTA QUE SE LES HIZO. Querían que se les abrieran los ojos. Ambos estaban delante del Señor, a quien no podían ver, pero que podía verlos y podía revelarse a ellos por medio de su oído. Él comenzó a interrogarlos, no para conocerlos, sino para que ellos se conocieran a sí mismos. Sólo les hizo una pregunta: "¿Creéis que soy capaz de hacer esto?". Esa pregunta tocaba lo único que se interponía entre ellos y la vista. De su respuesta dependía que salieran de aquella habitación viendo o ciegos.

"¿Crees que soy capaz de hacer esto?" Ahora, creo que entre cada pecador que busca y Cristo sólo hay esta pregunta: "¿Crees que soy capaz de hacer esto?". Y si alguien puede responder verdaderamente como lo hicieron los hombres de la narración: "Sí, Señor", recibirá con seguridad la respuesta: "Conforme a vuestra fe os sea hecho". Examinemos, pues, esta pregunta tan importante con una atención muy seria. Se refería a su fe. "¿Creéis que soy capaz de hacer esto?". No les preguntó qué clase de personajes habían sido en el pasado, porque cuando los hombres vienen a Cristo el pasado les es perdonado. No les preguntó si habían probado diversos medios para abrirse los ojos, porque tanto si lo habían hecho como si no, seguían ciegos.

Ni siquiera les preguntó si pensaban que podría haber un Médico misterioso que efectuaría una curación en un estado futuro. El Señor Jesús nunca sugiere preguntas curiosas ni especulaciones ociosas. Todas sus preguntas se resolvieron en una prueba sobre un punto, y ese punto es la fe. ¿Creían ellos que Él, el Hijo de David, podía sanarlos? ¿Por qué nuestro Señor, en todas partes, no sólo en Su ministerio, sino en la enseñanza de los Apóstoles, siempre hace tanto hincapié en la fe? ¿Por qué es tan esencial la fe? Por su poder de recepción. Una bolsa no hará rico a un hombre y, sin embargo, sin un lugar para su dinero, ¿cómo podría un hombre adquirir riqueza? La fe, por sí misma, no podría aportar ni un céntimo a la salvación, pero es el monedero que guarda en su interior a un Cristo precioso. Sí, guarda todos los tesoros del Amor Divino.

Si un hombre tiene sed, una cuerda y un balde no le son de mucha utilidad por sí mismos; pero, sin embargo, señores, si hay un pozo cerca, lo que se necesita es un balde y una cuerda, por medio de los cuales se pueda sacar el agua. La fe es el balde por medio del cual un hombre puede sacar agua de los pozos de la salvación, y beber hasta saciarse. Es posible que alguna vez te hayas detenido un momento en una fuente de la calle y hayas deseado beber, pero te diste cuenta de que no podías hacerlo, pues la copa había desaparecido. El agua fluía, pero no podías alcanzarla. Era tentador estar en la fuente y, sin embargo, tener sed por falta de un vasito.

Ahora bien, la fe es esa pequeña copa que sostenemos en la corriente de la gracia de Cristo. La llenamos y luego bebemos y somos refrescados. De aquí la importancia de la fe. A nuestros antepasados les habría parecido algo ocioso tender un cable bajo el mar desde Inglaterra hasta América. Y sería ocioso ahora, si no fuera porque la ciencia nos ha enseñado cómo hablar por medio de relámpagos; sin embargo, el cable mismo es ahora de la mayor importancia, pues los mejores inventos de la telegrafía no serían de ninguna utilidad para los propósitos de la comunicación transatlántica, si no existiera el cable de conexión entre los dos continentes. La fe es precisamente eso: es el eslabón de conexión entre nuestras almas y Dios, y el mensaje vivo destella a lo largo de él hacia nuestras almas.

La fe es a veces débil y sólo comparable a un hilo muy delgado, pero es una cosa muy preciosa por todo eso, porque es el principio de grandes cosas. Hace años se quería tender un puente colgante sobre una inmensa sima, a través de la cual corría, muy abajo, un río navegable. De peñasco en peñasco se propuso colgar en el aire un puente de hierro, pero ¿cómo se iba a comenzar? Lanzaron una flecha de un lado a otro y ésta arrastró a través del golfo un hilo diminuto. Ese hilo invisible fue suficiente para empezar. Se estableció la conexión y, poco después, el hilo arrastró un trozo de cuerda. El hilo arrastró tras de sí una pequeña cuerda. La cuerda pronto llevó un cable y, a su debido tiempo, llegaron las cadenas de hierro y todo lo necesario para el camino permanente.

Ahora bien, la fe es a menudo muy débil, pero aun en ese caso sigue siendo del mayor valor, pues forma una comunicación entre el alma y el Señor Jesucristo. Si crees en Él, hay un vínculo entre Él y tú. Tu pecaminosidad descansa en Su gracia. Tu debilidad se apoya en Su fuerza. Tu nada se esconde en Su todo-suficiencia. Pero si no crees, estás separado de Jesús y ninguna bendición puede fluir hacia ti. Así que la pregunta que tengo que dirigir, en el nombre de mi Señor esta noche, a cada pecador que busca, tiene que ver con su fe y nada más. No me importa si eres un hombre de cien mil libras, o si ganas unos cuantos chelines a la semana. No me importa si eres un noble o un pobre, si eres de la realeza o rústico, erudito o ignorante. Tenemos que predicar el mismo Evangelio a todo hombre, mujer y niño, y tenemos que insistir en el mismo punto: "¿Crees?". Si crees, serás salvo; pero si no crees, no puedes participar de las bendiciones de la gracia.

Observa, a continuación, que la pregunta se refería a su fe en Jesús. "¿Crees que soy capaz de hacer esto?". Si le preguntáramos al pecador despierto: "¿Crees que puedes salvarte a ti mismo?". Su respuesta sería: "No, eso no lo creo. Sé que no puedo. Mi autosuficiencia ha muerto". Si, entonces, le hiciéramos la pregunta: "¿Crees que las ordenanzas y medios de gracia y sacramentos pueden salvarte?". Si es un penitente inteligente y despierto, responderá: "Lo sé. Los he probado, pero en sí mismos son una completa vanidad". ¡Verdaderamente es así! No queda en nosotros ni a nuestro alrededor nada sobre lo que pueda edificarse la esperanza, ni siquiera durante una hora. Pero la indagación pasa más allá del yo y nos arroja sólo sobre Jesús, al pedirnos que oigamos al Señor mismo decir: "¿Creéis que soy capaz de hacer esto?".

Ahora, amados, no estamos hablando de una Persona meramente histórica cuando hablamos del Señor Jesucristo. Hablamos de Uno que está por encima de todos los demás. Él es el Hijo del Altísimo, y sin embargo vino a esta tierra y nació como un bebé en Belén. Durmió en el seno de una mujer y creció como los demás niños. Se convirtió en un Hombre en plenitud de estatura y sabiduría, viviendo aquí durante 30 años o más, haciendo el bien. Al final, este glorioso Dios en carne humana "murió, el Justo por los injustos, para llevarnos a Dios", poniéndose en el lugar del hombre culpable, para cargar con el castigo del hombre, para que Dios fuera justo y a la vez el Justificador del que cree.

Murió y fue sepultado, pero sólo por poco tiempo pudo contenerlo la tumba. Al tercer día, por la mañana temprano, resucitó y abandonó a los muertos para no morir más. Permaneció aquí el tiempo suficiente para que muchos le vieran vivo y realmente en el cuerpo. Ningún acontecimiento de la historia está tan bien autentificado como la resurrección de Cristo. Fue visto individualmente, de dos en dos, y por más de 500 Hermanos y Hermanas a la vez. Después de haber vivido aquí un poco de tiempo, ascendió al Cielo en presencia de sus discípulos, una nube lo recibió fuera de su vista. En este momento está sentado a la diestra de Dios en carne humana; ese mismo Hombre que murió en la cruz está ahora entronizado en los altos cielos, Señor de todo, y todos los ángeles se deleitan en rendirle homenaje.

La única pregunta que Él les hace esta noche, a través de estos pobres labios, es esta: "¿Creen que puedo salvarlos, que yo, el Cristo de Dios que ahora habita en el cielo, puedo salvarlos?" Todo depende de tu respuesta a esa pregunta. Yo sé cuál debe ser tu respuesta. Ciertamente, si Él es Dios, nada es imposible ni difícil para Él. Si Él ha entregado Su vida para hacer expiación, y Dios ha aceptado esa expiación permitiéndole resucitar de los muertos, entonces debe haber eficacia en Su sangre para limpiarme, incluso a mí. La respuesta debe ser: "Sí, Señor Jesús, creo que Tú eres capaz de hacerlo".

Pero ahora quiero hacer hincapié en otra palabra de mi texto y quiero que tú también lo hagas. "¿Creéis que soy capaz de hacer esto?" Ahora bien, de nada habría servido que estos ciegos dijeran: "Creemos que Tú puedes resucitar a los muertos". "No", dice Cristo, "el asunto en cuestión es la apertura de vuestros ojos. ¿Creéis que soy capaz de hacerlo?". Podrían haber respondido: "Buen Maestro, creemos que Tú detuviste el flujo de la mujer cuando tocó Tu manto". "No", dijo Él, "esa no es la cuestión. Ahora hay que atender a tus ojos. Necesitáis la vista y la pregunta sobre vuestra fe es: ¿Creéis que soy capaz de hacerlo?".

Ah, algunos de ustedes pueden creer por otras personas, pero debemos traer la pregunta más plenamente a casa y decir: "¿Crees que Cristo es capaz de salvarte, incluso a ti? ¿Es Él capaz de hacerlo?" Posiblemente me dirijo a alguien que ha ido muy lejos en el pecado. Puede ser, amigo mío, que hayas amontonado una gran cantidad de iniquidad en un corto espacio. Entraste para tener una vida corta y alegre, y de acuerdo a tus perspectivas presentes, es muy probable que tengas una vida corta. Pero la alegría ya casi ha terminado para ti, y cuando miras hacia atrás en tu vida, reflexionas que nunca un joven o una joven desperdiciaron la vida más tontamente de lo que tú lo has hecho. Ahora bien, ¿deseas ser salvo? ¿Puedes decir de corazón que sí? Respóndeme, entonces, a esta otra pregunta: ¿Crees que Jesucristo es capaz de hacer esto, es decir, de borrar todos tus pecados, de renovar tu corazón y de salvarte esta noche?

"Oh, Señor, yo creo que Él es capaz de perdonar el pecado." Pero, ¿cree usted que Él es capaz de perdonar su pecado? Tú mismo eres el caso en cuestión. ¿Cómo está tu fe en ese punto? Deja a un lado los casos de los demás, y considérate a ti mismo. ¿Crees que Él es capaz de hacer esto? Este pecado tuyo, esta vida malgastada, ¿es Jesús capaz de hacer frente a esto? De tu respuesta a esa pregunta depende todo. Es una fe ociosa la que sueña con creer en el poder del Señor sobre otros, pero luego declara que no tiene confianza en Él para sí misma. Debes creer que Él es capaz de hacer esto, esto que te concierne, o eres, para todos los propósitos prácticos, un incrédulo.

Sé que me dirijo a muchas personas que nunca cayeron en los vicios del mundo. Doy gracias a Dios en vuestro nombre por haberos mantenido en el camino de la moralidad, la sobriedad y la honestidad. Sin embargo, sé que algunos de ustedes casi desearían, o al menos se les ha ocurrido que casi desearían, haber sido grandes pecadores abiertos, que se les predicara como se predica a los pecadores abiertos, y que pudieran ver un cambio en ustedes igual al que han visto en algunos de ellos acerca de cuya conversión nunca pueden dudar. No te permitas un deseo tan imprudente, pero escucha mientras te hago esta pregunta a ti también. Tu caso es el de un moralista que ha obedecido todos los deberes externos, pero que ha descuidado a su Dios; el caso de un moralista que siente como si el arrepentimiento fuera imposible para él, porque ha estado tan carcomido por la justicia propia que no sabe cómo cortar la gangrena.

El Señor Jesucristo puede salvarte tan fácilmente de tu justicia propia como puede salvar a otro de sus hábitos culpables. ¿Crees que Él es capaz de hacer esto? Vamos, ahora, ¿crees que Él es capaz de satisfacer este caso peculiar tuyo? Dame un "sí" o un "no" a esta pregunta. "Ay", clama alguno de ustedes, "mi corazón es tan duro". ¿Creen que Él puede ablandarlo? Supongan que es tan duro como el granito: ¿creen ahora que el Cristo de Dios puede convertirlo en cera en un momento? Supongan que su corazón es tan voluble como el viento y las olas del mar: ¿pueden creer que Él puede volverlo de mente estable y asentarlo sobre la Roca de las Edades para siempre? Si crees en Él, Él hará esto por ti, pues, conforme a tu fe te será hecho.

Pero sé que el aprieto está aquí. Todos tratan de huir al pensamiento de que sí creen en el poder de Cristo para otros, pero tiemblan por sí mismos. Pero debo sujetar a cada hombre al punto que le concierne. Debo abotonarlos y llevarlos a la verdadera prueba. Jesús pregunta a cada uno de ustedes: "¿Creen que soy capaz de hacer esto?". "Vamos", dice uno, "sería la cosa más sorprendente que el Señor Jesús haya hecho jamás, si me salvara esta noche". ¿Crees que Él puede hacerlo? ¿Confiarías en Él para que lo haga ahora? "¡Pero sería una cosa tan extraña, un milagro!" El Señor Jesús hace cosas extrañas. Así es Él. Siempre hizo milagros. ¿Puedes creerle capaz de hacer esto por ti, incluso esto, que ahora es necesario para salvarte?

Es maravilloso el poder que tiene la fe: poder sobre el propio Señor Jesús. He experimentado a menudo, a mi pequeña manera, cómo la confianza te domina. ¿No has sido conquistado con frecuencia por la confianza de un niño pequeño? La simple petición estaba demasiado llena de confianza para ser rechazada. ¿No os ha asido alguna vez un ciego en un cruce de calles que os ha dicho: "Señor, ¿me llevaría a cruzar la calle?". Y luego, tal vez, ha dicho con cierta astucia: "Sé por el tono de su voz que es usted amable. Siento que puedo confiar en usted". En esos momentos has sentido que estabas en el ajo; no podías dejarlo ir. Y cuando un alma le dice a Jesús: "Sé que Tú puedes salvarme, mi Señor. Yo sé que Tú puedes, por tanto, en Ti confío," ¡por qué Él no puede deshacerse de ti! No puede desear hacerlo, pues Él ha dicho: "Al que a mí viene, no le echo fuera".

A veces cuento una historia para ilustrar esto. Es un cuento bastante sencillo, pero muestra cómo la fe vence en todas partes. Hace muchos años, mi jardín estaba rodeado de un seto, que parecía verde, pero era una mala protección. Al perro de un vecino le gustaba mucho visitar mi jardín y, como nunca mejoraba mis flores, nunca le daba una cordial bienvenida. Una tarde, paseando tranquilamente, lo vi haciendo travesuras. Le tiré un palo y le aconsejé que se fuera a casa. Pero, ¿qué me respondió la buena criatura? Se dio la vuelta y movió la cola. Y de la manera más alegre, recogió mi palo, me lo trajo y lo puso a mis pies. ¿Le he pegado? No, no soy un monstruo. Me habría avergonzado si no le hubiera dado una palmadita en la espalda y le hubiera dicho que viniera cuando quisiera. Pronto él y yo fuimos amigos, porque, como ves, confiaba en mí y me conquistó.

Ahora, por simple que sea la historia, esa es justamente la filosofía de la fe de un pecador en Cristo. Así como el perro dominó al hombre al confiar en él, así un pobre pecador culpable, en efecto, domina al Señor mismo, al confiar en Él cuando dice: "Señor, yo soy un pobre perro pecador, y Tú podrías echarme, pero yo creo que Tú eres demasiado bueno para eso. Creo que Tú puedes salvarme, y he aquí, me confío a Ti. Esté perdido o salvado, me confío a Ti". Ah, querido corazón, nunca te perderás si confías así. Quien se confía a Jesús ha dado la respuesta a la pregunta: "¿Crees que soy capaz de hacer esto?", y no le queda más que seguir su camino y regocijarse, pues el Señor ha abierto sus ojos y lo ha salvado.

III. Ahora, en tercer lugar, ESA PREGUNTA ERA UNA MUY RAZONABLE. "¿Creéis que soy capaz de hacer esto?" Un momento, permítanme mostrarles que fue una pregunta muy razonable para que Cristo la hiciera, e igualmente razonable para que yo se la insista a muchos de los aquí presentes. Nuestro Señor Jesús pudo haber dicho: "Si no creéis que soy capaz de hacer esto, ¿por qué me seguisteis? ¿Por qué me seguisteis más que a nadie? Me habéis seguido por las calles y habéis venido a esta casa detrás de Mí. ¿Por qué habéis hecho esto si no creéis que soy capaz de abriros los ojos?".

Así que una gran parte de ustedes que están aquí esta noche asisten a un lugar de culto. Les gusta estar allí, pero ¿por qué, si no creen en Jesús? ¿Por qué van allí? ¿Van a buscar a un salvador que no puede salvarlos? ¿Buscas tontamente a alguien en quien no puedes confiar? Nunca he oído hablar de tal locura como la de que un enfermo corra tras un médico en quien no tiene confianza. ¿Y vienen ustedes aquí, esta noche, y asisten a sus lugares de culto en otras ocasiones sin tener ninguna fe en Jesús? Entonces, ¿para qué vienen? ¡Qué personas tan incoherentes debéis de ser! De nuevo, estos ciegos habían estado orando a Jesús para que les abriera los ojos, pero ¿por qué oraban? Si no creían que Jesús podía sanarlos, sus oraciones eran una burla. ¿Le pedirías a un hombre que hiciera algo que sabes que no puede hacer? ¿No debe medirse siempre la oración por la cantidad de fe que ponemos en ella?

Sé que algunos de vosotros tenéis el hábito de la oración desde que erais niños. Casi nunca os acostáis por la noche sin repetir la oración que os enseñó vuestra madre. ¿Por qué lo hacéis si no creéis que Jesucristo puede salvaros? ¿Por qué le pides que haga lo que no crees que pueda hacer? Qué extraña incoherencia: orar sin fe. Además, estos dos ciegos habían llamado a Jesucristo "Hijo de David". ¿Por qué habían confesado así Su condición de Mesías? La mayoría de ustedes hace lo mismo. Supongo que de esta congregación hay muy pocos que duden de la Deidad de Cristo. Ustedes creen en la Palabra de Dios; no dudan que esté inspirada; ustedes creen que Jesucristo ha vivido y ha muerto, y ha ido a Su gloria.

Bien, entonces, si no crees que Él es capaz de salvarte, ¿qué quieres decir con que Él es Dios? ¿Dios y, sin embargo, incapaz? ¿Un sacrificio moribundo, sangrante, expiatorio, y, sin embargo, no es capaz de salvar? Oh, hombre, tu credo nominal no es el verdadero. Si escribieras tu verdadero credo, sería algo así: "No creo en Jesucristo como el Hijo de Dios, ni que haya hecho una expiación completa por el pecado, pues no creo que sea capaz de salvarme". ¿No sería eso correcto y completo? Bien, entonces, los exhorto a que, por sus frecuentes oídas de la Palabra, por sus oraciones habituales, y por su profesión de ser creyentes en esa grandiosa y antigua Biblia, me respondan: ¿cómo es que no creen en Jesús?

Señores, Él debe ser capaz de salvarlos. Saben que hace unos veintisiete años o más que puse mi confianza en Él, y debo hablar de Él como lo encuentro. En cada hora de oscuridad, en cada temporada de abatimiento, en cada tiempo de prueba, lo he encontrado fiel y verdadero. Y, en cuanto a confiarle mi alma, si tuviera mil almas, se las confiaría a Él. Y si tuviera tantas almas como arenas hay en la orilla del mar, no pediría un segundo Salvador, sino que simplemente las pondría todas en esas queridas manos que fueron traspasadas por los clavos, para que Él pudiera asirme y sujetarme para siempre.

Él es digno de tu confianza, y tu confianza es todo lo que te pide. Sabiendo que Él es capaz -y no puedes dudar de que Él está dispuesto, viendo que Él ha muerto- Él te pide que actúes sobre tu creencia de que Él es capaz de salvarte y confíes en Él.

IV. Ahora, no debo entretenerlos mucho más y, por tanto, quiero que noten LA RESPUESTA que estos ciegos dieron a Su pregunta. Le dijeron: "Sí, Señor". Bien, ahora, he estado presionándolos con esa pregunta, y se las repito de nuevo. ¿Creen que Cristo es capaz de salvarlos? ¿Creen que Él es capaz de hacerlo, de tocar su caso en toda su especialidad? Ahora su respuesta. ¿Cuántos dirán: "Sí, Señor"? Estoy medio inclinado a pedirles que lo digan en voz alta. Pero más bien les rogaré que lo digan en sus almas secretas: "Sí, Señor". Y ahora que Dios el Espíritu Santo les ayude a decirlo muy claramente, sin ninguna contención ni reserva mental: "Sí, Señor". Ojos ciegos, lengua muda, corazón frío-yo creo que Tú eres capaz de cambiarlos todos y me apoyo en Ti, para ser renovado por Tu gracia divina."

Dilo y dilo en serio. Dilo decidida y distintamente, con todo tu corazón: "Sí, Señor". Observen que los dos hombres respondieron inmediatamente. Apenas salió la pregunta de la boca de Cristo, dieron la respuesta: "Sí, Señor". No hay nada como ser rápido en tus respuestas, pues cuando le haces una pregunta a un hombre y le dices: "¿crees que soy capaz de hacer esto?", y él se detiene, se frota la frente, se acaricia la cabeza y, al fin, dice: "S-s-sí," ¿no suena ese "sí" raramente como un "no"? El mejor "sí" del mundo es el "sí" que salta de inmediato.

"Sí, Señor. A pesar de lo malo que soy, creo que Tú puedes salvarme, pues sé que Tu preciosa sangre puede quitar toda mancha. Aunque soy un viejo pecador, aunque soy un pecador agravado, aunque soy uno que ha retrocedido de una profesión de religión y he jugado el papel del reincidente. Aunque parezco un desterrado de la sociedad, aunque en este momento no me siento como desearía sentirme, y soy todo lo contrario de lo que debería ser, sin embargo, creo que si Cristo ha muerto por los pecadores, que si el Hijo eterno de Dios ha ido al cielo para interceder por los pecadores, entonces Él debe ser 'poderoso para salvar perpetuamente a los que por Él se acercan a Dios'. Y así vengo a Dios esta noche por Él, por Su gracia, y creo que Él es capaz de salvarme incluso a mí".

Ese es el tipo de respuesta que anhelo recibir de todos ustedes. ¡Que el Espíritu de Dios la produzca!

V. Entonces vea la RESPUESTA DE NUESTRO SEÑOR a su respuesta. Dijo: "Conforme a vuestra fe os sea hecho". Tanto como si hubiera dicho: Si creéis en mí, habrá luz para vuestros ojos ciegos. Tan verdadera es la fe, tan verdadera es la vista. Si crees decidida y plenamente, no se te abrirá un ojo, ni los dos a medias, sino que se te dará toda la vista. La fe decidida limpiará toda mancha y hará que tu visión sea fuerte y clara. Si tu respuesta es rápida, también lo será la Mía. Verás en un momento, porque creíste al instante.

El poder del Señor sólo se mantuvo en contacto con su fe. Si su fe era verdadera, Su cura era verdadera. Si su fe era completa, Su cura era completa. Y si su fe dijo, "sí," inmediatamente, Él les dio la vista inmediatamente. Si usted tarda mucho en decir, "sí," usted tardará mucho en conseguir la paz. Pero si dices esta noche: "Me aventuraré, pues veo que es así. Jesús debe ser capaz de salvarme. Me entregaré a Él". Si haces eso de inmediato, tendrás paz instantánea; sí, en ese mismo asiento, joven, tú que estás cargado esta noche, encontrarás descanso. Te preguntarás dónde se ha ido la carga, y al mirar a tu alrededor descubrirás que se ha desvanecido, porque has mirado al Crucificado, y has confiado todos tus pecados a Él.

Tus malos hábitos, que has estado tratando en vano de conquistar, que han forjado nuevas cadenas para sujetarte rápidamente, descubrirás que caen de ti como telarañas. Si puedes confiar en Jesús para romperlos, y entregarte a Él para ser renovado por Él, será hecho y consumado esta misma noche. Y los arcos eternos del cielo resonarán con gritos de gracia soberana. Así he expuesto todo el asunto ante ustedes. Mi única esperanza es que Dios, el bendito Espíritu, los conduzca a buscar como los ciegos buscaron, y especialmente a confiar como ellos confiaron. Esta última palabra. Hay algunas personas que son especialmente diligentes en encontrar razones por las que no deben ser salvas. He batallado con algunos de ellos durante media hora, y siempre terminan diciendo: "sí, eso es cierto, señor, pero"; y entonces tratamos de desmenuzar ese "pero".

Pero después de un tiempo encuentran otro y dicen: "Sí, ahora veo ese punto, pero"; así que refuerzan su incredulidad con "peros". Si alguien aquí estuviera dispuesto a darte mil libras, ¿puedes decirme alguna razón por la que no lo estaría? Bien, me imagino que si viniera a ti y te presentara un billete de banco por esa cantidad, no te preocuparías por descubrir objeciones. No seguirías diciendo: "Me gustaría tener el dinero, pero"; no, si hubiera alguna razón por la que no debieras tenerlo, dejarías que otras personas lo descubrieran. No te afanarías ni te estrujarías los sesos tratando de encontrar argumentos contra ti mismo; no eres tan enemigo de ti mismo.

Y, sin embargo, con relación a la vida eterna, que es infinitamente más preciosa que todos los tesoros de este mundo, los hombres actúan de la manera más absurda, y dicen: "yo la deseo fervientemente, y Cristo es capaz de hacerlo, pero"-¡Qué necedad es esta de argumentar en contra de uno mismo! Si un hombre estuviera en Newgate, condenado a muerte, y tuviera que estar en la horca mañana por la mañana, y el alguacil viniera y dijera: "hay un perdón gratuito para usted," ¿creen que ese hombre comenzaría a objetar? ¿Gritaría: "Me gustaría tener otra media hora para considerar mi caso y encontrar razones por las que no debería ser indultado"? No, no lo dudaría. ¡Oh, que ustedes también se lancen al perdón esta noche! Que el Señor les conceda que sientan tal sentimiento de peligro y de culpa, que griten prontamente: "¡Creo; creeré en Jesús!"

Los pecadores no son ni la mitad de sensibles que los gorriones. David dijo en uno de los Salmos: "Yo vigilo y soy como un gorrión solo sobre el terrado". Bueno, ¿te has fijado en el gorrión? Mantiene sus ojos abiertos y en el momento en que ve un grano de trigo o cualquier cosa para comer en el camino, vuela a buscarlo. Nunca le he visto esperar a que alguien le invite, y mucho menos rogarle y suplicarle que venga a darle de comer. Ve la comida y se dice: "Aquí hay un gorrión hambriento y aquí hay un trozo de pan. Esas dos cosas van bien juntas; no tardarán en separarse". Vuela y se come todo lo que encuentra tan rápido como lo encuentra.

Oh, si tuvieras la mitad del sentido común del gorrión, dirías: "Aquí hay un pecador culpable y allí hay un Salvador precioso. Estas dos cosas van bien juntas; no estarán separadas por mucho tiempo. Creo en Jesús y Jesús es mío". Que el Señor te conceda que encuentres a Jesús esta noche, antes de que salgas de esta casa. Rezo para que así sea. Que en estos mismos bancos y pasillos miren a Jesucristo y crean. La fe es sólo una mirada, una mirada de simple confianza. Es confianza, creer que Él es capaz de hacerlo y confiar en que Él lo hará y lo hará ahora. Que Dios bendiga a cada uno de ustedes y que nos encontremos en el Cielo, por Cristo. Amén.

Sermón #1560—El Sencillo Camino del Hombre hacia la Paz

ENTREGADO POR

C. H. SPURGEON,

EN EL TABERNÁCULO METROPOLITANO DE NEWINGTON.

"Cuando Jesús se fue de allí, le siguieron dos ciegos, dando voces y diciendo: ¡Hijo de David, ten compasión de nosotros! Cuando Jesús entró en casa, los ciegos se acercaron a Él; y Jesús les dijo: ¿Creéis que puedo hacer esto? Ellos le dijeron: Sí, Señor. Entonces les tocó los ojos, diciendo: Conforme a vuestra fe os sea hecho. Y les fueron abiertos los ojos; y Jesús les mandó con severidad, diciendo: Mirad que nadie lo sepa." Mateo 9:27-30.

No voy a exponer este incidente, ni a sacar ilustraciones de él, sino sólo a dirigir su atención a un solo punto en él y es, su extrema simplicidad. Hay otros casos de ciegos y tenemos varios incidentes relacionados con ellos, como, en un caso, la fabricación de arcilla y el envío del paciente a lavarse en el estanque de Siloé, etcétera. Pero aquí la curación es extremadamente simple: los hombres son ciegos, claman a Jesús, se acercan, confiesan su fe y reciben la vista de inmediato. En muchos otros casos de milagros obrados por Cristo se dieron circunstancias difíciles. En un caso, un hombre es bajado por el tejado, siendo sostenido por cuatro; en un segundo caso, una mujer viene detrás de Él en la prensa y toca el borde de Su manto con gran esfuerzo.

Leemos de otro que llevaba muerto cuatro días y parecía claramente imposible que saliera de la tumba. Pero aquí todo es coser y cantar. Aquí hay ciegos, conscientes de su ceguera, confiados en que Cristo puede darles la vista. Claman a Él, acuden a Él, creen que es capaz de abrirles los ojos y reciben la vista de inmediato. Como ven, en su caso había estos sencillos elementos: un sentido de ceguera, un deseo de ver, luego la oración, luego acudir a Cristo, luego una abierta confesión de fe, y luego la curación. Todo el asunto está resumido. No hay detalles, no hay puntos de cuidado y delicadeza que pudieran sugerir ansiedad; todo el asunto es simple en sí mismo, y en ese único punto quiero detenerme en este momento.

Hay casos de conversión que son tan sencillos como este caso de la apertura de los ojos del ciego, y no debemos dudar de la realidad de la obra de la gracia en ellos por la notable ausencia de incidentes asombrosos y detalles llamativos. No debemos suponer que una conversión es una obra menos genuina del Espíritu Santo porque sea extremadamente sencilla. Que el Espíritu Santo bendiga nuestra meditación.

I. Para que nuestro discurso sea útil para muchos, comenzaré comentando, en primer lugar, que es un hecho indudable que MUCHAS PERSONAS TIENEN MUCHOS PROBLEMAS PARA VENIR A CRISTO. Es un hecho que debe ser admitido: que no todos vienen tan fácilmente como vinieron estos ciegos. Hay casos registrados en las biografías, hay muchos conocidos por nosotros, y tal vez nuestros propios casos estén entre ellos, en los que venir a Cristo fue un asunto de lucha, de esfuerzo, de desilusión, de larga espera y, al final, de una especie de desesperación por la que nos vimos forzados a venir.

Deben haber leído la descripción del Sr. John Bunyan de cómo los peregrinos llegaron a la puerta peatonal. Recuerdan que el evangelista les indicó una luz y una puerta, y que siguieron ese camino de acuerdo con sus órdenes. Os he contado algunas veces la historia de un joven de Edimburgo que estaba muy ansioso por hablar a los demás de sus almas, así que se dirigió una mañana a una vieja pescadera de Musselburgh y empezó diciéndole: "Aquí tienes tu carga". "Sí", respondió ella. Él le preguntó: "¿Has sentido alguna vez una carga espiritual?". "Sí", dijo ella, descansando un poco, "sentí la carga espiritual hace años, antes de que tú nacieras, y también me libré de ella. Pero no fui a trabajar de la misma manera que el peregrino de Bunyan".

Nuestra joven amiga se sorprendió mucho al oírla decir eso y pensó que debía de estar muy equivocada, por lo que le rogó que se explicara. "No," dijo ella, "cuando estaba bajo la preocupación del alma, oí a un verdadero ministro del Evangelio que me dijo que mirara a la Cruz de Cristo y allí perdí mi carga de pecado. No oí a uno de esos predicadores de leche y agua como el Evangelista de Bunyan". "¿Cómo", dijo nuestro joven amigo, "deduces eso?". "Pues bien, ese evangelista, cuando se encontró con el hombre con la carga a cuestas, le dijo: '¿Ves esa puerta peatonal?' 'No', dijo él, 'no la veo'. '¿Ves esa luz?' 'Creo que sí'. Pero, hombre", dijo ella, "él no debería haber hablado de puertas peatonales ni de luces, sino que debería haber dicho: '¿Ves a Jesucristo colgado de la Cruz? Míralo y tu carga caerá de tus hombros'.

"Envió a ese hombre por el camino equivocado cuando lo mandó a la puerta peatonal, y mucho bien le hizo, pues era probable que en poco tiempo se hubiera ahogado en el cenagal del abatimiento. Te digo que miré en seguida a la Cruz y mi carga desapareció". "¿Qué?", dijo este joven, "¿nunca pasaste por el Slough of Despond?". "Ah", dijo ella, "muchas veces, más de las que quisiera contar. Pero al principio oí al predicador decir: 'Mirad a Cristo', y miré hacia Él. He atravesado el cenagal del abatimiento desde entonces; pero déjeme decirle, señor, que es mucho más fácil atravesar ese cenagal con la carga quitada que con la carga puesta".

Y así es. Bienaventurados aquellos cuyos ojos están sólo y totalmente puestos en el Crucificado. Cuanto más viejo me hago, más seguro estoy de esto: que debemos acabar con el yo en todas sus formas y ver sólo a Jesús, si queremos estar en paz. ¿Estaba equivocado John Bunyan? Por supuesto que no. Estaba describiendo las cosas como son generalmente. ¿Estaba equivocada la anciana? No. Tenía toda la razón: describía las cosas como deberían ser y como yo desearía que fueran siempre. Sin embargo, la experiencia no siempre es como debería ser, y gran parte de la experiencia de los cristianos no es experiencia cristiana. Es un hecho que lamento, pero que, sin embargo, debo admitir, que un gran número de personas, antes de venir a la cruz y perder su carga, recorren un sinfín de caminos, probando este plan y aquel plan con muy poco éxito, después de todo, en lugar de venir directamente a Cristo tal como son, mirándolo y encontrando luz y vida de inmediato.

¿Cómo es, entonces, que algunos tardan tanto en llegar a Cristo? Yo respondo, primero, que en algunos casos es por ignorancia. Tal vez no haya ningún tema sobre el que los hombres sean tan ignorantes como el Evangelio. ¿Acaso no se predica en cientos de lugares? Sí, gracias a Dios, lo es, y está ilustrado en infinidad de libros. Pero aun así, los hombres no llegan a él; ni el oír ni el leer pueden, por sí mismos, descubrir el Evangelio. Se necesita la enseñanza del Espíritu Santo, pues, de lo contrario, los hombres permanecen en la ignorancia en cuanto a esta sencillez, esta sencillez de la salvación por la fe. Los hombres están en la oscuridad y no conocen el camino, y así corren de aquí para allá, y a menudo dan vueltas para encontrar a un Salvador que está listo, en ese momento y en ese lugar, para bendecirlos.

Claman: "¡Oh, si supiera dónde puedo encontrarle!" cuando, si tan sólo entendieran la verdad, Su salvación está cerca de ellos, "en su boca y en su corazón. Si con su corazón creyeran en el Señor Jesús, y con su boca hicieran confesión de Él, serían salvos en ese momento y en ese lugar. En muchos casos, también, los hombres son obstaculizados por el prejuicio. La gente es educada con la creencia de que la salvación debe ser por medio de ceremonias, y si son expulsados de eso, todavía concluyen que ciertamente debe ser en alguna medida por sus obras. Muchas personas han aprendido una especie de Evangelio a medias, parte ley y parte gracia, y se encuentran en una espesa niebla acerca de la salvación.

Saben que la redención tiene algo que ver con Cristo, pero para ellos es una mezcla; no ven del todo que es todo Cristo o no es Cristo. Tienen la noción de que somos salvos por gracia, pero todavía no ven que la salvación debe ser por gracia de arriba abajo. No ven que, para que la salvación sea por gracia, debe ser recibida por fe, y no por las obras de la ley, ni por el sacerdocio, ni por ningún rito o ceremonia. Al ser educados para creer que seguramente hay algo que ellos deben hacer, pasa mucho tiempo antes de que puedan llegar a la clara y bendita luz del sol de la Palabra de Dios, donde el hijo de Dios ve a Cristo y encuentra libertad.

"Cree y vive" es un lenguaje extraño para un alma que está persuadida de que sus propias obras son, en cierta medida, para ganar la vida eterna. Para muchos, de hecho, el obstáculo radica en la mala enseñanza. La enseñanza que es tan común, hoy en día, es muy peligrosa. El culto no distingue entre santo y pecador. Todos los días se usan ciertas oraciones que son para santos y pecadores, como ropa hecha para todos y que no le queda bien a nadie. Estas oraciones no se adaptan ni a santos ni a pecadores, por muy hermosas y grandiosas que sean; educan a la gente bajo la noción y el engaño de que están en una condición intermedia entre ser salvos y estar perdidos; no están realmente perdidos, ciertamente, pero no son del todo santos; son seres intermedios, mestizos.

Son una especie de samaritanos que temen al Señor y sirven a otros dioses, y que esperan ser salvados por una mezcla de gracia y obras. Es difícil llevar a los hombres sólo a la gracia y sólo a la fe; se quedarán con un pie en el mar y el otro en la tierra. Gran parte de la enseñanza se dirige a mantenerlos en la noción de que hay algo en el hombre y algo que debe ser hecho por él, y, por tanto, no aprenden en sus propias almas que deben ser salvados por Cristo y por las obras.

no por ellos mismos. Además, está el orgullo natural del corazón humano. No nos gusta ser salvados por la caridad. Tenemos que meter el dedo en la llaga. Nos arrinconan, nos alejan cada vez más de la confianza en nosotros mismos, pero nos aferramos con los dientes si no podemos encontrar un asidero por ningún otro medio.

Con horrible desesperación confiamos en nosotros mismos. Nos aferraremos por las pestañas a la apariencia de confianza en nosotros mismos. No renunciaremos a la confianza carnal si es posible mantenerla. Entonces entra, con nuestro orgullo, la oposición a Dios, pues el corazón humano no ama a Dios y frecuentemente muestra su oposición oponiéndose a Él en cuanto al plan de salvación. La enemistad del corazón no renovado no se manifiesta por el pecado abierto real en todos los casos, pues muchos, por su propio crecimiento, han sido hechos morales; pero odian el plan de gracia de Dios, y únicamente la gracia, y aquí comienzan a obrar su hiel y su amargura. Cómo se retorcerían en sus asientos si el ministro predicara la soberanía divina. Odian el texto: "Tendrá misericordia de quien Él quiera tener misericordia, y tendrá compasión de quien Él quiera tener compasión".

Hablan de los derechos de los hombres caídos, y de que todos sean tratados por igual, y cuando se trata de la soberanía, y de que Dios manifieste Su gracia de acuerdo a Su propia voluntad absoluta, no pueden soportarlo. Si toleran a Dios en absoluto, no será en el Trono. Si reconocen Su existencia, pero no como Rey de reyes y Señor de señores que hace lo que quiere, y tiene el derecho de perdonar a quien se reserva, y de dejar que los culpables, si así le place, perezcan en su culpabilidad, rechazando al Salvador. Ah, el corazón no ama a Dios como Dios, tal como se revela en las Escrituras, sino que se hace un dios a sí mismo y clama: "Estos son tus dioses, oh Israel."

En algunos casos la lucha del corazón para llegar a Cristo, no tengo duda, surge de una singularidad de conformación mental y tales casos deben ser considerados como excepciones y de ninguna manera como reglas. Tomemos, por ejemplo, el caso de John Bunyan, al que nos hemos referido. Si leen "Grace Abounding," encontrarán que, durante cinco años o más, fue objeto de la más temible desesperación: tentado por Satanás, tentado por su propio ser, creando siempre dificultades contra sí mismo. Y pasó mucho, mucho, mucho tiempo antes de que pudiera llegar a la cruz y encontrar la paz. Pero entonces, queridos amigos, es muy improbable que ustedes o yo lleguemos a ser Juan Bunyans. Podemos convertirnos en caldereros, pero nunca escribiremos un Progreso del Peregrino. Podríamos imitarlo en su pobreza, pero no es probable que lo emulemos en su genio.

Un hombre con tal imaginación, lleno de sueños maravillosos, no nace todos los días, y cuando llega, su herencia de cerebro no es toda una ganancia en la dirección de una vida descansada. Cuando la imaginación de Bunyan se purificó y santificó, sus producciones magistrales se vieron en sus maravillosas alegorías. Pero mientras aún no había sido renovado y reconciliado con Dios, con una mente tan extrañamente formada, tan desprovista de toda educación y criado, como lo había sido, en la sociedad más ruda, fue dotado de una herencia temible. Esa maravillosa fantasía le habría causado maravillosos males si no hubiera sido controlada por el Espíritu Divino. ¿Les sorprende que, al llegar el día, esos ojos que habían estado velados en tan densas tinieblas apenas pudieran soportar la luz, y que el hombre pensara que las tinieblas eran tanto más oscuras cuando la luz comenzó a brillar sobre él? Bunyan era uno de ellos; no la regla, sino la excepción.

Ahora, tú, querido amigo, puedes ser una persona extraña. Es muy probable que lo seas y puedo simpatizar contigo, porque yo mismo soy bastante raro. Pero no establezcas la ley de que todos los demás deben ser raros también. Si usted y yo nos fuéramos por las ramas, no piense que todo el mundo debe seguir nuestro mal ejemplo. Agradezcamos que las mentes de algunas personas sean menos retorcidas y retorcidas que las nuestras, y no establezcamos nuestra experiencia como norma para los demás. Sin duda, las dificultades pueden surgir de una extraordinaria cualidad mental con la que Dios puede haber dotado a algunos, o de una depresión de espíritu natural en otros, y esto puede hacerlos peculiares mientras vivan.

Además, hay algunos que son impedidos de venir a Cristo por asaltos notables de Satanás. ¿Recuerdan la historia del niño que su padre quería llevar a Jesús, pero, "cuando estaba por llegar, el diablo lo arrojó y lo desgarró"? El espíritu maligno sabía que su tiempo era corto y que pronto debía ser expulsado de su víctima y, por eso, lo arrojó al suelo y lo hizo revolcarse en la epilepsia y lo dejó medio muerto. Lo mismo hace Satanás con muchos hombres. Se lanza sobre ellos con toda la brutalidad de su naturaleza diabólica y gasta su malicia en ellos porque teme que estén a punto de escapar de su servicio y ya no podrá tiranizarlos. Como dice Watts-

"Se preocupa de quien no puede devorar, Con una alegría maliciosa".

Ahora bien, si algunos vienen a Cristo y no se permite que el diablo los asalte; si algunos vienen a Cristo y no hay nada extraño en su experiencia; si algunos vienen a Cristo y el orgullo y la oposición han sido vencidos en su naturaleza; si algunos vienen a Cristo y no son ignorantes, sino que están bien instruidos y ven fácilmente la luz, alegrémonos de que así sea. Es de ellos de quienes voy a hablar ahora un poco más extensamente.

II. Se admite como un hecho indudable que muchos se turban mucho al venir a Cristo, pero ahora, en segundo lugar, ESTO NO ES EN ABSOLUTO ESENCIAL PARA UNA VERDADERA VENIDA SALVADORA AL SEÑOR JESUCRISTO. Menciono esto porque he conocido a hombres cristianos angustiados de corazón porque temen haber venido a Cristo demasiado fácilmente. Se han imaginado a medias, al mirar hacia atrás, que no pudieron haberse convertido del todo porque su conversión no estuvo acompañada de tal agonía y tormento de mente como otros hablan.

En primer lugar, me gustaría señalar que es muy difícil ver cómo los sentimientos de desesperación pueden ser esenciales para la salvación. Fíjense un momento. ¿Es posible que la incredulidad pueda ayudar a un alma a la fe? ¿No es cierto que la angustia que muchos experimentan antes de venir a Cristo surge del hecho de su incredulidad? No confían, dicen que no pueden confiar, y por eso son como el mar agitado que no puede descansar. Su mente es sacudida de un lado a otro y vejada gravemente por la incredulidad. ¿Es este un fundamento para la santa confianza? Me parecería la cosa más extraña de todo el mundo que la incredulidad fuera una preparación para la fe. ¿Cómo puede ser que sembrar la tierra con semilla de cardo la prepare mejor para el buen grano? ¿Son el fuego y la espada auxiliares de la prosperidad nacional? ¿Es el veneno mortal una ayuda para la salud?

No lo entiendo. Me parece mucho mejor para el alma creer la Palabra de Dios de una vez y mucho más probable que sea una obra genuina cuando el alma, convicta de pecado, acepta al Salvador. Aquí está el camino de salvación de Dios y Él exige que yo confíe en Su amado Hijo que murió por los pecadores. Percibo que Cristo es digno de ser confiado, pues Él es el Hijo de Dios, de tal manera que Su sacrificio debe ser capaz de quitar mi pecado. Percibo, también, que Él entregó Su vida en lugar de Su pueblo, y, por tanto, confío en Él de todo corazón. Dios me pide que confíe en Él, y yo confío en Él sin ninguna otra pregunta. Si Jesucristo satisface a Dios, ciertamente me satisface a mí. Y, sin preguntar nada más, vengo y confío en Él.

¿No parece que este tipo de acción contiene todo lo que puede ser necesario? ¿Es posible que una desesperación furiosa y delirante pueda ser útil para la fe salvadora? Yo no lo veo. No puedo pensarlo. Algunos han sido golpeados con los pensamientos más horribles. Han supuesto que Dios no podría perdonarlos; han imaginado que, aunque pudiera perdonarlos, no lo haría, puesto que no eran Sus elegidos, ni Sus redimidos. Aunque han visto la invitación del Evangelio escrita con letras de amor: "Venid a mí todos los que estáis trabajados y cargados, y yo os haré descansar," se atreven a cuestionar si encontrarían descanso si vinieran, e inventan sospechas y conjeturas, algunas de las cuales llegan incluso a la blasfemia contra el carácter de Dios y la persona de Su Cristo.

Yo creo verdaderamente que tales personas han sido perdonadas de acuerdo a las riquezas de la gracia divina, pero no puedo imaginar que sus pensamientos pecaminosos les hayan ayudado alguna vez a obtener el perdón. Sé que mis propios pensamientos oscuros acerca de Dios, que dejaron muchas cicatrices en mi espíritu, fueron lavados con todos mis otros pecados. Y que nunca hubo nada bueno en esas cosas, o que puedo mirarlas en retrospectiva sin vergüenza y arrepentimiento, es algo que también sé. No puedo ver de qué servicio en particular pudieron haberle servido a alguien. ¿Acaso un baño de tinta quitará la mancha de otro? ¿Puede nuestro pecado ser quitado pecando más? Es imposible que el pecado pueda ayudar a la gracia, y que el mayor de todos los pecados, el pecado de incredulidad, ayude a la fe.

Sin embargo, una vez más, queridos amigos, gran parte de toda esta lucha y tumulto interior que algunos han experimentado es obra del diablo, como ya he dicho. ¿Puede ser esencial para la salvación que un hombre esté bajo la influencia de Satanás? ¿Es necesario que el diablo entre para ayudar a Cristo? ¿Es absolutamente esencial que los dedos negros del diablo se vean trabajando con las manos de lirio del Redentor? Imposible. Ese no es mi juicio acerca de la obra de Satanás, ni creo que sea el suyo si lo examina. Si nunca fuiste conducido ni a la blasfemia ni a la desesperación por Satanás, ¡gracias a Dios que nunca lo fuiste! No habrías ganado nada con ello; habrías sido un serio perdedor. Que nadie imagine que si hubiera sido presa de sugestiones atormentadoras, su conversión tendría más marcas de la verdad; ningún error puede ser más infundado.

No puede ser que el diablo pueda ser útil a nadie entre vosotros. Os hará daño y nada más que daño. Cada golpe que da, hiere pero no sana. El mismo Sr. Bunyan dice, cuando habla de la lucha de Cristiano con Apollyon, que, aunque ganó la victoria, no salió ganando. Es mejor que un hombre recorra muchas millas a la redonda, sobre setos y zanjas, antes que entrar en conflicto con Apollyon. Todo lo que es esencial para la conversión se encuentra en la manera más sencilla de venir de inmediato a Jesús; y, en cuanto a cualquier otra cosa, debemos enfrentarla, si viene, pero ciertamente no buscarla. Es fácil ver cómo la tentación satánica obstaculiza y cómo mantiene a los hombres en esclavitud cuando de otra manera podrían estar en libertad, pero sería difícil decir qué bien puede hacer en sí misma.

Una vez más, muchos casos prueban que todo este trabajo de la ley y dudar y temer y desesperar y ser atormentado por Satanás no son esenciales, porque hay decenas y cientos de cristianos que vinieron de inmediato a Cristo, como lo hicieron estos dos ciegos y, hasta este mismo día, saben muy poco acerca de esas cosas. Yo podría, si fuera apropiado, llamar a hermanos y hermanas que están a mi alrededor en este momento, que les dirían que cuando he estado predicando la experiencia de aquellos que vienen a Cristo con dificultad, se han alegrado de que sea predicada, pero han sentido: "No sabemos nada de todo esto en nuestra propia experiencia."

Enseñados desde su juventud en el camino de Dios, formados por padres piadosos, cayeron bajo la influencia del Espíritu Santo muy pronto en su vida. Oyeron que Jesucristo podía salvarlos. Sabían que necesitaban ser salvados y simplemente fueron a Él. Estaba a punto de decir que, casi tan naturalmente como acudían a su madre o a su padre cuando estaban necesitados, confiaban en el Salvador y encontraban paz de inmediato. Varios de los honorables líderes de esta Iglesia vinieron al Señor de esta manera tan sencilla. Ayer mismo me alegré mucho de ver a varios que confesaron su fe en Jesús de una manera que me encantó, y sin embargo, en su experiencia cristiana había poco rastro de terribles quemaduras y cicatrices. Oyeron el Evangelio, vieron que era adecuado para su caso, y lo aceptaron en ese mismo momento y entraron inmediatamente en paz y gozo.

Ahora bien, no les decimos que haya unos pocos casos tan sencillos, sino que afirmamos audazmente que conocemos muchísimos casos semejantes, y que hay miles de los más honrados siervos de Dios que caminan delante de Él en santidad y son eminentemente útiles, cuya experiencia es tan sencilla como A B C. Toda su historia podría resumirse en el versículo: "...".

"Vine a Jesús tal como era,

Cansado, agotado y triste;

Encontré en Él un lugar de descanso,

Y Él me ha alegrado".

Iré aún más lejos, y les aseguraré que muchos de los que dan la mejor evidencia de que son renovados por gracia, no pueden decirles el día en que fueron salvos, y no pueden atribuir su conversión a ningún sermón, ni a ningún texto de la Escritura, ni a ningún acontecimiento de la vida. No nos atrevemos a dudar de su conversión, pues sus vidas prueban su verdad. Ustedes pueden tener muchos árboles en su jardín, de los cuales deben admitir que no saben cuándo fueron plantados; pero si obtienen abundante fruto de ellos, no son muy exigentes en cuanto a la fecha en que echaron raíces.

Conozco a varias personas que no saben su edad. El otro día hablaba con una que se creía diez años mayor de lo que yo había descubierto. No le dije que no estaba viva porque no sabía su cumpleaños. Si se lo hubiera dicho, se habría reído de mí; y, sin embargo, hay algunos que piensan que no pueden convertirse porque no saben la fecha de su conversión. Oh, si estás confiando en el Salvador, si Él es toda tu salvación y todo tu deseo, y si tu vida es afectada por tu fe, de tal manera que produzcas los frutos del Espíritu, no necesitas preocuparte por tiempos y estaciones.

Miles en el redil de Jesús pueden declarar que están en él, pero el día en que atravesaron la puerta les es totalmente desconocido. Hay miles que vinieron a Cristo, no en la oscuridad de la noche, sino en el resplandor del día, y estos no pueden hablar de una espera y de una vigilia cansadas, aunque pueden cantar de la gracia inmerecida y del amor agonizante. Llegaron gozosamente a la casa de su Padre. La tristeza del arrepentimiento fue endulzada con el deleite de la fe que llegó simultáneamente con el arrepentimiento a sus corazones. Yo sé que es así. No les decimos sino la simple verdad. Muchos jóvenes son llevados al Salvador al son de una dulce música. Muchos, también, de otra clase, es decir, los de mente sencilla, vienen de igual manera. Todos desearíamos pertenecer a esa clase.

Algunos profesores se avergonzarían de ser considerados ingenuos, pero yo me gloriaría de ello. Demasiados del orden escéptico y crítico son grandes rompecabezas y grandes tontos por sus penas. Los infantiles beben la leche mientras esta gente la analiza. Parece que cada noche se hacen pedazos antes de irse a la cama, y por la mañana les resulta muy difícil recomponerse. Para algunas mentes, lo más difícil del mundo es creer en una verdad evidente. Siempre deben, si pueden, hacer un polvo, una niebla y un rompecabezas, ellos mismos, o de lo contrario no son felices. De hecho, nunca están seguros hasta que no están inciertos y nunca están tranquilos hasta que no están perturbados. Bienaventurados quienes creen que Dios no puede mentir, y están muy seguros de que debe ser así, si Dios lo ha dicho; éstos se arrojan sobre Cristo, se hundan o naden, porque si la salvación de Cristo es la manera de Dios de salvar al hombre, debe ser la manera correcta, y ellos la aceptan. Muchos, digo, han venido así a Cristo.

Ahora, avanzando un paso más, están todos los elementos esenciales de la salvación en la manera sencilla, agradable y feliz de venir a Jesús tal como son, pues, ¿cuáles son los elementos esenciales? El primero es el arrepentimiento, y estas queridas almas, aunque no sienten remordimiento, odian el pecado que una vez amaron. Aunque no conocen el infierno, sienten temor del pecado, lo cual es mucho mejor. Aunque nunca han estado temblando bajo la horca, el crimen es más terrible para ellos que la condenación. Han sido enseñados por el Espíritu de Dios a amar la justicia y a buscar la santidad, y esta es la esencia misma del arrepentimiento. Los que así vienen a Cristo han obtenido ciertamente la verdadera fe. No tienen ninguna experiencia en la que puedan confiar, pero con mayor razón son impulsados a descansar en lo que Cristo ha sentido y hecho.

No descansan en sus propias lágrimas, sino en la sangre de Cristo; no descansan en sus propias emociones, sino en los dolores de Cristo; no descansan en su conciencia de ruina, sino en la certeza de que Cristo ha venido a salvar a todos aquellos que confían en Él. Tienen la fe más pura. Y vean también cuán ciertamente tienen amor. "La fe obra por el amor" y lo demuestran. A menudo parecen tener más amor al principio que aquellos que vienen tan terriblemente cargados y tentados, pues, en la calma quietud de sus mentes, obtienen una visión más justa de las bellezas del Salvador, y arden de amor hacia Él, y comienzan a servirle, mientras que otros, todavía, están sanando sus heridas, y están tratando de hacer que sus huesos quebrados se regocijen.

No estoy deseando depreciar una experiencia dolorosa, sino que sólo estoy tratando de mostrar en cuanto a esta segunda clase, que su simple venida a Cristo, como vinieron los ciegos-simplemente creyendo que Él podía darles la vista-no es ni un ápice inferior a la otra, y tiene en ella todo lo esencial de la salvación. A continuación, observen que el mandamiento del Evangelio no implica en sí mismo nada del tipo que algunos han experimentado. ¿Qué se nos pide que prediquemos a los hombres: "Sé arrastrado por el diablo y serás salvo"? No, sino: "Cree en el Señor Jesucristo y serás salvo". ¿Cuál es mi comisión en este momento? ¿Decirte: "Desespera y serás salvo"? No, en verdad, sino, "Cree y serás salvo".

¡¿Debemos venir aquí y decir: "Tortúrate! Enreda tu corazón, azota tu espíritu, muele tu alma misma hasta hacerla polvo en la desesperación"? No, sino: "Cree en la infinita bondad y misericordia de Dios en la Persona de Su amado Hijo y ven y confía en Él". Ese es el mandamiento del Evangelio. Se presenta en diversas formas. Esta es una: "Mirad a mí, y sed salvos, todos los términos de la tierra". Ahora, si yo viniera y dijera: "Sácate los ojos", eso no sería el Evangelio, ¿verdad? No, pero "¡Mirad!" El Evangelio no dice: "Sácate los ojos", sino: "¡Mira!". Y no dice: "Ciega tus ojos con un hierro candente". No, sino, "¡Mira, mira, mira!" Es justo lo contrario de cualquier cosa como remordimiento, desesperación y pensamiento blasfemo. Es simplemente: "Mira".

Luego se le da otra forma. Se nos dice que tomemos libremente del Agua de la Vida. Se nos pide que bebamos del manantial eterno del amor y de la vida. ¿Qué se nos dice que hagamos? ¿Hacer que esta Agua de Vida esté hirviendo? No. Debemos beberla tal como fluye libremente de la Fuente. ¿Debemos hacerla gotear a la manera de la Inquisición, una gota a la vez, y acostarnos debajo de ella y sentir el goteo perpetuo de un goteo escaso? Nada de eso. Sólo debemos acercarnos a la fuente, beber y contentarnos, pues saciará nuestra sed. ¿Qué es el Evangelio? ¿No es comer el Pan del Cielo? "Comed lo que es bueno. Allí está el banquete del Evangelio, y hemos de obligar a los hombres a entrar, y ¿qué han de hacer cuando entren? ¿Mirar en silencio mientras otros comen? ¿Permanecer de pie y esperar hasta que sientan más hambre? ¿Probar 40 días de ayuno, como el Dr. Tanner? Nada de eso.

Podrías pensar que esto es el Evangelio por la forma en que algunas personas predican y actúan, pero no es así. Debes darte un festín con Cristo de inmediato. No es necesario que ayunes hasta que te conviertas en un esqueleto viviente y luego vengas a Cristo. No soy enviado con un mensaje como ese, sino que esta es mi palabra de buen ánimo: "Escúchame con diligencia, y come lo que es bueno, y que tu alma se deleite en la grosura. El que tenga sed, que venga a las aguas; y el que no tenga dinero, que venga y compre vino y leche, sin dinero y sin precio." Toma gratuitamente lo que Dios da gratuitamente y confía sencillamente en el Salvador. ¿No es ése el Evangelio? Bien, entonces, ¿por qué habría de decir alguno de ustedes: "No puedo confiar en Cristo porque no siento esto y no siento aquello"?

¿Acaso no les aseguro solemnemente que he conocido a muchos que han venido a Cristo tal como eran, que nunca han experimentado esos horribles sentimientos de los que tanto se habla, y que, sin embargo, han sido verdaderamente salvos? ¡Ven como eres! No trates de hacer una justicia de tu injusticia, o una confianza de tu incredulidad, o un Cristo de tus blasfemias, como algunos parecen hacerlo. Ni te envanezcas tan tontamente como para imaginar que la desesperación puede ser un motivo de esperanza. No puede serlo. Debes salir de ti mismo y entrar en Cristo, y allí estarás a salvo. Como dijeron los ciegos cuando Cristo les preguntó: "¿Creéis que soy capaz de hacer esto?", así tú has de decirle: "Sí, Señor". Confíate a tu Salvador y Él será tu Salvador.

III. Concluyo con una observación más: AQUELLAS PERSONAS QUE TIENEN EL PRIVILEGIO DE VENIR A JESUCRISTO SUAVEMENTE, CON PLACER Y FELIZMENTE, NO SON PERDEDORES. Ciertamente pierden algo, pero no es mucho. Pierden algo de lo pintoresco y tienen menos que contar. Cuando un hombre ha pasado por una larga serie de pruebas que lo han sacado de sí mismo y, por fin, llega a Cristo como un barco naufragado que es remolcado a puerto, tiene una historia de la que hablar y sobre la que escribir y, tal vez, piensa que es interesante poder contarla. Y, si puede contarla para gloria de Dios, es muy apropiado que lo haga. Muchas de estas historias se encuentran en las biografías porque son los incidentes que excitan el interés y hacen que valga la pena escribir sobre una vida; pero no deben concluir que todas las vidas piadosas son del mismo tipo.

Felices son aquellos cuyas vidas no pudieron ser escritas porque fueron tan felices que no tuvieron incidentes. Algunas de las vidas más favorecidas no se escriben porque no hay nada muy pintoresco en ellas. Pero les pregunto esto: cuando esos ciegos vinieron a Cristo tal como eran, y dijeron que creían que Él podía abrirles los ojos, y Él les abrió los ojos, ¿no hay tanto de Cristo en su historia como podría haber? Los propios hombres no están en ninguna parte; el Maestro sanador está en primer plano. Más detalles casi podrían quitar la peculiar prominencia que Él tiene en todo ello. Allí está

Él, el bendito y glorioso abridor de los ojos de los dos ciegos. Allí está Él, y Su nombre es glorioso.

Había una mujer que había gastado todos sus bienes en médicos y no mejoró en nada, sino que empeoró. Tenía una larga historia que contar acerca de los diversos médicos a los que había acudido, pero no sé si la narración de sus muchas desilusiones glorificaría al Señor Jesús un poco más que cuando estos dos ciegos pudieron decir: "Oímos hablar de Él, y fuimos a Él, y Él abrió nuestros ojos. Nunca gastamos ni medio penique en médicos. Fuimos directamente a Jesús, tal como éramos, y todo lo que nos dijo fue: "¿Creen que puedo hacerlo?", y nosotros dijimos: "Sí, creemos que puedes hacerlo", y Él abrió nuestros ojos de inmediato, y todo quedó hecho". Oh, si mi experiencia se pusiera alguna vez a la luz de mi Señor, ¡perdida sea mi mejor experiencia! Que Cristo sea el primero, el último, el medio; ¿no están de acuerdo, hermanos míos?

Si tú, pobre pecador, vienes a Cristo de inmediato sin tener nada en ti de lo que puedas hablar; si no eres más que un don nadie que se acerca al siempre bendito Todopoderoso; si no eres más que una mera nada que se acerca a Él, que es el Todo-en-Todo. Si son un bulto de pecado y miseria, un gran vacío, nada más que un vacío en el que ya no se piensa nunca más, si vienen y se pierden en Su gracia infinitamente gloriosa, eso será todo lo que se necesita. Me parece que no perderán nada por el hecho de que no haya tanto de pintoresco y sensacional en su experiencia. Habrá, al menos, esta grandiosa sensación: perdidos en el yo, pero salvados en Jesús; ¡gloria sea a Su nombre! Tal vez puedan suponer que las personas que vienen así suavemente pierden algo como evidencia después. "Ah," me dijo uno, "casi desearía, algunas veces, haber sido un abierto ofensor, para poder ver el cambio en mi carácter. Pero, habiendo sido siempre moral desde mi juventud, no siempre soy capaz de ver ningún signo claro de cambio."

Ah, permítanme decirles, amigos, que esta forma de evidencia es de poca utilidad en tiempos de tinieblas, pues si el demonio no puede decirle a un hombre: "no has cambiado tu vida" -pues hay algunos a quienes no tendría el descaro de decirles eso, puesto que el cambio es demasiado manifiesto para que él pueda negarlo-, él dice: "cambiaste tus acciones, pero tu corazón sigue siendo el mismo. Pasaste de ser un pecador audaz y honesto a ser un profesor hipócrita y charlatán. Eso es todo lo que has hecho. Has renunciado al pecado abierto porque tus fuertes pasiones declinaron, o porque pensaste que te gustaría otra manera de pecar, y ahora sólo estás haciendo una falsa profesión y viviendo lejos de lo que deberías hacer." Muy poco consuelo se puede obtener incluso del cambio que obra la conversión cuando una vez el archienemigo se convierte en nuestro acusador.

De hecho, se trata de esto: de cualquier manera que vengas a Cristo, nunca puedes poner ninguna confianza en cómo viniste. Tu confianza debe descansar siempre en Aquel a quien viniste, es decir, en Cristo, ya sea que vengas a Él volando, o corriendo, o caminando. Si llegas a Jesús, estás bien. No importa cómo vengas, sino si vienes a Él. ¿Has venido a Jesús? ¿Vienes a Jesús? Si has venido y dudas si has venido, ¡vuelve a venir! Nunca discutas con Satanás sobre si eres cristiano. Si él dice que eres un pecador, respóndele: "Así es, pero Jesucristo vino al mundo para salvar a los pecadores, y yo comenzaré de nuevo". Es un viejo abogado, sabes, y muy astuto. Sabe cómo desconcertarnos, porque no entendemos las cosas tan bien como él.

Él ha estado, estos miles de años, en el oficio de intentar hacer dudar a los cristianos de su interés por Cristo y lo entiende bien. Nunca le respondan. Remítelo a tu abogado; dile que tienes un abogado en las alturas que le responderá. Dile que volarás a Cristo otra vez. Si nunca fuiste a Jesús antes, irás ahora; y si has ido antes, irás otra vez. Esa es la manera de poner fin a la disputa. En cuanto a las evidencias, son cosas bellas cuando hace buen tiempo, pero cuando se desata la tempestad, los hombres sabios dejan ir las evidencias. La mejor evidencia que un hombre puede tener de que es salvo, es que todavía está aferrado a Cristo.

Por último, algunos pueden suponer que aquellos que vienen a Cristo suavemente pueden perder una buena cantidad de adaptación para una utilidad posterior, porque no serán capaces de simpatizar con aquellos que están en profunda perplejidad y en terribles apuros cuando están viniendo a Cristo. Ah, bueno, hay bastantes de nosotros que podemos simpatizar con tales personas, y no sé si todo el mundo está obligado a simpatizar con todo el mundo en todos los aspectos. Recuerdo haberle mencionado un día a un hombre que tenía una propiedad considerable, que su pobre ministro tenía una familia numerosa y apenas podía mantener un abrigo sobre su espalda. Le dije que me preguntaba cómo algunos hombres cristianos que se beneficiaban bajo el ministerio de tal hombre no suplían sus necesidades.

Me contestó que creía que era bueno que los ministros fueran pobres porque podían simpatizar con los pobres. Le dije: "Sí, sí, pero entonces, ¿no lo ves?, debería haber uno o dos que no sean pobres para simpatizar con los que son ricos". Yo iría un poco más allá, ciertamente, y dejaría que el pastor pobre, de vez en cuando, tuviera el poder de simpatizar con ambas clases. No pareció entender mi argumento, pero creo que hay mucho en él. Es una gran misericordia tener algunos hermanos a nuestro alrededor que, por su dolorosa experiencia, puedan simpatizar con aquellos que han pasado por ese dolor. Pero, ¿no crees que es una gran misericordia tener a otros que, por no haber pasado por esa experiencia, pueden simpatizar con otros que no la han pasado?

¿No es útil tener a alguien que pueda decir: "Bien, querido corazón, no te inquietes porque el gran perro del infierno no te aulló. Si has entrado por la puerta tranquila y sosegadamente, y Cristo te ha recibido, no te inquietes porque el demonio no te ladre, pues yo también llegué a Jesús tan suave y segura y dulcemente como tú lo has hecho. Tal testimonio reconfortará a la pobre alma, y así, si pierdes el poder de simpatizar de una manera, ganarás el poder de simpatizar de otra, y no habrá una gran pérdida, después de todo. En resumen, quisiera que cada hombre, mujer y niño aquí presente viniera y confiara en el Señor Jesucristo. Me parece que es un plan de salvación incomparable, que Cristo acepte el pecado humano y sufra en lugar del pecador, y que nosotros no tengamos nada que hacer, excepto aceptar lo que Cristo ha hecho, y confiar enteramente en Él.

Quien no quiera ser salvado por un plan como éste, merece perecer, y así perecerá. ¿Hubo alguna vez un Evangelio tan dulce, tan seguro y tan sencillo? Es un gozo predicarlo. ¿Lo recibirán? Queridas almas, ¿no se rendirán a no ser nada y a tener a Jesús como Todo en Todo? Dios quiera que ninguno de nosotros rechace este camino de gracia, este camino abierto, este camino seguro. Venid, no os detengáis más. El Espíritu y la esposa dicen "Ven". Señor, ¡atráelos por el amor de Jesús! Amén.

Sermón #701—Ver y no ver, Hombres como Árboles Caminando

PRONUNCIADO EN LA MAÑANA DEL DOMINGO 22 DE JULIO DE 1866,

POR C. H. SPURGEON,

EN EL TABERNÁCULO METROPOLITANO, NEWINGTON.

"Llegó a Betsaida, y le trajeron un ciego, rogándole que le tocase. Tomó al ciego de la mano y lo sacó fuera de la ciudad. Y después de escupirle en los ojos y de ponerle las manos encima, le preguntó si veía algo. Él levantó la vista y dijo: Veo hombres como árboles que caminan. Después de eso Él puso Sus manos otra vez sobre sus ojos, y le hizo mirar hacia arriba. Y quedó restablecido, y veía claramente a todos los hombres".
Marcos 8:22-25.

Nuestro Salvador curó muy frecuentemente a los enfermos por medio del tacto, porque quería inculcarnos la verdad de que las enfermedades de la humanidad caída sólo pueden ser eliminadas por el contacto con Su propia humanidad bendita. Tenía, sin embargo, otras lecciones que enseñar, y por lo tanto adoptó otros métodos de acción al curar a los enfermos. Además, fue sabio por otras razones manifestar variedad en Sus métodos. Si nuestro Señor hubiera hecho todos sus milagros en un solo molde, los hombres habrían dado una importancia indebida a la manera en que obró, y habrían pensado supersticiosamente más en ella que en el poder divino por el cual se realizó el milagro.

En consecuencia, nuestro Maestro nos presenta una gran variedad en la forma de los milagros. Aunque siempre están llenos de la misma bondad, y muestran la misma sabiduría y el mismo poder, sin embargo, Él tiene cuidado de hacer que cada uno sea distinto de su compañero, para que podamos contemplar la manifiesta bondad de Dios y no podamos imaginar que el Divino Salvador es tan corto de métodos como para necesitar repetirse a Sí mismo. El pecado acosador de nuestra naturaleza carnal es quedarse en lo que se ve y olvidar lo que no se ve; por eso el Señor Jesús cambia el modus operandi externo, o la manera de obrar, para que quede claro que no está atado a ningún método de curación, y que la operación externa no es nada en sí misma. Quiere que entendamos que si decide sanar por el tacto, también puede sanar con una palabra.

Y si curaba con una palabra, podía prescindir incluso de la palabra y obrar por Su mera voluntad: que una mirada de Sus ojos era tan eficaz como un toque de Su mano, y que incluso sin estar visiblemente presente, Su Presencia invisible podía obrar el milagro aunque estuviera a distancia. En el presente caso, nuestro Salvador se desvió de Su práctica acostumbrada, no sólo en el método de curación, sino también en el carácter de la curación. En la mayoría de los milagros del Salvador, la persona curada fue restablecida inmediatamente. Leemos del hombre sordomudo que no sólo se le abrió la boca, sino que, lo que era más notable para alguien que nunca antes había oído un sonido, habló claramente, recibiendo el don del lenguaje así como el poder de emitir sonidos articulados.

En otros casos, la fiebre abandonó al paciente de inmediato, la lepra se curó por completo en el acto y se detuvo la emisión de sangre. Pero aquí, "el Médico Amado" fue más pausadamente a trabajar, y sólo otorgó una parte de la bendición al principio, deteniéndose en el camino, y haciendo que Su paciente considerara cuánto se le había dado, y cuánto se le había retenido, y luego por una segunda operación perfeccionando la buena obra. Tal vez la acción de nuestro Señor en este caso fue dirigida no sólo por el deseo de hacer cada milagro distinto, para que los hombres no pensaran que, como un mago, tenía un solo modo de operar, sino que puede haber sido sugerida por la forma particular de la enfermedad y la dolencia espiritual de la cual es un tipo.

Jesús difícilmente habría curado algunas enfermedades por grados. Parecía necesario dar un golpe decisivo y acabar con ellas. La expulsión de un demonio, por ejemplo, debe realizarse por completo o, de lo contrario, no se realiza en absoluto. Y un leproso sigue siéndolo aunque sólo quede una mancha. Es posible, sin embargo, curar la ceguera por grados, dar algún pequeño destello al principio, y después derramar sobre los globos oculares toda la luz del día. Tal vez sea necesario en algunos casos que la curación sea gradual, para que el nervio óptico se acostumbre a la luz. Como el ojo es el emblema del entendimiento, es muy posible, no, es habitual, curar el entendimiento humano por grados.

La voluntad debe cambiar de inmediato. Los afectos deben cambiar instantáneamente. La mayoría de las facultades de la naturaleza humana deben experimentar un cambio claro y completo. Pero el entendimiento puede ser iluminado por un largo curso de iluminación. El corazón de piedra no puede ablandarse gradualmente, sino que debe convertirse instantáneamente en un corazón de carne. Pero esto no es necesario con el entendimiento. Las facultades razonadoras pueden ser llevadas gradualmente al equilibrio y orden adecuados. El alma puede recibir al principio sólo una ligera percepción de la Verdad de Dios y allí puede descansar con relativa seguridad. Después puede llegar a aprehender más claramente la mente del Espíritu, y en ese grado de luz puede permanecer sin grave peligro, aunque no sin pérdida.

Puede describirse como ver, pero no ver de lejos. Y entonces la restauración definitiva del entendimiento puede reservarse a una experiencia más madura. Probablemente la vista espiritual nunca nos será concedida, en absoluta perfección, hasta que entremos en la luz para la que está destinado el estado espiritual, a saber, la gloria de aquel lugar donde no necesitan vela, ni luz del sol, porque el Señor Dios los alumbra. El milagro que tenemos ante nosotros retrata la curación progresiva de un entendimiento oscurecido.

El milagro no puede ser usado como una imagen de la restauración de un pecador obstinado del error de sus caminos, o la vuelta de los libertinos y depravados de la inmundicia de sus vidas. Es una imagen del alma oscurecida iluminada gradualmente por el Espíritu Santo y llevada por Jesucristo a la clara luz de Su reino. Esta mañana, sintiendo que hay muchas almas medio iluminadas presentes, describiré el caso con la ayuda del Espíritu Santo. Luego veremos los medios de curación. En tercer lugar, nos detendremos un momento para considerar la etapa esperanzadora, y luego concluiremos con un breve comentario sobre la consumación de la curación.

I. Primero, tenemos QUE IMAGINAR EL CASO. Es uno de una clase maravillosamente común hoy en día, muy común, ciertamente, entre las nuevas adiciones a esta congregación, pues muchos vienen a nosotros que han estado espiritualmente ciegos durante la parte anterior de sus vidas, habiendo sido meros asistentes formales a la iglesia, o rígidos religiosos externos entre los disidentes.

Observa atentamente el caso que nos ocupa. Se trata de una persona con el entendimiento entenebrecido. No se trata de un hombre que podría imaginarse como una persona poseída por el diablo. Un hombre poseído por el demonio delira, se enfurece, es peligroso para la sociedad, debe ser atado con cadenas, vigilado y custodiado, porque se desgarrará a sí mismo y dañará a otros. Este ciego es totalmente inofensivo. No desea herir a los demás y no es probable que sea violento consigo mismo. Es sobrio, firme, honesto, amable, y su enfermedad espiritual puede despertar nuestra compasión, pero no nuestro temor.

Si estas personas no iluminadas se asocian con el pueblo del Señor, no deliran ni se enfurecen contra los santos, sino que los respetan y aman su compañía. No odian la cruz de Cristo; a su pobre y ciega manera, incluso la aman. No son perseguidores, injuriadores ni burlones. Tampoco corren desesperadamente por el camino de la maldad. Por el contrario, aunque no pueden ver las cosas de Dios, sienten su camino en las sendas de la moralidad de una manera muy admirable. De modo que, en algunos aspectos, incluso podrían ser ejemplos para los que pueden ver.

Además, el caso que nos ocupa no es el de una persona contaminada con una enfermedad contagiosa, asquerosa y repugnante como la lepra. El leproso debe ser apartado. Debe haber un lugar reservado para él, porque contamina a todos aquellos con los que entra en contacto. No ocurre lo mismo con este ciego que se acerca al Salvador. Es ciego, pero no ciega a los demás. Si se relaciona con otros ciegos, no aumenta su ceguera; y si se relaciona con los que pueden ver, no daña su vista de ninguna manera.

Tal vez, incluso, podrían obtener algún beneficio de la asociación con él, pues se ven inducidos a agradecer la vista que poseen cuando perciben la oscuridad en la que él está tan penosamente envuelto. No es, pues, el caso de una persona de vida libidinosa o de conversación soez. No es en absoluto el caso de un hombre que depravaría a tus hijos, que llevaría a tu hijo o a tu hija al pecado. Las personas no ilustradas de las que hablamos son queridas en nuestras familias, y con mucha razón, porque no difunden doctrinas perjudiciales ni dan malos ejemplos. E incluso cuando hablan de cosas espirituales hacen que nos compadezcamos de ellos porque saben tan poco, y estamos agradecidos a Dios al pensar que nos ha abierto los ojos para ver las cosas maravillosas de Su Palabra.

No son odiadores delirantes de Dios ni hígados sucios, como para hacer mal a su raza. No, estas personas ni siquiera son incapaces en ningún aspecto, excepto en el único órgano del ojo de la mente: es el entendimiento el que está oscurecido. Pero en todos los demás sentidos, estas personas que ahora estoy imaginando son esperanzadoras, si no saludables. No son totalmente sordos, oyen el Evangelio con mucho gusto y con mucha atención. Es cierto que no lo entienden claramente. Lo que reciben es en gran medida la letra, y muy poco el espíritu. Sin embargo, al mismo tiempo, oyen, y están en camino de obtener una mayor bendición, pues "la fe es por el oír, y el oír, por la palabra de Dios".

Y además, en cierto modo, tampoco son mudos, pues rezan de algún modo. Es cierto que su oración es escasamente espiritual, pero tiene una seriedad que no debe despreciarse. Han asistido a un lugar de culto desde su juventud y nunca han descuidado las formas externas de la religión. ¡Ay de ellos, todavía están ciegos! Pero están ansiosos por oír y orar, y confiamos en que todavía serán capaces de hacer ambas cosas. Por lo tanto, no son absolutamente sordos o mudos.

Tampoco parecen incapaces en otros aspectos. La mano no está marchita, como en el caso de uno a quien Cristo encontró en la Sinagoga. Tampoco están abatidos por una grave depresión de espíritu, como aquella hija de Abraham que había estado abatida durante muchos años. Son alegres y diligentes en los caminos del Señor. Si la causa de Dios necesita ayuda, ellas están listas para ayudarla, y aunque debido a la pérdida de sus ojos espirituales no pueden entrar en el pleno goce de las cosas divinas, sin embargo, están entre las personas más dispuestas que conocemos a ayudar en cualquier buena causa; no porque comprendan completamente el espíritu de ella, ni porque puedan entrar en él, pues debido a su ceguera natural son todavía extranjeros; pero, aun así, hay en ellas algo que es muy hermoso y muy esperanzador, pues están ansiosas, tanto como les es posible, de ayudar a la causa de Cristo.

En conexión con todas las congregaciones cristianas tenemos un nudo de personas de este tipo, y en conexión con algunas iglesias cristianas la mayoría, incluso de los miembros, son muy poco mejores. No han recibido más que suficiente instrucción que les permita distinguir su mano derecha de su izquierda en asuntos espirituales. Por falta de enseñanza doctrinal son dejados en la oscuridad, y debido a que no se les presenta la forma de palabras sanas, permanecen en una semiceguera, incapaces de disfrutar de las hermosas perspectivas que alegran los ojos del creyente iluminado.

II. Ahora tenemos que ver EL MÉTODO DE CURACIÓN DE NUESTRO SEÑOR. Cada parte del milagro es sugestiva. Lo primero que hay que observar es una intervención amistosa: sus amigos llevaron al ciego a Jesús. ¡Cuántos hay que no comprenden correctamente la doctrina fundamental del Evangelio de Cristo, y necesitan la ayuda de los creyentes! Sienten afecto por la religión en abstracto, pero no saben plenamente lo que deben hacer para salvarse.

Todavía no han comprendido la gran verdad de la sustitución, que es el punto cardinal del Evangelio. Apenas saben lo que es llegar a descansar enteramente en el Señor Jesús debido a la satisfacción que Él ha ofrecido a la justicia todopoderosa. Tienen una especie de fe, pero tienen un conocimiento tan escaso que su fe les trae poco o ningún beneficio. Tales personas podrían a menudo ser bendecidas si cristianos más avanzados trataran de llevarlas a un conocimiento más claro del Salvador. ¿Por qué no pueden llevar a tales almas bajo el sonido de ese ministerio que ha sido instructivo para ustedes? ¿Por qué no puedes poner en su camino ese Libro que fue el medio de abrir tus ojos? ¿Por qué no puedes traer ante sus mentes ese texto de la Escritura, ese pasaje de la Palabra de Dios, que te iluminó por primera vez?

¿No sería para nosotros un trabajo de lo más esperanzador buscar a aquellos que no son hostiles al Evangelio, sino simplemente ignorantes de él, que tienen celo por Dios, pero no de acuerdo con el conocimiento, y que, si una vez pudieran ser provistos de luz, entonces habrían encontrado la única cosa necesaria? Seguramente, si buscamos a los degradados, a los envilecidos y a los depravados que ensucian nuestros patios y callejones infectos, deberíamos, con igual afán, buscar a estos esperanzados que se sientan bajo el sonido de una predicación que no es la predicación del Evangelio, o que oyen la verdadera Palabra de Dios, pero no la perciben.

Hermanos y hermanas, harían bien si oraran por ellos, y si, además, buscaran a los excelentes jóvenes y a las amables jóvenes, y se esforzaran por responder a la pregunta de sus tiernas conciencias: "¡Oh, si supiéramos dónde podemos encontrarlo!". Podría ser, en la mano de Dios, el primer paso para que ellos recibieran la vista espiritual si te preocuparas por estos hijos de la niebla y de la noche. Cuando el ciego fue llevado al Salvador, recibió el primer contacto con Jesús, pues Jesús lo tomó de la mano. Es un día feliz para un alma cuando entra en contacto personal con el Señor Jesús. Hermanos, cuando estamos en nuestro estado de incredulidad, nos sentamos en la casa de Dios, y Cristo nos parece estar a distancia.

Oímos hablar de Él, pero es como de alguien que ha partido a palacios de marfil, y que ahora no está entre nosotros. E incluso si pasa cerca, sentimos como si no se hubiera acercado a nosotros, y por eso nos sentamos y suspiramos, y anhelamos sentir Su sombra caer sobre nosotros, o tocar, por decirlo así, el borde de Su manto. Pero cuando el alma comienza realmente a acercarse a Jesús, cuando Él se convierte en objeto de devota atención, cuando sentimos que, después de todo, hay algo que debemos captar y comprender acerca de Él. Cuando nos damos cuenta de que Él no es una sombra distante e impalpable, sino una verdadera Existencia, y una Existencia que tiene influencia sobre nosotros, entonces es cuando Él nos toma de la mano.

Sé que algunos de ustedes han sentido esto. Frecuentemente les ha sucedido que el domingo sintieron que debían orar. Han sentido que el sermón estaba hecho para ustedes. Pensaron que alguien le había hablado al predicador acerca de ustedes; la verdad les llegó tan de cerca; los mismos detalles del discurso del predicador encajaban con la condición de su mente. Creo que era nuestro bendito Señor quien te llevaba de la mano. El servicio no fue para ti un mero hablar y escuchar palabras, sino que una mano misteriosa te tocó. Tus sentimientos fueron impresionados y tu corazón fue consciente de emociones peculiares originadas por la presencia del Salvador. Por supuesto que Jesús no entra en ningún contacto físico con nosotros; es un contacto mental, espiritual; la mente del Señor Jesús pone su mano sobre la mente de los pecadores, y por medio del Espíritu Santo, influye suavemente en el alma para santidad y verdad.

Fijaos en el siguiente acto, pues es peculiar. El Salvador condujo al hombre a una posición solitaria, pues lo sacó de la ciudad. He notado que cuando las personas convertidas han sido espiritualmente ciegas más bien que voluntariamente malvadas- que no han sido tan hostiles como ignorantes-una de las primeras señales de que se han convertido en cristianos es que se retiran y sienten su responsabilidad individual. Hermanos, siempre tengo esperanza para el hombre que comienza a pensar en sí mismo como si estuviera solo ante Dios. Hay decenas de miles de personas en Inglaterra que se consideran parte de una nación de cristianos y miembros natos de una Iglesia, y, por tanto, nunca se consideran personalmente responsables ante Dios.

Dicen la confesión de los pecados, pero siempre es con toda la congregación. Cantan el Te Deum, pero no es una alabanza personal, sino coral. Pero cuando un hombre es llevado, incluso estando en la congregación, a sentirse como si estuviera solo. Cuando capta la idea de que la verdadera religión es del individuo y no de la comunidad, y que la confesión de los pecados es más apropiada de sus labios que de los de cualquier otro hombre, entonces comienza una obra de gracia. Hay esperanza en el entendimiento más ciego cuando la mente comienza a meditar sobre su propia condición y examina sus propias perspectivas. Es una señal segura de que el Señor está tratando bien contigo, si te ha sacado de la ciudad, si estás olvidando a todos los demás, y pensando sólo en ti mismo.

No lo llames egoísmo. Es sólo el egoísmo que ordena la ley suprema de nuestra naturaleza. Todo hombre, cuando se está ahogando, debe pensar en sí mismo. Y si es un egoísmo justificable buscar preservar la propia vida, ¡mucho más lo es esforzarse por escapar de la ruina eterna! Cuando tu propia salvación esté consumada, ya no tendrás necesidad de pensar en ti mismo, sino que te preocuparás por las almas de los demás; pero ahora, la más elevada sabiduría es pensar en ti mismo en tu posición frente a Dios, y mirar al Salvador para que tú mismo tengas vida eterna. "Lo tomó de la mano y lo sacó de la ciudad".

El siguiente también fue un acto muy extraño. Lo sometió a medios ordenados pero despreciables: le escupió en los ojos. El Salvador usó frecuentemente la saliva de Su boca como medio de curación. Se ha dicho así porque lo recomendaban los médicos antiguos. Pero no creo que su opinión pudiera tener mucho peso para nuestro maravilloso Señor. Me parece que el uso de la saliva conectó la apertura del ojo con la boca del Salvador, es decir, conectó en tipo la iluminación del entendimiento con la verdad que Cristo pronuncia. Por supuesto, la vista espiritual viene por medio de la Verdad espiritual, y el ojo del entendimiento es abierto por la doctrina que Cristo habla.

Sin embargo, me parece que la asociación que naturalmente establecemos con la saliva es la de repugnancia, y que el Salvador la empleó intencionadamente con ese mismo fin. No era más que saliva, aunque era saliva de la boca del Salvador. Y así, fíjate, amigo, es muy posible que Dios te bendiga por esa misma verdad que una vez despreciaste, e incluso podría bendecirte por medio de ese mismo hombre contra quien hablaste más amargamente. A menudo le ha placido a Dios conceder a Sus siervos ministradores un tipo de venganza llena de gracia; muchas y muchas veces, aquellos que fueron los más ardientes y furiosos contra los propios siervos de Dios, han recibido las mejores bendiciones de manos de aquellos hombres a quienes más despreciaron.

Usted lo llama "saliva"; nada más que eso le abrirá los ojos. Dices: "El Evangelio es algo muy común". Es por esos lugares comunes que tendrás vida. Ustedes han declarado con desprecio que tal hombre habla la verdad en un estilo tosco y vulgar; algún día bendecirán esa vulgaridad, y estarán lo suficientemente contentos de recibir, aun de manera tosca, la verdad tal como su Señor le ordena que la diga. Pienso que muchos de nosotros tuvimos que darnos cuenta de esto en nuestra conversión, que el Señor castigó nuestro orgullo diciéndonos: "Esa pobre gente de la que pensabas tan duramente será convertida en una bendición para ti, y Mi siervo, contra quien estabas más lleno de prejuicios, será el hombre que te lleve a la paz perfecta."

Me parece que hay más que eso, mucho más que todo eso, en la idea de que el Salvador escupiera sobre sus ojos. Nada de polvos de mercader, nada de mirra e incienso, nada de drogas costosas; sólo un escupitajo común en los labios. Y así, si quieres ver, amado lector, las cosas profundas de Dios, no será por medio de los filósofos, ni por medio de los profundos pensadores del día, sino que aquel que te dijo: "Confía en Cristo y vive," te enseña mejor filosofía que los filósofos. Y quien te dice que en Él, en el Señor Jesús, habitan todos los tesoros de la sabiduría y del conocimiento, te dice en esa simple declaración más de lo que podrías aprender aunque Sócrates y Platón resucitaran de entre los muertos, y pudieras sentarte, como un erudito, a sus pies. Jesucristo abrirá tus ojos, y será por este innoble medio: la saliva de Su boca.

Percibirás además que cuando hubo escupido sobre sus ojos se añade que puso Sus manos sobre él. ¿Lo hizo en forma de bendición celestial? ¿Acaso, al imponer Sus manos, otorgó al hombre Su bendición, y ordenó que la virtud fluyera de Su propia Persona hacia el ciego? Yo creo que sí. Entonces, hermanos, después de todo, no es el escupitajo, no es la conducción del hombre fuera de la multitud. ¡No es el ministerio! ¡No es la predicación de la Palabra! No es la consideración del oyente la que ganará bendiciones espirituales; es la bendición de Aquel que murió por los pecadores la que nos confiere todo.

Este Hombre es exaltado a lo alto para dar arrepentimiento y remisión de pecados. Él, que fue despreciado y rechazado por los hombres, es por medio de Él y sólo por medio de Él, que se dará a los hijos de los hombres un don inestimable, como la vista a los ciegos. Debemos utilizar los medios, y no despreciarlos ni confiar en ellos. Debemos estar solos, pues el retiro es una gran bendición; pero debemos mirar, después de todo, al Señor y Dador de todo buen don. De lo contrario, la saliva tendría que ser enjugada con disgusto, y el estar solo sólo hará que el ciego pierda su camino más eficazmente, y vague en la oscuridad más profunda con menos simpatía y ayuda.

Este bosquejo es la fotografía de algunos de los presentes. Creo que hay personas aquí que desde su juventud han asistido a lugares de adoración sin la menor percepción de la vida espiritual, y habrían continuado haciéndolo si el Señor no se hubiera complacido en hacer uso de amigos, alegres y felices amigos cristianos, que dijeron: "Ven ahora, creo que puedo decirte algo que tú no sabes." Estos amigos, mediante la oración y la enseñanza, te pusieron en contacto con Jesús. Jesús te tocó, influyó en tu mente, te hizo reflexivo, te hizo ver que en la religión había algo más que lo meramente externo. Te hizo sentir que ir a la iglesia o a la capilla no lo era todo, no, no era nada en absoluto, a menos que aprendieras el secreto, el verdadero secreto de la vida eterna.

Ha sido a través de todo esto que han comenzado a sentir que hay poder en ese Evangelio que una vez despreciaron. Y aquello que despreciaste como metodismo y desvarío, es ahora para ti el Evangelio de tu salvación. Demos gracias a Dios por esto, pues es por tales medios que se abren los ojos.

III. Hemos llegado ahora al tercer punto, y nos detendremos un momento en UNA ETAPA ESPERANZOSA. El Salvador había dado a los ojos del hombre el poder de ver, pero no había quitado completamente la película que impedía el paso de la luz. Escucha al hombre. Jesús le dice: "¿Ves algo?". Levanta la vista, y la primera palabra de alegría es: "¡Veo!". ¡Qué bendición! "¡Veo!" Algunos de ustedes, queridos amigos, pueden decir eso: "Si antes era ciego, ahora veo".

"Sí, Señor, ahora no hay oscuridad total. No veo tanto como debería, ni tanto como espero, pero veo. Hay muchas, muchas cosas de las que no sabía nada, de las que ahora sé algo. Ni el mismo diablo podría hacerme dudar de que veo. Sé que veo. Solía estar bastante satisfecho con la forma externa. Si terminaba los himnos y las oraciones, etc., me sentía satisfecho. Pero ahora, aunque siento que no puedo ver como quiero ver, puedo ver tanto como eso. Si no puedo ver la luz, ciertamente hay oscuridad visible. Si no puedo ver la salvación, puedo ver mi propia ruina. Veo mis propias necesidades y carencias; si no veo nada más, las veo".

Ahora, si un hombre puede ver cualquier cosa, no importa qué, ciertamente tiene vista. No importa si lo que ve es un objeto bello o feo; el simple hecho de ver cualquier cosa es una prueba positiva de que hay vista en sus ojos. Así, la percepción espiritual de cualquier cosa es prueba de que tienes vida espiritual, tanto si esa percepción te hace llorar como si te hace alegrarte. Ya sea que te quebrante el corazón, o que ate tu corazón, si lo ves, debes tener el poder de la vista. Eso es suficientemente claro, ¿no es así?

Pero escucha al hombre de nuevo. Dice: "Veo hombres". Eso es aún mejor. Por supuesto que el pobre hombre había podido ver alguna vez, de lo contrario no habría conocido la forma de un hombre. "Veo hombres", dice. Sí, y hay algunos aquí que tienen suficiente vista para distinguir entre una cosa y otra, para distinguir esto de aquello. Aunque una vez fueras tan ciego como un murciélago, nadie podría hacerte creer que la regeneración bautismal es lo mismo que la regeneración de la Palabra de Dios. En todo caso, pueden ver la diferencia entre estas dos cosas. Uno pensaría que cualquiera podría, pero muchos no pueden. Pueden ver la diferencia entre la mera adoración formal y externa, y la adoración espiritual; pueden ver eso.

Puedes ver lo suficiente para saber que hay un Salvador. Que necesitas un Salvador. Que el camino de la salvación es por la fe en Cristo. Que la salvación que Jesús da realmente nos salva de pecar, y lleva a los que la reciben a salvo a la gloria eterna. Así está claro que puedes ver algo, y sabes dentro de poco qué es ese algo. Escuchen, sin embargo, al ciego, pues aquí entra la palabra que lo estropea en gran medida: "Veo hombres como árboles, que caminan". No podía decir si eran hombres o árboles, excepto que caminaban, y sabía que los árboles no caminaban, y por lo tanto no podían ser árboles.

Los objetos eran una confusa mancha ante sus ojos. Sabía por su movimiento que debían de ser hombres, pero no podía decir exactamente con la vista si eran hombres o árboles. Muchas almas preciosas esperan en esta etapa esperanzada pero incómoda. Pueden ver. Bendito sea Dios por ello. Nunca volverán a estar completamente ciegas. Porque si pueden ver al hombre Jesús y al madero en el que murió, no harán más que un objeto de ellos si les place, pues Cristo y su cruz son uno. Los ojos que no pueden ver claramente a Jesús, pueden verlo tenuemente, e incluso una visión tenue salvará al alma.

Observen que la vista de este hombre era muy indistinta: un hombre o un árbol. Lo mismo sucede con la primera vista que se da a muchas personas espiritualmente ciegas. No pueden distinguir entre doctrina y doctrina. Con frecuencia confunden en sus mentes la obra del Espíritu y la obra del Salvador. Poseen la justificación y poseen la santificación, pero es probable que no podrían decir cuál es cuál. Han recibido la justicia impartida del corazón, y también han recibido la justicia imputada de Cristo, pero apenas pueden distinguir entre la justicia impartida y la justicia imputada. Tienen ambas, pero no saben cuál es cuál, al menos no como para poder escribir las definiciones o decírselas a sus semejantes. Pueden ver, pero no pueden ver como deberían ver. Ven a los hombres como árboles que caminan.

Su vista, además de indistinta, es muy exagerada. Un hombre no es tan grande como un árbol, pero ellos magnifican la estatura humana hasta convertirla en un imponente madero. Y así, las personas medio iluminadas exageran las doctrinas. Si reciben la doctrina de la elección, no pueden contentarse con llegar hasta donde llega la Escritura: hacen un árbol del hombre arrastrando la reprobación. Si se apoderan del precepto, el bautismo, o lo que sea, exageran sus proporciones, y lo convierten en una especie de todo-en-todo. Algunos reciben un golpe y otros reciben otro, y todo por confundir a un hombre con un árbol. Es una gran misericordia que vean la doctrina y los preceptos, pero sería una misericordia aún mayor si pudieran verlos tal como son, y no como ahora les parecen.

Esta exageración generalmente conduce a la alarma, porque si veo a un hombre caminando hacia mí que es tan alto como un árbol, naturalmente tengo miedo de que me caiga encima, y por eso me quito del camino. Muchas personas tienen miedo de las doctrinas de Dios porque piensan que son tan altas como los árboles. No son demasiado altas. Dios las ha hecho de la estatura correcta, pero su ceguera las exagera, y las hace más terribles y altas de lo que podrían ser. Tienen miedo de leer libros sobre ciertas verdades, y son tímidos con todos los hombres que las predican, sólo porque no pueden ver esas doctrinas bajo la luz correcta, sino que están alarmados con su propia visión confusa de ellas.

En relación con esta exageración y este miedo, estas personas pierden por completo el placer de percibir la belleza y la hermosura. La parte más noble de un hombre es, después de todo, su rostro. Nos gusta captar los rasgos de nuestro amigo: esos ojos amables, esa expresión tierna, esa mirada ganadora, esa sonrisa radiante, ese brillo expresivo de benevolencia en su rostro, esa frente elevada; nos gusta verlo todo. Pero este pobre hombre no podía ver nada de eso, porque apenas podía distinguir un hombre de un árbol, no podía descubrir esas líneas más suaves del gran maestro artista que hacen la verdadera belleza. Sólo podía decir: "Es un hombre", pero si era un hombre negro, negro como la noche o hermoso como la mañana, no lo sabía ni podía decirlo. Y si era agrio y malhumorado, o amable y gentil, no podía distinguirlo.

Lo mismo ocurre con estas personas que han obtenido cierta visión espiritual. No pueden ver los detalles de las doctrinas. Ustedes saben, hermanos, que la belleza está en los detalles. Si confío en Jesús como mi Salvador seré salvo, pero el gozo de la fe viene de conocerlo en Su persona, en Sus oficios, en Su obra, en Su presente, y pasado, y futuro. Percibimos Su verdadera belleza estudiándolo y observándolo cuidadosamente y con santa vigilancia. Lo mismo sucede con las doctrinas: la mera totalidad de la doctrina en bruto es bienaventurada, pero es cuando llegamos a desmenuzar la doctrina que obtenemos el goce más puro.

"Sí", dice el payaso al contemplar un buen cuadro como, por ejemplo, el famoso Toro de La Haya de Paul Potter, "es un cuadro raro, sin duda", y se va. Pero el artista se sienta y estudia sus detalles. Hay para él una belleza en cada toque y en cada matiz que comprende y aprecia. Muchos creyentes tienen luz suficiente para conocer la fe en su contorno desnudo, pero no han observado el relleno, y las minucias donde el consuelo más dulce siempre será encontrado por el hijo de Dios espiritualmente educado. Pueden ver, pero "ven a los hombres como árboles que caminan".

Aunque sé que la mayoría de ustedes, hermanos míos, han superado con creces esta etapa, sé que hay cientos de personas del pueblo de Dios que todavía se quedan allí, y por eso, cuando Satanás tiene la sartén por el mango, surgen sectas, partidos y teorías. Si un número de personas con buenos ojos se reúnen y miran un objeto, estarán muy de acuerdo en la descripción de lo que ven. Pero si seleccionas un número igual de hombres con ojos tan débiles que apenas pueden distinguir un hombre de un árbol, no dejarán de confundirse y es muy probable que se peleen. "Es un hombre", grita uno, "¡camina!". "Es un árbol", grita el segundo, "es demasiado alto para ser un hombre".

Cuando los hombres medio ciegos se vuelven obstinados y desprecian a sus maestros, y no aprenden como el Espíritu Santo ordena enseñar, hacen pasar su ignorancia por conocimiento y tal vez conducen a otros medio iluminados a la zanja con ellos. Aun cuando una santa modestia impida este resultado malicioso, esta falta de visión es todavía de lamentar, pues deja a los hombres en la tristeza cuando podrían regocijarse, y los deja lamentarse por la verdad que, si fuera entendida, llenaría sus bocas con cantos todo el día. Muchos están preocupados por la elección. Ahora, si hay una doctrina en este Libro que debería hacer cantar a los creyentes todo el día, y también toda la noche, es justamente la doctrina del amor que elige y de la gracia que distingue de Dios. Algunas personas se asustan por esto y otras por aquello, mientras que si entendieran la verdad, en lugar de huir de ella como de un enemigo, correrían a sus brazos.

IV. Habiendo dado este bosquejo del hombre en este estado de transición, concluimos haciendo notar la ULTIMA COMPLETARIEDAD DE LA CURA. Hermanos, estén agradecidos por cualquier tipo de luz. Sin la gracia de Dios no podríamos tener ni un rayo de luz. Un rayo de luz es más de lo que merecemos. Si estuviéramos encerrados en la negrura de las tinieblas para siempre, ¿cómo podríamos quejarnos? ¿No merecemos, ya que cerramos nuestros ojos contra Dios, estar condenados a la oscuridad perpetua? Agradece, pues, el menor rayo de luz, pero no aprecies tanto lo que tienes como para no desear más.

Ese hombre sigue siendo tristemente ciego que no se preocupa de ver más. Es una mala señal de insalubridad cuando no tenemos deseos de crecer. Cuando estamos satisfechos de que conocemos toda la Verdad de Dios y no se nos puede enseñar más, es probable que necesitemos empezar por el principio. Una de las primeras lecciones en la escuela de la sabiduría es saber que somos tontos por naturaleza, y que crece sabio el hombre que crece consciente de su propia deficiencia e ignorancia. Pero cuando el Señor Jesucristo lleva a un hombre a ver un poco, y a desear ver más, no lo deja hasta que lo ha conducido a toda la verdad.

Encontramos que el Salvador, para completar la curación, tocó de nuevo a Su paciente. La renovación de tu contacto con el Salvador debe ser el medio de tu perfección, como fue tu primer medio de iluminación. Rezad pidiendo la gracia divina para estar cerca de Cristo, en íntimo conocimiento de su bendita Persona, en dependencia exclusiva de su mérito. Estudien Su carácter, deseen estar en comunión con Él por ustedes mismos, y véanlo con sus propios ojos por fe, y no con los ojos de otro; este será el medio de darles una luz más clara. El toque divino lo hace todo.

Supongo que cuando los ojos de aquel hombre se abrieron del todo, la primera persona que vio fue a Jesús, pues había sido apartado de la multitud y sólo podía ver a los hombres a distancia. ¡Bendita visión, beber en la visión de ese rostro! ¡Percibir las bellezas de aquel incomparable amante de nuestras almas! ¡Oh, qué dicha! Uno podría contentarse con estar ciego para siempre si Él no fuera visto; pero cuando Jesús es visto, ¡oh el deleite celestial de ser rescatado de la ceguera que lo ocultaba a nuestros ojos!

Creyente, sobre todas las cosas, ora para que puedas conocerlo y entenderlo. Con todo tu corazón, adquiere un entendimiento de Él. Considera preciosa la doctrina sólo porque es un trono en el que Él se sienta. Piensa mucho en el precepto, pero que no sea una piedra legal para esconderlo en el sepulcro; piensa sólo en él tal como es ilustrado y expuesto en Su vida. Y aun tu propia experiencia, cuídala poco si no apunta, como con un dedo, a Cristo. Considera que sólo creces cuando creces en Él. "Creced en la gracia," dice el apóstol, pero agrega: "y en el conocimiento de nuestro Señor y Salvador Jesucristo." "Creced", dice, pero ¿qué agrega? "Creced en todo en aquel que es la cabeza, esto es, Cristo Jesús". Pide ver, pero pon la oración en esta forma: "Señor, quisiéramos ver a Jesús".

Oren por la vista, pero que sea una vista del Rey en Su belleza para que un día puedan ver la tierra que está muy lejos. Te estás acercando a la claridad de la visión cuando sólo puedes ver a Jesús. Estás saliendo del país de las nubes hacia la claridad del día, cuando, en lugar de ver a los hombres como árboles, contemplas al Salvador. Entonces podrás dejar que los hombres y los árboles se ocupen de sí mismos.

Leemos que nuestro Señor le dijo a su paciente: "Mira hacia arriba". Si queremos ver, no debemos mirar debajo de nosotros; ninguna luz brota de esta tierra oscura. Si queremos ver, no debemos mirar dentro de nosotros; es una caverna oscura y negra, llena de todo lo que es malo. Debemos mirar hacia arriba. Todo don bueno y todo don perfecto viene de lo alto, y debemos buscarlo. Meditando en Jesús y descansando en Él, debemos mirar a nuestro Dios. Nuestra alma debe considerar la perfección de su Señor, y no soñar con la suya propia. Debe meditar en Su grandeza, y no en ninguna fantasiosa grandeza propia. Debemos mirar hacia arriba, no a nuestros consiervos ni a los aspectos externos del culto, sino a Dios mismo. Debemos mirar, y al mirar hacia arriba encontraremos la luz.

Se nos dice que al fin, "el hombre podía ver a todos los hombres con claridad". Sí, cuando el gran Médico envía al paciente a casa, pueden estar seguros de que su curación ha sido completamente realizada. Todo estaba bien con él en grado superlativo. Veía, veía a todos los hombres, veía a todos los hombres claramente. Que esta sea la feliz suerte de muchos de los aquí presentes que están medio iluminados. No se conformen, mis queridos amigos, con ser salvos. Deseen saber cómo son salvos, por qué son salvos, el método por el cual son salvos. Es una roca sobre la que están parados, lo sé; pero piensen en las preguntas: cómo fueron puestos sobre esa roca, por el amor de quién llegaron allí, y por qué ese amor fue puesto en ustedes.

Quisiera Dios que todos los miembros de esta Iglesia no sólo estuvieran en Cristo Jesús, sino que lo comprendieran, y supieran por la certeza del entendimiento a dónde han llegado. Estad siempre dispuestos a dar razón de la esperanza que hay en vosotros con mansedumbre y temor. Recuerda que hay muchas distinciones graves en las Escrituras que te ahorrarán un mundo de problemas si las conoces y las recuerdas. Trata de entender la diferencia entre la vieja naturaleza y la nueva. Nunca esperes que la vieja naturaleza se convierta en la nueva, porque nunca lo hará. La vieja naturaleza nunca puede hacer otra cosa que pecar, y la nueva naturaleza nunca puede pecar. Son dos principios distintos, nunca los confundas.

No veas a los hombres como árboles que caminan. No confundas santificación y justificación. Recuerda que en el momento en que confías en Cristo eres justificado tan completamente como lo serás en el Cielo. Pero la santificación es una obra gradual que se lleva a cabo de día en día por Dios el Espíritu Santo. Distinga entre la gran verdad de que la salvación es toda de Dios, y la gran mentira de que no hay que culpar a los hombres si se pierden. Estén bien seguros de que la salvación es del Señor, pero no pongan la condenación a la puerta de Dios. No te avergüences si los hombres te llaman calvinista, pero odia con todo tu corazón el antinomianismo.

Por otra parte, aunque creas en la responsabilidad humana, nunca caigas en el error de suponer que el hombre se vuelve a Dios por su propia voluntad. Hay una estrecha línea entre los dos errores, y pide la gracia divina para verla. Pidan gracia para no caer en el remolino ni estrellarse contra la roca, para no ser esclavos ni de este sistema ni del otro. Nunca digas de un texto de la Escritura: "Quédate quieto, no puedo soportarte", ni de otro: "Te creo a ti y sólo a ti". Procura amar toda la Palabra de Dios, para llegar a comprender cada Verdad revelada. Reza para que te sea dada la Palabra de Dios no como tantos libros discordantes, sino como un todo, y procura captar la Verdad tal como está en Jesús en toda su compacidad y unidad.

Si tienes una vista que te permite ver, te ruego que caigas de rodillas y clames al gran Dador de la Vista: "¡Oh Maestro, sigue adelante! ¡Elimina toda película! ¡Elimina todas las cataratas! Y si fuera doloroso que mis prejuicios fueran cortados o quemados de mis ojos, hazlo, Señor, hasta que pueda ver en la clara luz del Espíritu Santo, y sea digno de entrar a las puertas de la santa ciudad, donde Te ven cara a cara".

Sermón #753—Nazaret—o Jesús, Rechazado por sus Amigos

PRONUNCIADO EN LA MAÑANA DEL DÍA DEL SEÑOR, 2 DE JUNIO DE 1867.

POR C.H.SPURGEON,

EN EL TABERNÁCULO METROPOLITANO DE NEWINGTON

"Y todos los que estaban en la sinagoga, oyendo estas cosas, se llenaron de ira, y levantándose, le echaron fuera de la ciudad. Y le llevaron a la cumbre del monte sobre el cual estaba edificada la ciudad de ellos, para despeñarle. Luego, pasando por en medio de ellos, se fue"-Lucas 4:28-30.

Jesús había pasado varios años retirado en la casa de su reputado padre en Nazaret. Debía de ser muy conocido; la excelencia de su carácter y conducta debían de haber llamado la atención. A su debido tiempo salió de Nazaret, fue bautizado por Juan en el Jordán y comenzó de inmediato su obra de predicación y prodigios. Los habitantes de Nazaret, sin duda, se decían a menudo: "Seguro que vendrá a casa a ver a sus padres. Cuando venga iremos todos a oír lo que tiene que decir el hijo del carpintero".

Siempre hay interés en oír a uno de los muchachos del pueblo cuando se convierte en predicador, y este interés se acrecentaba por la esperanza de ver maravillas como las que Jesús había obrado en Cafarnaún. La curiosidad estaba excitada; todos esperaban y confiaban en que Él haría famosa a Nazaret entre las ciudades de las tribus. Tal vez se establecería allí y atraería una multitud de clientes a sus tiendas convirtiéndose en el gran Médico de Nazaret, el gran Hacedor de Maravillas del distrito.

Poco después, cuando así le plugo, el famoso Profeta vino a Su propia ciudad, y, cuando se acercaba el domingo, el interés crecía muy intensamente, pues los hombres preguntaban: "¿Qué os parece, estará mañana en la sinagoga? Si estará allí, debe ser inducido, por algún medio, a hablar". El jefe de la sinagoga, que compartía la opinión común, en el momento oportuno del servicio, al ver a Jesús presente, tomó el rollo del Profeta y se lo pasó, para que leyera un pasaje, y luego hablara según su propio parecer al respecto.

Todos los ojos se abrieron. No había gente somnolienta en la sinagoga esa mañana, cuando Él tomó el rollo, lo desdobló como alguien que estaba bien acostumbrado al Libro, lo abrió en el pasaje más pertinente y aplicable a Él, y lo leyó de pie, rindiendo así respeto a la Palabra con Su postura. Y luego, cuando hubo doblado el Libro, tomó asiento, no porque no tuviera nada que decir, sino porque era una buena práctica en aquellos días que el predicador se sentara y los oyentes estuvieran de pie. Un método muy preferible al actual en algunos aspectos, en todo caso, cuando el predicador es cojo, o los oyentes están somnolientos.

El pasaje que Jesús les leyó, ya lo he dicho, era muy adecuado y aplicable a Él mismo. Pero el punto más notable, tal vez, no fue tanto lo que leyó como lo que no leyó, pues hizo una pausa, casi, en medio de una frase: "Proclamar", dijo, "el año del Señor", y allí se detuvo. El pasaje no está completo si no se leen las siguientes palabras: "y el día de venganza de nuestro Dios". Nuestro Señor sabiamente dejó de leer en esas palabras, probablemente deseando que el primer sermón que pronunciara fuera del todo suave, y que no contuviera ni siquiera una palabra de amenaza.

El deseo de su corazón y su oración por ellos era que se salvaran, y que en lugar de un día de venganza fuera para ellos el año agradable del Señor. Así que dobló el Libro, se sentó, y entonces comenzó Su exposición abriendo Su propia comisión, explicó quiénes eran los ciegos, quiénes los cautivos, quiénes los enfermos y heridos y magullados, y de qué manera la Gracia de Dios había provisto libertad y sanidad y salvación.

Todos estaban asombrados. Nunca habían oído a nadie hablar con tanta fluidez y fuerza, con tanta sencillez y, sin embargo, con tanta nobleza. Todos los ojos estaban fijos y todos estaban asombrados por el estilo y la materia del orador. Pronto corrió un rumor por toda la sinagoga, pues cada uno decía a su compañero: "¿No es éste el hijo del carpintero? ¿No se llama su madre María? ¿Y sus hermanos Santiago, José, Simón y Judas? Y sus hermanas, ¿no están todas con nosotros? ¿De dónde, pues, tiene este Hombre todas estas cosas?"

Estaban asombrados y también envidiosos. Entonces el orador, sintiendo que el objeto de su ministerio no era asombrar a la gente sino impresionar sus corazones, cambió de tema, y cargó con tremendo vigor sobre sus conciencias. Porque si los hombres sólo dan al ministro su asombro, no le han dado nada. Deseamos que se convenzan y se conviertan, y si no hacemos esto, fracasamos. Jesús se apartó de un tema resplandeciente de interés, fructífero con toda bendición, viendo que para ellos no era más que perlas para los cerdos, y les habló personalmente, señaladamente, algo cortante, como ellos pensaban. "Seguramente me diréis este proverbio: Médico, cúrate a ti mismo; todo lo que hemos oído hacer en Capernaum, hazlo también aquí en tu tierra".

Y luego les dijo claramente que no reconocía sus pretensiones, que aunque se hubiera criado en aquel distrito y hubiera vivido con ellos, no reconocía por ello ninguna obligación de desplegar Su poder para satisfacer sus deseos. Y dio un ejemplo al respecto: mostró que Elías, cuando Dios, "el Padre de los huérfanos, y el Juez de la viuda", quiso bendecir a una viuda, no fue enviado a bendecir a una viuda de Israel, sino a una mujer gentil, una sirofenicia, una de las cananeas malditas.

A ninguna de las viudas de Israel "fue enviado Elías, sino a Sarepta, ciudad de Sidón, a una mujer viuda". Luego, de nuevo, mencionó que Eliseo, el siervo de Elías, cuando tenía que curar a los leprosos, no curó a ningún leproso israelita; no curó ni siquiera a aquellos leprosos que vinieron con la buena noticia de que el ejército sirio había huido. Pero sanó a un extranjero de un país lejano, a Naamán.

Así expuso el Salvador la doctrina de la gracia soberana. Así se declaró libre de hacer lo que quisiera con los Suyos. Y esto, con otras circunstancias conectadas con el sermón, excitó de tal manera la ira de toda la congregación, que aquellos ojos que al principio le habían mirado con asombro, ahora comenzaron a brillar como ojos de bestias. Y las lenguas que estaban dispuestas a aplaudirle, comenzaron a aullar de indignación.

Se levantaron de inmediato para matar al Predicador. La curiosidad de ayer se convirtió en la indignación de hoy, y mientras que hace unas horas habrían dado la bienvenida al Profeta a Su propio país, ahora pensarían: "¡Crucifícalo! Crucifícalo!" es demasiado bueno para Él. Lo sacan a rastras de la sinagoga -rompiendo su propio culto, olvidados de la santidad del día al que rendían tan maravilloso respeto- y lo obligan a arrojarlo, como a veces se arrojaba a los malhechores desde las rocas elevadas, desde la cima de la colina sobre la que estaba construida su ciudad.

Los eludió y escapó, pero ¡qué singular final para semejante comienzo! Ustedes y yo habríamos dicho: "¡Qué campo tan fructífero tenemos aquí! El mejor de los predicadores. Y una de las audiencias más deseables: un pueblo todo atento, con todos los oídos abiertos, casi todas las bocas abiertas, tan asombrados están con Él, con Su manera de dirigirse y con lo que tiene que decir. Habrá aquí innumerables conversiones. Nazaret se convertirá en el baluarte del cristianismo. Será la metrópoli de la nueva fe.

Pero no es así; tal es la perversidad de la naturaleza humana, que donde esperamos mucho, obtenemos poco. Y el campo que debería haber producido trigo cien veces mayor, no produce más que espinos y cardos. Mi propósito es, con la ayuda de Dios, hacer una aplicación de esta narración a los corazones y a las conciencias de algunos que están presentes ahora, algunos que están haciendo con el Salvador algo semejante a lo que estos hombres de Nazaret hicieron con Él en los días de Su carne. Consideraremos, en primer lugar, quiénes fueron estos rechazadores de Cristo. En segundo lugar, por qué este rechazo. Y en tercer lugar, qué resultó de ello.

I. Primero, entonces, ¿QUIÉNES ERAN ESTOS RECHAZADORES DE CRISTO? Hago la pregunta porque estoy persuadido de que tienen sus tipos y representantes aquí en el momento presente. Eran, queridos amigos, en primer lugar, aquellos que estaban más cercanamente relacionados con el Salvador. Era la gente de Su propio pueblo. Ordinariamente, se esperaría que los vecinos de la ciudad mostraran la mayor amabilidad hacia un hombre. Él había venido a los Suyos, y aunque los Suyos no le recibieron, era un motivo de asombro que no lo hicieran.

Ahora, hay algunos en esta casa esta mañana que no son cristianos. No están con Cristo y, por consiguiente, están en contra de Él. Pero aun así, son los más cercanos a Cristo de todos los inconversos del mundo, porque desde su niñez han asistido al culto religioso. Se han unido a los cánticos, a las oraciones y a los servicios de la casa del Señor.

Además, están plenamente persuadidos de la autenticidad y divinidad de la Palabra de Dios, y no tienen duda alguna de que el Salvador fue enviado por Dios y de que puede salvar y es el Salvador designado. No tienen dudas. Los pensamientos escépticos no los desconciertan. Son, de hecho, Agrippas, casi persuadidos de ser cristianos. No son cristianos, pero son los más cercanos a los cristianos de todos los pueblos que viven sobre la faz de la tierra.

Naturalmente, cabría esperar que fueran las mejores personas a las que predicar, pero no ha sido así. No han demostrado serlo en mi caso, pues algunos de los que asisten aquí tienen menos probabilidades de ser llevados a una decisión que aquellos que están lejos. Ustedes saben a quiénes me refiero, pues algunos de ustedes, al mirarme a la cara, bien podrían pensar: "Maestro, al decir eso, también nos reprendes a nosotros".

Esta gente de Nazaret, de nuevo, eran los que más sabían de Cristo. Conocían bien a su madre y al resto de sus parientes. Conocían todo su linaje. Podían decir de inmediato que José y María eran de la tribu de Judá. Probablemente sabrían decir por qué venían de Belén y cómo fue que una vez estuvieron un tiempo en Egipto. Conocían toda la historia del maravilloso Niño.

Ahora bien, seguramente estas personas, que no necesitaban que se les enseñaran los rudimentos, que no requerirían ser instruidas en los elementos mismos de la fe, debían ser un pueblo muy esperanzador para que Jesús les predicara. Pero, ¡ay, no resultó ser así! Hay muchos aquí que son maravillosamente como ellos. Conocen toda la historia del Salvador y la han conocido desde su niñez. Más que eso, las doctrinas del Evangelio son teóricamente bien entendidas por ustedes. Pueden discutir las verdades del Evangelio, y les encanta hacerlo, pues sienten un profundo interés por ellas.

Cuando lees la Escritura, no es para ti un volumen oscuro y misterioso, que no puedes comprender en absoluto; eres capaz de enseñar a otros cuáles son los primeros principios de la verdad. Y, sin embargo, a pesar de todo eso, ¡cuán extrañamente triste es que, sabiendo tanto, practiquen tan poco! Me temo que algunos de ustedes conocen tan bien el Evangelio, que por esta misma razón ha perdido mucho de su poder con ustedes, pues es tan bien conocido como un cuento contado tres veces.

Si lo oyera por primera vez, su misma novedad le impactaría, pero tal interés no puede sentirlo ahora. Se dice de la predicación de Whitfield que una de las razones de su gran éxito fue que predicó el Evangelio a personas que nunca lo habían oído antes. El Evangelio era, para las masas de Inglaterra en la época de Whitfield, algo muy nuevo. El Evangelio había sido expulsado de la Iglesia de Inglaterra y de los púlpitos de los disidentes, o donde permanecía era con unos pocos dentro de la Iglesia y era desconocido para las masas de fuera.

El simple Evangelio de "cree y vivirás" era una novedad tan grande, que cuando Whitfield se levantó en los campos para predicar a sus decenas de miles, escucharon el Evangelio como si fuera una nueva revelación recién llegada de los cielos. Pero algunos de ustedes se han endurecido con el Evangelio. Sería imposible darle una nueva forma para sus oídos. Los ángulos, las esquinas de la verdad, se han desgastado para ustedes. Los domingos se suceden, y ustedes suben a este Tabernáculo; han estado aquí mucho tiempo. Toman asiento y siguen el servicio, y se ha vuelto tan rutinario para ustedes como levantarse y vestirse por la mañana.

El Señor sabe que temo la influencia de la rutina sobre mí. Temo que se convierta para mí en una mera forma de tratar con vuestras almas, y ruego a Dios que nos libre a vosotros y a mí del efecto mortal de la rutina religiosa. Sería mejor que algunos de ustedes cambiaran de lugar de culto en vez de dormir en el viejo. Vayan y escuchen a alguien más si me han escuchado por mucho tiempo y no han obtenido bendición. En lugar de sentarse en esas bancas y perecer bajo la Palabra, adormecidos por el Evangelio que tiene el propósito de despertarlos, vayan a otra parte, y dejen que alguna otra voz hable a sus oídos, y dejen que algún otro predicador vea lo que Dios puede hacer por medio de él. Oh, que el Espíritu de Dios los salve, y será igual gozo para mí que sean salvados bajo la palabra de alguien más o bajo la mía. Sin embargo, aquí está el asunto: es triste, en verdad, que hombres tan cercanos al cristianismo, que saben tanto acerca de Cristo, rechacen sin embargo al Redentor.

Una vez más, se trataba de personas que suponían que tenían un derecho sobre Cristo. No sentían que fuera una gran bondad de parte del Señor Jesús sanar a sus enfermos. Sin duda argumentaban: "Él es un hombre de Nazaret, y por supuesto está obligado, por deber, a ayudar a Nazaret". Se consideraban, en cierto modo, sus propietarios, que podían ordenarle que les ayudara.

Algunas veces he temido que ustedes, que son hijos de padres piadosos, o titulares de escaños, o suscriptores de diversos objetos religiosos, en sus corazones imaginan que si alguien ha de ser salvado, ciertamente deben ser ustedes mismos. Sin embargo, su pretensión no tiene ninguna base sobre la cual apoyarse. Quisiera que fueran no sólo casi, sino totalmente salvos, cada uno de ustedes. Pero tal vez el propio hecho de que piensen que tienen un reclamo sobre la gracia divina, puede ser la piedra que se interponga en su camino, porque piensan: "¡Ciertamente Jesucristo pondrá un ojo de favor sobre nosotros, aunque otros perezcan!"

Les digo que Él hará lo que quiera con los Suyos, y los publicanos y las rameras entrarán en el reino de los cielos antes que algunos de ustedes, si piensan que tienen algún derecho a la misericordia. Pues la misericordia de Dios es el don soberano de Dios, y Él quiere que sepan que es así. Él lo ha dicho; lo ha dicho como con voz de trueno: "Tendré misericordia del que yo tenga misericordia, y me compadeceré del que yo me compadezca". Si pateas contra Su soberanía, tropezarás con una piedra en la que serás quebrantado.

¡Oh, pero si puedes sentir que no tienes ningún derecho sobre Dios! Si puedes ponerte en la posición del publicano que no se atrevió a levantar ni siquiera sus ojos al cielo, sino que se golpeó el pecho, diciendo: "Dios, sé propicio a mí, pecador," estás en una posición en la que Dios puede bendecirte consistentemente con la dignidad de Su propia soberanía. Adopta la posición que la gracia acepta. Los mendigos, y ustedes deben serlo, no deben elegir. Quien pide gracia no debe erigirse en dictador de su Dios. Quien quiera ser salvado, aunque sea indigno, debe venir a Dios como un suplicante, y suplicar humildemente que, por causa de la misericordia, el amor del Señor se manifieste hacia él.

Me temo que puede haber una pizca de este tipo de espíritu en las mentes de algunos de ustedes, y si es así, ustedes son las personas que han rechazado a Cristo. Oíd, cielos, y escuchad, tierra. ¡Llamamos a los cielos y a la tierra redonda a dar testimonio! Aquí están los que están cerca de ser cristianos. Conocen el Evangelio al pie de la letra, y piensan que tienen un derecho sobre el Salvador, y, sin embargo, permanecen desobedientes al mandato divino: "Cree y vive." Se vuelven sobre sus talones y rechazan al Salvador, y no quieren venir a Él para tener vida. Escúchenlo, digo, oh cielos, y asómbrense, oh tierra.

II. En segundo lugar, vamos a explicar las razones POR LAS QUE RECHAZAN AL MESÍAS. Las razones serán aplicables a algunos de ustedes, ustedes, inconversos, que están sentados aquí. Algunas veces el Espíritu de Dios viene con un poder fundente sobre una audiencia, y hace que los hombres sientan la verdad que es para ellos. Oren, mis queridos hermanos y hermanas en Cristo, para que tal sea el caso ahora, para que nuestros amigos inconversos, que tanto nos preocupan debido a su enemistad con Jesús, sean impresionados con las amonestaciones que ahora se les dirigen.

¿Por qué rechazaron a Cristo? Creo que lo hicieron bajo un sentimiento muy complejo que no puede explicarse por una sola circunstancia. Varias cosas contribuyeron a formar su ira y enemistad. El fuego de su ira se alimentaba de varios tipos de combustible. En primer lugar, no me extrañaría que la base de su insatisfacción estuviera en el hecho de que ellos no se sentían las personas a quienes el Salvador afirmaba tener una comisión.

Observen que Él dijo, en el versículo 18, que había sido "ungido para predicar el Evangelio a los pobres". Ahora bien, es posible que los más pobres de la sinagoga se sintieran complacidos por eso. Pero como era casi una máxima entre los doctores judíos que no importaba lo que les sucediera a los pobres -pues pocos, excepto los ricos, podían entrar en el cielo-, el mero anuncio de un Evangelio para los pobres debió sonarles terriblemente democrático y extremo, y debió sentar en sus mentes las bases de un prejuicio. Se refería, por supuesto, a los "pobres de espíritu", fueran pobres de bolsillo o no, pues esos son los pobres a quienes Jesús viene a bendecir.

Pero el uso de expresiones tan contrarias a todo lo que habían estado acostumbrados a oír les hizo morderse los labios mientras decían para sus adentros: "No somos pobres de espíritu, ¿acaso no hemos guardado la Ley?". ¿No decían algunos de ellos: "Hemos llevado nuestras filacterias y ensanchado los bordes de nuestros vestidos. No hemos comido sino con las manos lavadas. Hemos colado todos los mosquitos de nuestro vino. Hemos guardado los ayunos y las fiestas, y hemos hecho largas oraciones: ¿por qué habríamos de sentir pobreza de espíritu?".

Por lo tanto, sentían que no había nada en la misión de Cristo para ellos. Cuando a continuación mencionó a los quebrantados de corazón, no eran conscientes en absoluto de la necesidad de un corazón quebrantado. Se sentían con el corazón entero, satisfechos de sí mismos, perfectamente contentos. ¿Para qué sirve un predicador? ¿Quién va a predicar a los quebrantados de corazón cuando todos sus oyentes sienten que no tienen motivos para desgarrar sus corazones con arrepentimiento? Luego, cuando Él habló de los cautivos, ellos afirmaron haber nacido libres y no haber estado en esclavitud de ningún hombre. Rechazaron con desprecio la idea misma de que necesitaran algún libertador, pues eran tan libres como podía serlo la libertad.

Cuando Jesús volvió a hablar de los ciegos, dijeron: "¡Ciegos! Nosotros vemos de lejos. Que vaya y predique a algunos de los marginados que se han quedado ciegos, pero en cuanto a nosotros, podemos ver hasta lo más profundo de todos los misterios. No necesitamos que Él nos instruya ni nos abra los ojos". Cuando por fin habló de los que habían sido heridos, como si hubieran sido azotados por sus pecados: "No tenemos pecados", dijeron, "por los que debamos ser heridos. Hemos sido gente honrada y recta, y nunca hemos sido castigados con el azote de la Ley. No necesitamos libertad para los que han sido castigados. ¿Qué es para nosotros el año agradable del Señor, si sólo es para los cautivos magullados? No somos tales".

De un vistazo perciben, hermanos míos, la razón por la que en estos días Jesucristo es rechazado por tantas personas que asisten a la iglesia y a la capilla. Aquí ven la razón por la que tantos de sus respetables asistentes a nuestros lugares de adoración rechazan la salvación por gracia: es porque no sienten que necesitan un Salvador. Piensan que son ricos y que se han enriquecido, y que no tienen necesidad de nada. Pero no saben que están desnudos y que son pobres y miserables. Pretenden ser inteligentes, reflexivos e ilustrados. No saben que hasta que un hombre no ve a Cristo, camina en tinieblas y es ciego como una piedra, y no ve la luz. Dicen que no están heridos. ¡Ojalá lo estuvieran! Dios, tal vez, los ha abandonado porque no sirvió de nada magullarlos, y ¿por qué habrían de ser golpeados más?

Sólo se rebelan más y más porque no sienten ningún remordimiento de conciencia, ningún terror de la Ley de Dios. Por eso Jesucristo es para ellos una raíz de tierra seca. Lo desprecian, como el hombre sano se ríe del médico, y como el hombre rico no se preocupa por la limosna del benévolo. Ah, pero mis queridos amigos, permítanme recordarles que si no sienten la necesidad de un Salvador, la necesidad existe por todo eso. Ustedes nacieron en pecado y fueron formados en la iniquidad, y ninguna agua bautismal puede lavar su inmundicia. Además, han pecado desde su juventud en corazón, palabra y pensamiento, y ya están condenados porque no han creído en el Hijo de Dios.

Aunque ustedes no hayan sido abiertamente malvados, sin embargo, hay un texto que debo traerles a la memoria: "Los impíos serán llevados al infierno con todas las naciones que se olvidan de Dios". Esa última lista te incluye a ti, corazón mío, a ti que olvidas, y pospones, y bromeas, a ti que esperas "un tiempo más oportuno". Te incluye a ti que vives con el Evangelio delante de ti, y sin embargo no cumples con sus mandamientos, sino que le dices a tus pecados: "Te amo demasiado para arrepentirme de ti," y a tu justicia propia: "Estoy demasiado encariñado con este fundamento para dejarlo y edificar sobre el fundamento que Dios ha puesto en la persona de Su amado Hijo."

Ah, mis queridos lectores, es la arrogancia la que hace que la bolsa vacía se crea llena, y la que hace que el hambriento sueñe que ha comido y que está satisfecho. Es la arrogancia la que condena las almas de miles. No hay nada tan ruinoso como esta presuntuosa confianza en sí mismo. Le ruego al Señor que te haga sentir que estás deshecho, arruinado, perdido, desechado, y entonces no habrá temor de que rechaces a Cristo, pues quien está perfectamente en bancarrota está dispuesto a aceptar a un Salvador. El que no tiene nada propio cae de bruces ante la cruz, y toma gustosamente "todas las cosas" que están almacenadas en el Señor Jesús. Esta es la primera y tal vez la mayor razón por la que los hombres rechazan al Salvador.

Pero, en segundo lugar, no me cabe la menor duda de que los hombres de Nazaret estaban enojados con Cristo por Sus pretensiones excesivamente elevadas. Él dijo: "El Espíritu de Jehová está sobre mí". Se sobresaltaron con eso. Sin embargo, podrían estar dispuestos a admitir que Él era un profeta, y así, si lo decía en ese sentido, serían pacientes. Pero cuando dijo: "El Señor me ha ungido para que predique", y así sucesivamente, afirmando que no era otro que el Mesías prometido, sacudieron la cabeza y murmurando dijeron: "Pretende demasiado".

Cuando se colocó al lado de Elías y Eliseo, y afirmó tener los mismos derechos y el mismo espíritu que aquellos famosos, y por inferencia comparó a Sus oyentes con los adoradores de Baal en los días de Elías, entonces sintieron como si Él se hubiera elevado demasiado alto, y los hubiera rebajado demasiado. Y aquí, de nuevo, veo otra razón maestra por la que tantos de ustedes, buenas personas, como se pensaría que son, rechazan a mi Señor y Maestro.

Se pone demasiado alto. Te pide demasiado. Te pone demasiado bajo. Te dice que no debes ser nada y que Él debe serlo todo. Él te dice que debes renunciar a ese dios ídolo tuyo, el mundo, y a sus placeres, y que Él debe ser tu Maestro, y no tu propia voluntad. Te dice que debes arrancarte el ojo derecho del placer si se interpone en el camino de la santidad, y arrancarte el brazo derecho de la ganancia antes que cometer pecado. Él te dice que debes tomar tu cruz y seguirlo fuera del campamento, abandonando la religión del mundo y la irreligión del mundo.

Él les dice que ya no deben conformarse al mundo, sino convertirse, en un sentido sagrado, en un inconformista de todas sus vanidades y máximas, costumbres y pecados. Él les dice que Él debe ser el Príncipe Imperial en sus almas, y que ustedes deben ser Sus siervos voluntarios y Sus discípulos amorosos. Estas son pretensiones demasiado elevadas para que la naturaleza humana ceda a ellas. Y, sin embargo, querido lector, recuerda que si no te sometes a ellas, te espera algo mucho peor.

Besa al Hijo, besa Su cetro ahora, te digo. Ahora, inclínate y reconócelo, pues si no, ten cuidado "no sea que se enoje, y perezcas del camino cuando se encienda un poco Su ira". Aquellos que no besan el cetro de plata serán quebrantados con la vara de hierro. Aquellos que no quieren que Cristo reine sobre ellos en amor, tendrán que ser gobernados por Él en terror, en el día en que se ponga las vestiduras de la venganza, y tiña Su vestidura con la sangre de Sus enemigos.

Reconócelo mientras está cubierto con Su propia sangre, para que no tengas que reconocerlo cuando esté cubierto con la tuya. Acéptenlo mientras puedan, pues no podrán escapar de Él cuando esos ojos, que son como ojos de fuego, destellen llamas devoradoras sobre Sus adversarios. ¡Ay, esta es una fructífera fuente de maldad para los hijos de los hombres! No pueden darle al Rey Jesús Su merecido, sino que gustosamente arrinconarían al Señor de gloria. ¡Oh, corazones viles que patean contra un Rey tan amado, tan grande, tan bueno!

En tercer lugar, otra razón podría encontrarse en el hecho de que no estaban dispuestos a recibir a Cristo hasta que hubiera exhibido alguna gran maravilla. Ansiaban milagros. Sus mentes estaban en un estado enfermizo. No querían recibir el Evangelio que necesitaban. Exigían ansiosamente los milagros que Él no había decidido hacer. ¡Oh, cuántos hay hoy en día que necesitan ver señales y prodigios, o de lo contrario no creerán! Te conozco, jovencita, has puesto esto en tu corazón ante ti: "Debo sentir lo que sintió John Bunyan: el mismo horror de conciencia, la misma melancolía del alma; de lo contrario, nunca creeré en Jesús".

Pero, ¿y si nunca lo sintieras, como probablemente nunca lo sientas? ¿Irás al infierno por despecho contra Dios, porque Él no hará por ti lo que hizo por otro? Un joven se ha dicho a sí mismo: "¡Si yo tuviera un sueño, como he oído que lo tuvo Fulano de Tal, o si me sucediera algún acontecimiento muy notable en la Providencia, que fuera justo a mi gusto! O si pudiera sentir hoy alguna repentina conmoción de, no sé qué, entonces creería". Así sueñan que mi Señor y Maestro ha de ser dictado por ustedes. Ustedes son mendigos a Su puerta, pidiendo misericordia, y deben elaborar reglas y reglamentos acerca de cómo Él ha de otorgar esa misericordia.

¿Crees que alguna vez se someterá a esto? Mi Maestro es de espíritu generoso, pero tiene un corazón rectamente real y rechaza todo dictado y mantiene Su soberanía de acción. Pero ¿por qué, querido lector, ansías señales y prodigios? ¿No es suficiente maravilla que Jesús te pida que confíes en Él y te prometa que serás salvo de inmediato? ¿No es suficiente señal que Dios haya propuesto un Evangelio tan sabio como el de "Cree y vivirás"? ¿No es esto suficiente? ¿No es esto suficiente? ¿No es el Evangelio su propia señal, su propia maravilla y su propia prueba, porque el que cree tiene vida eterna? ¿No es éste el milagro de los milagros: "Tanto amó Dios al mundo, que dio a su Hijo unigénito, para que todo el que crea en él no perezca"?

Ciertamente esa preciosa palabra: "El que quiera, venga y tome gratuitamente del agua de la vida", y esa solemne promesa: "Al que a mí viene, en ninguna manera le echo fuera", son mejores que las señales y los prodigios. Un Salvador veraz debe ser creído. Él nunca mintió. ¿Por qué pedir pruebas de la veracidad de Uno que no puede mentir? Los mismos demonios declararon que era el Hijo de Dios, ¿y tú te opondrás a Él? Gracia soberana, poderosa e irresistible, ven y conquista esta maldad en los corazones de los hombres, y haz que estén dispuestos a confiar en Jesús, ya sea que vean señales y prodigios o no.

Una vez más, y tal vez esta vez pueda dar en el clavo en algunos casos, aunque supongo que no en muchos en este lugar, parte de la irritación que existía en las mentes de los hombres de Nazaret era causada por la peculiar doctrina que el Salvador predicaba sobre el tema de la elección. Me pregunto si eso no era en el fondo el verdadero aguijón de todo el asunto. Él estableció que Dios tenía el derecho de dispensar Sus favores como le placiera y que, al hacerlo, a menudo seleccionaba los objetos más improbables. Por ejemplo, una viuda de la idólatra Sidón vio satisfechas sus necesidades durante la hambruna, mientras que las viudas de Israel se quedaron sin comer.

En otra ocasión, bajo Eliseo, cuando Dios sanaba a un leproso, dejaba morir a los leprosos israelitas, ¡pero un leproso que venía de la tierra idólatra de Asiria, y que había estado acostumbrado a inclinarse en la casa de Rimmón recibió la curación! Esto no les gustó. Y yo supongo que incluso en esta congregación, aunque ustedes están muy bien acostumbrados a fuertes declaraciones sobre la soberanía de Dios, y no nos avergonzamos de predicar la predestinación y la elección tan claramente como predicamos cualquier otra doctrina, sin embargo, hay algunos que se sienten poderosamente incómodos cuando se predica la doctrina, y sienten como si casi pudieran matar al predicador, porque la doctrina es tan ofensiva para la naturaleza humana.

En todas partes notarás que la iglesia de Roma no tiene ni la mitad de odio hacia el luteranismo que hacia el calvinismo. Es la doctrina de la gracia, que es el alma del calvinismo, la que es el veneno del papado. Roma no puede soportar la verdad de que Dios salvará donde Él quiera; que Él no ha puesto la salvación en manos de los sacerdotes, ni la ha entregado a nuestro propio mérito o a nuestra propia voluntad para salvarnos. Dios tiene las llaves del tesoro de la gracia divina y distribuye como le place. Esta es la doctrina que enoja tanto a los hombres que no saben qué decir de ella.

Pero, mi querido oyente, confío que esta no sea la razón por la que rehúsas creer en Jesús, pues si lo es, es una razón sumamente insensata. Pues si bien esto es cierto, hay otra verdad más: "Todo aquel que cree en Jesucristo, no perecerá". Si bien es cierto que el Señor tendrá misericordia de quien Él quiera tener misericordia, es igualmente cierto que Él quiere tener misericordia, y ya ha tenido misericordia de cada alma que se arrepiente de su pecado y pone su confianza en Jesús. ¿Por qué poner reparos a una verdad porque no puedes entenderla? ¿Por qué patalear contra los aguijones para tu propia herida, cuando los aguijones permanecen tan afilados como siempre y no se moverán por todas tus patadas?

El Señor de los Ejércitos se lo ha propuesto para manchar el orgullo de toda gloria, y para despreciar toda la excelencia de la tierra: "No es del que quiere, ni del que corre, sino de Dios que tiene misericordia." El Señor derribará el árbol alto, secará el árbol verde y hará florecer el árbol seco, para que ninguna carne se gloríe en su presencia, a fin de que el Señor sea exaltado. Inclínense, entonces, ante la gracia soberana. ¿No debería Él ser Rey? ¿Quién más debería gobernar sino Dios? Y si Él es un Rey, ¿no tiene derecho a perdonar al delincuente condenado a muerte y, sin embargo, no darte ninguna razón? Deja esa pregunta, y todas las demás, y ven a Jesús, cuyos brazos abiertos te invitan.

Él dice: "Venid a Mí todos los que estáis trabajados y cargados, y Yo os haré descansar". Si esperas hasta haber resuelto todas las dificultades, no vendrás nunca. Si rechazas a Cristo hasta que entiendas todos los misterios, perecerás en tus pecados. Ven mientras la puerta está abierta y mientras la lámpara se mantiene encendida. Él lo ha dicho: "Al que a mí viene, en ninguna manera le echo fuera".

Debo mencionar aún otra razón de la disputa de los nazarenos con nuestro Señor. Probablemente se debía a que no les gustaba hablar tan llana y personalmente como les hablaba el Salvador. Algunos oyentes son muy delicados. No debes llamar a una pala "pala". Es un "instrumento agrícola", y sólo debe hablarse de él en términos delicados. Pero nuestro Señor no hablaba con delicadeza. Él era un hombre que hablaba claro, y hablaba a los hombres claramente. Él sabía que los hombres irían al infierno, por más claro que fuera, y por tanto no les permitía tener la excusa de que no podían entender al predicador.

Exponía la verdad tan claramente que no sólo podían entenderla, sino que no podían malinterpretarla aunque lo intentaran. Su predicación era personalísima. "Diréis". No habló de Cafarnaúm, sino de Nazaret, y esto contribuyó también a enfurecerlos. Una vez más dio a entender que quería bendecir a los gentiles. Elías había alimentado y Eliseo había curado a un gentil, y este hecho indudable hizo que el judío apretara los dientes, pues temía que el monopolio de la bendición iba a cesar, y que los dones de la gracia divina iban a concederse a otros además de los hijos de Israel. Un perro gentil iba a ser admitido en la familia, se le iba a permitir no sólo comer las migajas que caían de la mesa, sino que iba a ser transformado en un niño; los judíos no podían soportarlo.

Ahora bien, hay mucho de este espíritu monopolizador entre los santurrones. Por qué he oído decir a la gente -conmocionada he estado de oírlo-: "Oh, están teniendo reuniones para reunir a estas muchachas de la calle. Es inútil; pueden intentarlo, pero es inútil tratar de reformarlas. Y luego hay otras personas que se ocupan de estos personajes de baja estofa, que se meten en esos asquerosos tugurios traseros. Bueno, si la gente llega allí, ¡debería estar allí! No deberíamos rebajarnos a cuidar de gente tan inútil. Está la Iglesia; si no quieren ir, que no vayan".

En cuanto a ir en busca de los más humildes, algunas personas rechazan la sola idea de hacerlo. Esto no es más que la horrible y vieja monopolización judía del Evangelio, como si estas personas no fueran tan buenas como ustedes, a pesar de todos sus pecados y de toda su pobreza. Pero aunque su vicio sea exterior, no es ni un ápice más detestable que el orgullo de algunas personas que se jactan de una justicia propia que no existe. Yo no sé qué es lo que Dios mira con mayor aborrecimiento: al pecador abierto o a la persona que vive abiertamente bien, cuyo orgullo interior se levanta en contra del Evangelio. Al médico no le importa si ve la erupción fuera de la piel o sabe que está dentro. Tal vez, piensa, sea más difícil llegar a la segunda que a la primera.

Ahora, nuestro Señor Jesucristo quiere que sepas, no importa cuán bueno seas, que debes venir a Él así como debe venir el más vil de los viles. Deben venir como culpables;

no pueden venir como justos. Debes venir a Jesús para ser lavado. Debes venir a Él para ser vestido. Tú piensas que no quieres ser lavado. Crees que estás vestido, y cubierto, y que eres hermoso a la vista. Pero, ¡oh, el ropaje de la respetabilidad externa, y de la moralidad externa, a menudo no es sino una película para ocultar una lepra abominable, hasta que la gracia de Dios cambie el corazón! Dios requiere la verdad en las partes internas, y en la parte oculta nos hará conocer la sabiduría.

Pero esta superficial Inglaterra nuestra está perfectamente satisfecha con la gentileza exterior, y tú puedes estar tan podrido como quieras dentro de tu corazón. El Dios viviente no tendrá ninguna pretensión: debes nacer de nuevo. Esta doctrina, también, es una doctrina que la gente no puede soportar. Dirán cosas duras del predicador, y por esta razón rechazan a Cristo. Pero al hacerlo, rechazan su propia misericordia. Rechazan la única esperanza del cielo, y sellan su propia destrucción. Desearía que el tiempo no volara tan rápido cuando tengo un tema como éste. Parece que tengo las conciencias de algunos de ustedes aquí, y estoy martillando como con un gran mazo, pero me temo que se produce muy poco efecto porque el hierro está frío.

¡Oh, que el Señor te metiera en el horno y te hiciera como hierro fundido! Entonces el martillo del Evangelio y de la Ley juntos podrían golpearte hasta darte algo parecido a una forma evangélica, y podrías ser salvado. El brazo de Dios es suficientemente fuerte. El fuego de Dios es lo suficientemente fiero para derretir incluso el hierro de la justicia propia.

III. Y ahora, ¿QUÉ RESULTÓ DE ELLO? Esto fue lo que sucedió. En primer lugar, echaron al Salvador de la sinagoga y luego trataron de arrojarlo por la cima de la colina. Estos eran Sus amigos, gente buena y respetable; ¿quién lo habría creído de ellos? Ustedes vieron esa buena compañía en la sinagoga, que cantaba tan dulcemente y escuchaba con tanta atención. ¿Habrías adivinado que había un asesino dentro de cada una de sus túnicas? Sólo se necesitaba la oportunidad para sacar al asesino, pues allí estaban todos tratando de arrojar a Jesús por el precipicio.

No sabemos cuánto diablo hay dentro de cada uno de nosotros. Si no somos renovados y cambiados por la gracia divina, somos herederos de la ira al igual que los demás. La descripción que se da en Romanos, ese segundo capítulo, ese terrible capítulo, es un cuadro verídico de cada hijo de Adán. Puede parecer respetable. Puede parecer un cordero, y ser tan tranquilo que un niño destetado podría jugar en la guarida de la cucaracha. Pero a pesar de todo eso, es una cucaracha mortal.

La serpiente puede dormir y puedes jugar con ella, pero deja que despierte y verás que es algo mortal. El pecado puede permanecer dormido en el alma, pero puede llegar un momento en que despierte. Y puede llegar un momento en Inglaterra en que esas buenas personas que se aferran a las faldas de Cristo y asisten a nuestros lugares de culto se conviertan en perseguidores. Una vez fue así en Inglaterra. La gente que solía escuchar el Evangelio al final de la época de Enrique VIII -la gente que estaba tan complacida de escuchar a Hugh Latimer bajo Eduardo VI- estaba tan dispuesta a acarrear leña bajo la Reina María, y a quemar a los siervos del Señor.

Mis queridos amigos, su oposición a Cristo puede no tomar esa forma activa, pero a menos que se conviertan son enemigos de Jesús. ¿Lo niegan? Os pregunto: ¿por qué, entonces, no creéis en Él? ¿Por qué no confiáis en Él? No os oponéis a Él, ¿por qué no os sometéis a Él? Mientras no confíes en Él, sólo puedo considerarte Su enemigo. Tú das la prueba más clara de ello: ni siquiera serás salvado por Él. Si hubiera un hombre ahogándose, y otro hombre extendiera su mano, y él dijera: "No, no seré salvado por ti, preferiría ser ahogado," ¡qué prueba de enemistad sería esa! ¿Qué prueba podría ser más segura?

Ese es tu caso: tú rehúsas ser salvado por la gracia de Cristo. ¡Oh, qué enemigo de Cristo debes ser en el fondo de tu corazón! Pero, ¿qué sucedió? Pues, aunque lo expulsaron de esa manera, no pudieron herir al Salvador. El daño fue todo suyo. Cristo no cayó del monte. Escapó por Su poder milagroso, y el Evangelio no será dañado aunque ustedes lo rechacen, y hagan algo peor que rechazarlo, y se opongan a él.

Jesucristo se desliza ileso en medio de sus enemigos. A través de las persecuciones de Nerón y Diocleciano, el verdadero Cristo de Dios siguió Su camino. A través de todas las quemas de María, y los ahorcamientos de Isabel, hasta los tiempos de Claverhouse y sus dragones, el buen viejo Evangelio permaneció invicto ante sus enemigos. Sigue siendo el mismo hasta el día de hoy. Escapa a la ira de sus enemigos más virulentos.

Pero, ¿qué fue de ellos? Bueno, ellos habían rechazado a Cristo, y Él los dejó, los dejó sin sanar a causa de su incredulidad. Ese será su caso. Y ahora hace 1.860 años y las almas de todos estos hombres de Nazaret han comparecido ante el tribunal. Y dentro de unos años más, cuando suene la gran trompeta, todos aquellos hombres que intentaron arrojar a Cristo por el precipicio tendrán que mirarle. Y lo verán sentado donde no pueden agarrarlo, ni maltratarlo, ni arrojarlo.

¡Qué espectáculo será para ellos! Se dirán unos a otros: "¿No es éste el hijo de José?". Cuando lo vean sentado en el Trono de su gloria, y a todos sus santos ángeles con Él, dirán: "Su madre, ¿no está con nosotros, y sus hermanos y sus hermanas?". ¿Le dirán entonces: "Médico, cúrate a ti mismo"? ¡Oh, qué cambio se producirá en esas frentes de bronce! ¡Cómo por cada burla habrá un rubor, y por cada palabra de ira habrá gritos, y llanto, y lamentos, y crujir de dientes!

Mis oyentes, ¡lo mismo les sucederá a ustedes! Dentro de pocos años más, vosotros y yo habremos mezclado nuestros huesos con la madre tierra. Y después de eso vendrá una resurrección general. Viviremos y permaneceremos en los últimos días sobre la tierra y Cristo vendrá en las nubes del Cielo. Y tú que oíste el Evangelio y lo despreciaste, ¿qué dirás? Tened preparadas vuestras disculpas, porque pronto se os pedirá que digáis por qué no se os ha de juzgar. No puedes decir que no conocías el Evangelio, o que no fuiste advertido del resultado de rechazarlo. Ya lo sabíais. ¿Qué más podías saber? Pero tu corazón no quiso recibir lo que sabías.

Cuando el Señor comience a decir: "Apartaos, malditos," ¿qué derecho tendréis a no ser contados con esa compañía maldita? Será en vano decir: "Hemos comido y bebido en Tu presencia, y Tú has enseñado en nuestras calles", pues eso será un agravante de que el reino de los cielos se acercó tanto a ustedes, y sin embargo no lo recibieron. Y cuando los rayos sean lanzados, y Aquel que fue una vez el Cordero, tan lleno de misericordia, resplandezca como el León de la tribu de Judá, lleno de majestad, ese rayo será alado con fuerza y velocidad adicionales con este tremendo hecho: que ustedes rechazaron a Cristo, que ustedes le oyeron, pero le hicieron oídos sordos, que ustedes descuidaron la gran salvación, e hicieron caso omiso del Espíritu de gracia.

Como ni siquiera puedo esperar encontrar palabras que puedan tener la fuerza del propio lenguaje de Dios, terminaré este sermón leyéndoles estas pocas palabras que les ruego que lleven a su corazón. Están en el primer capítulo de Proverbios, en el versículo 24: "Porque llamé, y no quisisteis; extendí mi mano, y nadie miró. Mas tú desechaste todo mi consejo, y no quisiste mi represión; yo también me reiré de tu calamidad. Me burlaré cuando venga vuestro temor; cuando vuestro temor venga como desolación, y vuestra destrucción venga como torbellino; cuando os sobrevengan angustia y aflicción. Entonces me invocarán, pero no responderé. Me buscarán de mañana, pero no me hallarán; porque aborrecieron la ciencia, y no escogieron el temor de Jehová; no quisieron mi consejo; menospreciaron toda mi represión. Por eso comerán del fruto de su propio camino, y se saciarán de sus propias maquinaciones."

Dios te libre de esa maldición.

Sermón #2003—Joven, ¿es esto para ti?

PRONUNCIADO EN LA MAÑANA DEL DÍA DEL SEÑOR, 15 DE ENERO DE 1888,

POR C. H. SPURGEON,

EN EL TABERNÁCULO METROPOLITANO, NEWINGTON.

"Aconteció al día siguiente, que entró en una ciudad que se llamaba Naín; e iban con él muchos de sus discípulos y mucha gente. Y cuando llegó cerca de la puerta de la ciudad, he aquí que sacaban fuera a un muerto, hijo único de su madre, la cual era viuda; y había con ella mucha gente de la ciudad. Al verla el Señor, tuvo compasión de ella y le dijo: No llores. Y acercándose, tocó el féretro; y los que le llevaban se quedaron inmóviles. Y dijo: Joven, a ti te digo: Levántate. Y el que estaba muerto se incorporó y comenzó a hablar. Y lo entregó a su madre. Y sobrevino temor a todos; y glorificaron a Dios, diciendo: Que un gran profeta se ha levantado entre nosotros; y, Que Dios ha visitado a su pueblo. Y corrió este rumor de Él por toda Judea y por toda la región de alrededor." Lucas 7:11-17.

Contemplen, queridos hermanos, el poder desbordante y siempre desbordante de nuestro Señor Jesucristo. Él había obrado una gran obra en el siervo del centurión, y ahora, sólo un día después, resucita a los muertos. "Aconteció al día siguiente, que entró en una ciudad llamada Naín". Día tras día habla de Sus obras de bondad. ¿Salvó ayer a tu amigo? Su plenitud es la misma. Si lo buscas, Su amor y gracia fluirán hacia ti hoy. Él bendice este día y bendice el día siguiente. Nuestro Divino Señor nunca se ve obligado a hacer una pausa hasta que haya agotado sus recursos. La virtud sale de Él para siempre. Estos miles de años no han disminuido la grandeza de Su poder para bendecir.

Contemplen también la prontitud y naturalidad de las salidas de Su poder vivificador. Nuestro Salvador estaba de viaje, y obra milagros mientras está en el camino: "Entró en una ciudad llamada Naín". Fue incidentalmente (algunos dirían accidentalmente) que se encontró con el cortejo fúnebre. Pero en seguida devolvió la vida a este joven muerto. Nuestro bendito Señor no estaba quieto, como alguien llamado profesionalmente; no parece haber venido a Naín a petición de nadie para manifestar Su amor. Pero Él estaba pasando por la puerta de la ciudad por alguna razón que no está registrada.

Vean, hermanos míos, cómo el Señor Jesús está siempre listo para salvar. Él sanó a la mujer que lo tocó en medio de la multitud, cuando iba camino a la casa de otra persona. El mero derramamiento y goteo de la copa de gracia del Señor son maravillosos. Aquí Él da vida a los muertos cuando está en camino. Él esparce Su misericordia al borde del camino y en cualquier lugar y en todas partes Sus caminos dejan caer la gordura. No hay tiempo ni lugar en que Jesús no quiera o no pueda. Cuando Baal está de viaje, o duerme, sus adoradores engañados no pueden esperar su ayuda. Pero cuando Jesús viaja o duerme, una palabra lo encontrará listo para vencer a la muerte, o sofocar la tempestad.

Fue un incidente notable, este encuentro de las dos procesiones a las puertas de Naín. Si alguien con buena imaginación pudiera imaginarlo, ¡qué oportunidad tendría para desarrollar su genio poético! No me aventuro a tal esfuerzo. Allí una procesión desciende de la ciudad. Nuestros ojos espirituales ven a la muerte sobre el caballo pálido saliendo de la puerta de la ciudad con gran exultación. Ha capturado a otro cautivo. Sobre ese féretro, he aquí el botín del temible conquistador. Los dolientes, con sus lágrimas, confiesan la victoria de la muerte. Como un general que cabalga triunfante hacia el capitolio romano, la muerte lleva su botín a la tumba. ¿Qué se lo impedirá?

De repente, la procesión es detenida por otra: una compañía de discípulos y mucha gente suben por la colina. No necesitamos mirar a la compañía, sino que podemos fijar nuestros ojos en Uno que está en el centro, un Hombre en quien la humildad era siempre evidente y, sin embargo, nunca faltaba la majestad. Es el Señor viviente, incluso Aquel que sólo tiene inmortalidad, y en Él la muerte ha encontrado ahora a su destructor. La batalla es corta y decisiva; no se dan golpes, pues la muerte ya ha hecho todo lo que podía. Con un suspiro, el carro de la muerte es detenido; con una palabra, el botín es arrebatado al poderoso y el cautivo legítimo es liberado.

La muerte vuela derrotada desde las puertas de la ciudad, mientras el Tabor y el Hermón, que contemplaban la escena, se regocijan en el nombre del Señor. Este fue un ensayo a pequeña escala de lo que sucederá dentro de poco, cuando los que estén en sus tumbas oigan la voz del Hijo de Dios y vivan; entonces será destruido el último enemigo. Basta que la muerte entre en contacto con Aquel que es nuestra vida, para que se vea obligada a aflojar su dominio. Cualquiera que sea el botín que haya capturado, pronto vendrá nuestro Señor en Su gloria, y entonces, ante las puertas de la Nueva Jerusalén, veremos multiplicado una miríada de veces el milagro de las puertas de Naín.

Así, como ven, nuestro tema nos conduciría naturalmente a la doctrina de la resurrección de los muertos, que es una de las piedras fundamentales de nuestra santísima fe. Esa grandiosa verdad se las he declarado a menudo y lo haré una y otra vez. Pero en este momento he seleccionado mi texto por un propósito muy práctico. Concierne a las almas de algunos por quienes siento gran ansiedad. La narración que tenemos ante nosotros registra un hecho, un hecho literal, pero el registro puede ser usado para instrucción espiritual. Todos los milagros de nuestro Señor tenían la intención de ser parábolas; tenían la intención de instruir así como de impresionar; son sermones para los ojos, así como Sus discursos hablados eran sermones para los oídos. Vemos aquí cómo Jesús puede tratar con la muerte espiritual. Y cómo puede impartir vida espiritual a Su antojo. ¡Oh, que podamos ver esto hecho esta mañana en medio de esta gran asamblea!

I. Les pediré primero, queridos amigos, que reflexionen que LOS MUERTOS ESPIRITUALMENTE CAUSAN GRAN DUELO A SUS AMIGOS GRACIOSOS. Si un hombre impío es favorecido por tener parientes cristianos, les causa mucha ansiedad. Como un hecho natural, este joven muerto, que estaba siendo llevado a su entierro, hizo que el corazón de su madre estallara de dolor. Mostró con sus lágrimas que su corazón rebosaba de dolor. El Salvador le dijo: "No llores", porque vio cuán profundamente estaba afligida. Muchos de mis queridos jóvenes amigos pueden estar profundamente agradecidos de tener amigos que se aflijen por ellos. Es algo triste que su conducta los aflija; pero es una circunstancia esperanzadora para ustedes que tengan a su alrededor a quienes se aflijan así.

Si todos aprobaran tus malos caminos, sin duda continuarías en ellos e irías rápidamente a la destrucción. Pero es una bendición que las voces que te detienen te impidan al menos un poco. Además, puede ser que nuestro Señor escuche la silenciosa oratoria de las lágrimas de tu madre, y que esta mañana te bendiga por su causa. Mira cómo lo expresa el Evangelista: "Cuando el Señor la vio, tuvo compasión de ella y le dijo: No llores". Y luego dijo al joven: "Levántate".

Muchos jóvenes que son en algunos aspectos amables y esperanzados, sin embargo, al estar espiritualmente muertos, están causando un gran dolor a aquellos que más los aman. Tal vez sería honesto decir que no tienen la intención de infligir todo este dolor. De hecho, piensan que no es necesario. Sin embargo, son una carga diaria para aquellos a quienes aman. Su conducta es tal que cuando se piensa en ella en el silencio de la habitación de su madre, ella no puede evitar llorar. Su hijo iba con ella a la Casa de Dios cuando era niño, pero ahora encuentra su placer en un lugar muy diferente.

Al estar ya fuera de todo control, el joven no decide ir con su madre. Ella no desearía privarle de su libertad, pero lamenta que ejerza esa libertad tan imprudentemente. Lamenta que no tenga la inclinación de escuchar la Palabra del Señor y convertirse en siervo del Dios de su madre. Ella esperaba que él siguiera los pasos de su padre y se uniera al pueblo de Dios. Pero él toma el camino contrario. Últimamente, ella ha visto muchas cosas en él que han aumentado su ansiedad: está formando amistades y otras relaciones que son tristemente perjudiciales para él. Le disgusta la tranquilidad del hogar y ha estado mostrando a su madre un espíritu que la hiere.

Puede ser que lo que ha dicho y hecho no tenga la intención de ser cruel. Pero es muy doloroso para el corazón que lo cuida con tanta ternura. Ella ve una creciente indiferencia hacia todo lo que es bueno y una intención no disimulada de ver el lado vicioso de la vida. Sabe un poco y teme más en cuanto a su estado actual y teme que vaya de un pecado a otro hasta que se arruine para esta vida y para la otra. Oh amigos, para un corazón bondadoso es un gran dolor tener un hijo inconverso. Y más aún si ese niño es el hijo de una madre, su único hijo, y ella una mujer desolada, a quien le han arrebatado a su esposo.

Ver la muerte espiritual desenfrenada en un ser tan querido es una pena dolorosa que hace que muchas madres lloren en secreto y derramen su alma ante Dios. Más de una Ana se ha convertido en una mujer de espíritu afligido por su propio hijo. ¡Qué triste que quien debería haberla hecho la más alegre entre las mujeres haya llenado su vida de amargura! Muchas madres han tenido que afligirse por su hijo hasta casi exclamar: "¡Ojalá nunca hubiera nacido!". Así sucede en miles de casos. Si es así en tu caso, querido amigo, llévate a casa mis palabras y reflexiona sobre ellas.

La causa de la aflicción radica aquí: lamentamos que se encuentren en tal caso. En la historia que tenemos ante nosotros, la madre lloró porque su hijo estaba muerto. Y nos afligimos porque nuestros jóvenes amigos están espiritualmente muertos. Hay una vida infinitamente superior a la vida que vivifica nuestros cuerpos materiales. Y ¡oh, que todos vosotros lo supierais! Vosotros, los no renovados, no sabéis nada de esta verdadera vida. Oh, ¡cómo desearíamos que lo supierais! Nos parece terrible que estéis muertos a Dios, muertos a Cristo, muertos al Espíritu Santo. Es triste, en verdad, que estén muertos a esas verdades divinas que son el deleite y la fortaleza de nuestras almas, muertos a esos santos motivos que nos alejan del mal y nos impulsan a la virtud.

Muerto para esas alegrías sagradas que a menudo nos acercan a las puertas del Cielo. No podemos mirar a un muerto y sentir gozo por él, quienquiera que sea; un cadáver, por muy delicadamente vestido que esté, es un triste espectáculo. No podemos mirarlos a ustedes, pobres almas muertas, sin exclamar: "Oh Dios, ¿siempre será así? ¿No vivirán estos huesos secos? ¿No les darás vida?" El Apóstol habla de una que vivía en el placer y dijo de ella: "Está muerta mientras vive". Muchas personas están muertas en relación con todo lo que es verdadero, noble y divino. Y, sin embargo, en otros aspectos están llenas de vida y actividad. ¡Oh, pensar que estén muertas para Dios y, sin embargo, tan llenas de felicidad y energía! No te maravilles de que nos aflijamos por ellos.

También lloramos porque perdemos la ayuda y el consuelo que debían proporcionarnos. Esta madre viuda sin duda lloraba a su hijo no sólo porque había muerto, sino porque en él había perdido su estancia terrenal. Debe haberlo considerado como el bastón de su edad y el consuelo de su soledad. "Era viuda"; me pregunto si alguien que no sea viuda entiende el pleno dolor de esa palabra. Podemos ponernos por simpatía en la posición de alguien que ha perdido su otro yo, el compañero de su vida. Pero la simpatía más tierna no puede comprender plenamente la escisión real del duelo y la desolación de la pérdida del amor. "Era viuda", la frase suena como una sentencia.

Sin embargo, aunque el sol de su vida se había ido, brillaba una estrella. Tenía un hijo, un querido hijo, que le prometía un gran consuelo. Él, sin duda, supliría sus necesidades y alegraría su soledad, y en él su marido volvería a vivir y su nombre permanecería entre los vivos de Israel. Podría apoyarse en él para ir a la sinagoga. Ella lo tendría para volver a casa de su trabajo por la tarde y mantener el pequeño hogar unido y alegrar su hogar. Desgraciadamente, la oscuridad se ha tragado aquella estrella. Ha muerto y hoy lo llevan al cementerio.

Lo mismo sucede espiritualmente con nosotros en referencia a nuestros amigos inconversos. Con respecto a ustedes que están muertos en pecado, sentimos que nos falta la ayuda y el consuelo que deberíamos recibir de ustedes en nuestro servicio al Dios vivo. Queremos obreros nuevos en todo tipo de lugares: en nuestra obra de escuela dominical, en nuestra misión entre las masas, y en todo tipo de servicio para el Señor que amamos. La nuestra es una carga gigantesca y anhelamos que nuestros hijos le echen el hombro. Esperamos verlos crecer en el temor de Dios y estar a nuestro lado en la gran guerra contra el mal y en la santa labor por el Señor Jesús.

Pero no podéis ayudarnos, porque vosotros mismos estáis en el bando equivocado. Ay, ay, nos entorpecéis haciendo que el mundo diga: "¡Mirad cómo actúan esos jóvenes!". Tenemos que gastar en ustedes pensamientos, oraciones y esfuerzos que podrían haber sido útiles para otros. Nuestra preocupación por ese gran mundo oscuro que nos rodea es muy apremiante, pero ustedes no la comparten con nosotros: los hombres perecen por falta de conocimiento y ustedes no nos ayudan a tratar de iluminarlos.

Otra pena es que no podemos tener comunión con ellos. La madre en Naín no podía tener comunión con su querido hijo ahora que estaba muerto, porque los muertos no saben nada. Él no puede hablarle nunca, ni ella a él, pues está en el féretro, "un muerto llevado fuera". Oh amigos míos, algunos de vosotros tenéis seres queridos a quienes amáis y que os aman. Pero ellos no pueden tener ninguna comunión espiritual con vosotros, ni vosotros con ellos. Nunca doblan la rodilla juntos en oración privada, ni se mezclan corazón con corazón en la apelación de fe a Dios en cuanto a las preocupaciones que merodean alrededor de su hogar. Oh joven, cuando el corazón de tu madre salta de alegría por el amor de Cristo derramado en su alma, no puedes comprender su alegría. Sus sentimientos son un misterio para ti.

Si eres un hijo obediente, no digas nada irrespetuoso sobre su religión. Pero, sin embargo, no puedes compadecerte de sus penas ni de sus alegrías. Entre tu madre y tú hay, en el mejor de los casos, un abismo tan grande como si estuvieras muerto en el féretro y ella llorara sobre tu cadáver. Recuerdo, en la hora de abrumadora angustia en que temí que mi amada esposa estuviera a punto de serme arrebatada, cómo fui consolado por las amorosas oraciones de mis dos queridos hijos: teníamos comunión no sólo en nuestro dolor, sino en nuestra confianza en el Dios vivo. Nos arrodillamos juntos y derramamos nuestros corazones a Dios y fuimos consolados.

¡Cómo bendije a Dios por haber tenido en mis hijos un apoyo tan dulce! Pero supongamos que hubieran sido jóvenes impíos. Habría buscado en vano la santa comunión y la ayuda del trono de la gracia. Ay, en muchos hogares la madre no puede tener comunión con su propio hijo o hija en ese punto que es el más vital y perdurable, porque ellos están espiritualmente muertos, mientras que ella ha sido vivificada en novedad de vida por el Espíritu Santo.

Además, la muerte espiritual produce pronto motivos manifiestos de dolor. En el relato que nos ocupa, había llegado el momento de enterrar el cuerpo de su hijo. Ella no podía desear tener esa forma muerta más tiempo en el hogar con ella. Es una señal para nosotros del terrible poder de la muerte que conquista el amor con respecto al cuerpo. Abraham amaba a su Sara. Pero después de un tiempo tuvo que decir a los hijos de Het: "Dadme posesión de un lugar de sepultura con vosotros, para que entierre a mis muertos fuera de mi vista." Sucede en algunos casos lamentables que el carácter se vuelve tan malo que no se puede disfrutar de ningún consuelo en la vida mientras el descarriado esté dentro del círculo familiar.

Hemos conocido padres que han sentido que no podían tener a su hijo en casa tan borracho, tan libertino como se había vuelto. No siempre sabiamente, pero a veces casi por necesidad, se ha intentado el plan de enviar al joven incorregible a una colonia lejana con la esperanza de que cuando esté alejado de las influencias perniciosas le vaya mejor. ¡Qué pocas veces tiene éxito un experimento tan deplorable! He conocido madres que no podían pensar en sus hijos sin sentir dolores mucho más amargos que los que sufrieron al nacer. ¡Ay, ay de aquel que causa tal angustia! ¡Qué cosa tan horrible es cuando las mejores esperanzas del amor se van apagando poco a poco hasta convertirse en desesperación, y los deseos amorosos se visten al fin de luto y se convierten de oraciones de esperanza en lágrimas de pesar!

Las palabras de amonestación suscitan tal pasión y blasfemia que la prudencia casi las silencia. Luego tenemos ante nosotros al joven muerto llevado a su tumba. Una voz afligida solloza: "Se ha entregado a los ídolos, dejadle en paz". ¿Me estoy dirigiendo a alguien cuya vida está depredando ahora el tierno corazón de la que lo engendró? ¿Me dirijo a alguien cuya conducta externa ha llegado a ser tan abiertamente perversa que es una muerte diaria para aquellos que le dieron la vida? Oh joven, ¿puedes soportar pensar en esto? ¿Te has convertido en piedra? Aún no puedo creer que contemples la angustia de tus padres sin sentimientos amargos. ¡Dios te libre de ello!

También nos lamentamos por el futuro de los hombres muertos en pecado. Esta madre, cuyo hijo ya había ido tan lejos en la muerte que debía ser enterrado fuera de la vista, tenía además el conocimiento de que algo peor le sucedería en el sepulcro al que lo llevaban. Le era imposible pensar con serenidad en la corrupción que seguramente sigue a los talones de la muerte. Cuando pensamos en lo que será de vosotros, los que rechazáis al Señor Cristo, nos horrorizamos. "Después de la muerte el juicio". Podríamos entrar más fácilmente en detalles en cuanto a un cadáver putrefacto que en cuanto al estado de un alma perdida para siempre. No nos atrevemos a demorarnos en la boca del infierno. Pero nos vemos obligados a recordarles que hay un lugar, "donde su gusano no muere y el fuego no se apaga."

Hay un lugar donde deben morar aquellos que son alejados de la presencia del Señor y de la gloria de Su poder. Es un pensamiento insoportable que seas "arrojado al lago de fuego, que es la muerte segunda". No me sorprende que aquellos que no son honestos contigo teman decírtelo y que tú mismo intentes dudarlo. Pero con la Biblia en la mano y la conciencia en el pecho no puedes sino temer lo peor si permaneces apartado de Jesús y de la vida que Él da gratuitamente. Si continúas como estás y perseveras en tu pecado e incredulidad hasta el fin de la vida, no hay ayuda para ti sino que debes ser condenado en el Día del Juicio.

Las declaraciones más solemnes de la Palabra de Dios le aseguran que "el que no crea será condenado". Es un trabajo desgarrador pensar que este sea el caso de cualquiera de ustedes. Parloteabas en las rodillas de tu madre y besabas su mejilla con amor arrebatador; ¿por qué, entonces, serás separado de ella para siempre? Tu padre esperaba que ocuparas su lugar en la Iglesia de Dios; ¿cómo es que ni siquiera te importa seguirlo al cielo? Recuerda que llega el día en que "uno será tomado, y el otro dejado". ¿Renuncias a toda esperanza de estar con tu esposa, tu hermana, tu madre a la diestra de Dios? No puedes desear que desciendan al infierno contigo; ¿no tienes ningún deseo de ir al cielo con ellos?

"Venid, benditos", será la voz de Jesús a los que imitaron a su misericordioso Salvador. Y "Apartaos de mí, malditos, al fuego eterno preparado para el diablo y sus ángeles", será la sentencia para todos los que se nieguen a ser como el Señor. ¿Por qué quieres tomar tu parte y tu suerte con los malditos? No sé si les resulta fácil escucharme esta mañana. Me resulta muy difícil hablaros porque mis labios no son capaces de expresar los sentimientos de mi corazón. Ojalá tuviera la fuerza de un Isaías o los lamentos apasionados de un Jeremías para despertar vuestros afectos y vuestros temores. Sin embargo, el Espíritu Santo puede utilizarme incluso a mí, y le suplico que así lo haga. Pero ya he dicho bastante sobre este punto. Estoy seguro de que ven que los muertos espirituales causan gran dolor a aquellos de su familia que están vivos espiritualmente.

II. Ahora permítanme animarlos mientras introduzco el segundo encabezado de mi discurso, que es este: PARA TAL DUELO SÓLO HAY UN AYUDANTE, PERO HAY UN AYUDANTE.

Sacan a este joven para enterrarlo. Pero nuestro Señor Jesucristo salió al encuentro del cortejo fúnebre. Observen cuidadosamente las "coincidencias", como las llaman los escépticos, pero como nosotros las llamamos - "Providencias"- de las Escrituras. Este es un buen tema para otra ocasión. Tomemos este caso. ¿Cómo es que el joven murió justo en ese momento? ¿Cómo fue que se eligió esta hora exacta para su entierro? Tal vez porque era de noche. Pero incluso eso podría no fijar el momento preciso. ¿Por qué hizo el Salvador ese día arreglos para viajar veinticinco millas, a fin de llegar a Naín por la tarde? ¿Cómo sucedió que justo en ese momento Él venía de un barrio que naturalmente lo llevó a entrar por esa puerta en particular por la cual los muertos serían llevados?

Vean, Él sube la colina hacia la pequeña ciudad en el mismo momento en que la cabeza de la procesión está saliendo de la puerta. Se encuentra con el muerto antes de llegar al lugar de sepultura. Un poco más tarde y habría sido enterrado. Un poco antes, y habría estado en casa, tendido en la habitación a oscuras, y nadie habría llamado la atención del Señor sobre él. El Señor sabe cómo disponer todas las cosas; sus previsiones son fieles al tictac del reloj. Espero que esta mañana se cumpla algún gran propósito. No sé por qué usted, amigo mío, vino aquí en un día en que estoy disertando sobre este tema en particular. Tal vez no pensaste en venir, pero aquí estás. Y Jesús también ha venido aquí. Él ha venido aquí a propósito para encontrarse contigo y darte vida nueva. No hay ninguna casualidad en ello; los decretos eternos lo han dispuesto todo, y pronto veremos que es así. Ustedes, muertos espiritualmente, están siendo recibidos por Aquel en quien hay vida eterna.

El bendito Salvador vio todo de un vistazo. De entre aquella procesión, distinguió a la llorona principal y leyó lo más íntimo de su corazón. Siempre fue tierno con las madres. Fijó su mirada en aquella viuda. Sabía que lo era, sin haber sido informado de ello. El muerto es su único hijo; Él percibe todos los detalles, y nada se oculta a Su mente infinita. Oh joven, Jesús lo sabe todo de ti. Jesús, que está invisiblemente presente esta mañana, fija Sus ojos en ti en este momento. Ha visto las lágrimas de los que han llorado por ti. Él ve que algunos de ellos se desesperan por ti, y están en su gran dolor actuando como plañideras en tu funeral.

Jesús lo vio todo y, lo que es más, entró en todo ello. Oh, cómo debemos amar a nuestro Señor que toma tal nota de nuestras aflicciones, y especialmente de nuestras aflicciones espirituales por las almas de otros. Tú, querido maestro, quieres que tu clase se salve; Jesús simpatiza contigo. Tú, querido amigo, te has esforzado mucho por ganar almas; debes saber que en todo esto eres obrero juntamente con Dios. Jesús sabe todo acerca de nuestros dolores del alma, y Él es uno con nosotros en ellos. Nuestra aflicción no es más que Su propia aflicción ensayada en nosotros, según nuestra humilde medida. Cuando Jesús entra en nuestra obra, ésta no puede fallar. Entra, oh Señor, en mi trabajo en esta hora, te lo ruego, y bendice esta débil palabra para mis oyentes. Sé que cientos de creyentes están diciendo: "Amén". ¡Cómo me alegra esto!

Nuestro Señor demostró cómo entró en el doloroso estado de las cosas diciendo primero a la viuda: "No llores". En este momento os dice a vosotros que oráis y agonizáis por las almas: "¡No desesperéis! No os entristezcáis como los que no tienen esperanza. Quiero bendeciros. Aún os alegraréis por la vida dada a los muertos". Animémonos y desechemos todo temor incrédulo. Nuestro Señor se acercó entonces al féretro, puso el dedo sobre él y los que lo llevaban se detuvieron por sí mismos. Nuestro Señor tiene una manera de hacer que los portadores se queden quietos sin decir una palabra. Tal vez, hoy, aquel joven está siendo llevado más lejos en el pecado por los cuatro portadores de sus pasiones naturales, su infidelidad, su mala compañía, y su amor por la bebida fuerte. Puede ser que el placer y el orgullo, la obstinación y la maldad estén llevando las cuatro esquinas del féretro. Pero nuestro Señor puede, por su misterioso poder, hacer que los portadores se detengan. Las influencias malignas se han vuelto impotentes, el hombre no sabe cómo.

Cuando se detuvieron, se hizo el silencio. Los discípulos estaban alrededor del Señor, los dolientes rodeaban a la viuda y las dos multitudes se enfrentaban. Había un pequeño espacio y Jesús y el muerto estaban en el centro. La viuda se quitó el velo y, mirando entre lágrimas, se preguntó qué pasaba. Los judíos que salían de la ciudad se detuvieron como lo habían hecho los portadores. ¡Silencio! ¿Qué hará ÉL? En aquel profundo silencio, el Señor escuchó las plegarias tácitas de aquella viuda. No dudo de que su alma comenzó a susurrar, mitad con esperanza y mitad con temor: "¡Oh, que resucite a mi hijo!".

En todo caso, Jesús oyó el batir de las alas del deseo, si no de la fe. Seguramente sus ojos hablaban al contemplar a Jesús, que había aparecido tan repentinamente. Quedémonos aquí tan silenciosos como la escena que tenemos ante nosotros. Callemos un momento y roguemos a Dios que resucite a las almas muertas en este momento. [Aquí siguió una pausa, mucha oración silenciosa y muchas lágrimas].

III. Ese silencio no duró mucho, pues rápidamente el Gran Vivificador comenzó Su obra de gracia. Este es nuestro tercer punto: JESÚS ES CAPAZ DE REALIZAR EL MILAGRO DE DAR VIDA.

Jesucristo tiene vida en Sí mismo y da vida a quien Él quiere (Juan 5:21). Tal vida hay en Él que "el que vive y cree en Él, aunque esté muerto, vivirá." Nuestro bendito Señor subió inmediatamente al féretro. ¿Qué había ante Él? Era un cadáver. No podía obtener ninguna ayuda de aquella forma inerte. Los espectadores estaban seguros de que estaba muerto, pues lo sacaban para enterrarlo. No había engaño posible, pues su propia madre lo creía muerto, y puedes estar seguro de que si hubiera habido una chispa de vida en él, no lo habría entregado a las fauces de la tumba. No había entonces ninguna esperanza, ninguna esperanza del muerto, ninguna esperanza de nadie en la multitud, ni de los portadores ni de los discípulos. Todos eran impotentes por igual.

Aun así, tú, oh pecador, no puedes salvarte a ti mismo, ni ninguno de nosotros, ni ninguno de nosotros puede salvarte a ti. No hay ayuda para ti, pecador muerto, bajo esos cielos. No hay ayuda en ti mismo ni en aquellos que más te aman. Pero, he aquí, el Señor ha puesto su ayuda en Uno que es poderoso. Si Jesús quiere la menor ayuda, tú no puedes dársela, pues estás muerto en pecados. Allí yaces, muerto en el féretro, y nada sino el poder soberano de la omnipotencia divina puede poner vida celestial en ti. Tu ayuda debe venir de lo alto.

Mientras el féretro permanecía inmóvil, Jesús habló al joven muerto, le habló personalmente: "Joven, a ti te digo: Levántate". Oh Maestro, habla personalmente a algún joven esta mañana. O, si quieres, habla a los ancianos, o habla a una mujer. Pero háblales de la Palabra. No nos importa dónde caiga la voz del Señor. Oh, que llame ahora a los que me rodean, pues siento que hay muertos por todo el edificio. Estoy de pie, con biers a mi alrededor y muertos sobre ellos. Señor Jesús, ¿no estás aquí? Lo que se necesita es Tu llamada personal. Habla, Señor, te lo suplicamos.

"Joven", dijo Él, "Levántate". Y habló como si el hombre estuviera vivo. Así es el Evangelio. No esperó a ver señales de vida para ordenarle que se levantara. Pero al muerto le dijo: "Levántate". Este es el modelo de la predicación evangélica: en el nombre del Señor Jesús, Sus siervos comisionados hablan a los muertos como si estuvieran vivos. Algunos de mis hermanos se ríen de esto y dicen que es inconsistente y tonto. Pero en todo el Nuevo Testamento es así. Allí leemos: "Levantaos de entre los muertos y Cristo os alumbrará". No intento justificarlo. Es más que suficiente para mí que así leo la Palabra de Dios. Hemos de pedir a los hombres que crean en el Señor Jesucristo, aun sabiendo que están muertos en pecado y que la fe es obra del Espíritu de Dios.

Nuestra fe nos permite, en nombre de Dios, ordenar a hombres muertos que vivan y ellos viven. Pedimos al hombre incrédulo que crea en Jesús y el poder va con la Palabra y los elegidos de Dios creen. Es por esta Palabra de fe que predicamos que la voz de Jesús resuena entre los hombres. El joven que no podía resucitar, porque estaba muerto, resucitó cuando Jesús se lo ordenó. Así también, cuando el Señor pronuncia por medio de Sus siervos el mandato evangélico: "Cree y vivirás", es obedecido y los hombres viven.

Pero el Salvador, observen ustedes, habló con Su propia autoridad: "Joven, a ti te digo: Levántate". Ni Elías ni Eliseo podrían haber hablado así. Pero Aquel que habló así era Dios verdadero de Dios verdadero. Aunque velado en carne humana y vestido de humildad, era el mismo Dios que dijo: "Sea la luz", y fue la luz. Si alguno de nosotros es capaz por fe de decir: "Joven, levántate", sólo podemos decirlo en Su nombre; no tenemos más autoridad que la que obtenemos de Él. Joven, la voz de Jesús puede hacer lo que tu madre no puede. ¿Cuántas veces su dulce voz te ha cortejado para que vengas a Jesús, pero te ha cortejado en vano? ¡Oh, que el Señor Jesús te hablara interiormente! Oh, que Él dijera: "Joven, levántate".

Confío en que mientras yo hablo, el Señor está hablando silenciosamente en vuestros corazones por medio de su Espíritu Santo. Estoy seguro de que es así. Si es así, dentro de ustedes un suave movimiento del Espíritu los está inclinando a arrepentirse y rendir su corazón a Jesús. Este será un día bendito para el joven espiritualmente muerto, si ahora acepta a su Salvador, y se entrega para ser renovado por la gracia divina. No, mi pobre hermano, no te enterrarán. Yo sé que has sido muy malo, y bien podrían desesperar de ti. Pero mientras Jesús viva, no podemos abandonarte.

El milagro se obró de inmediato, pues aquel joven, para asombro de todos los que lo rodeaban, se incorporó. El suyo era un caso desesperado, pero la muerte había sido vencida, pues se incorporó. Había sido llamado desde el calabozo más profundo de la muerte, incluso desde la boca de la tumba. Pero se levantó cuando Jesús lo llamó. No tardó ni un mes, ni una semana, ni una hora, ni siquiera cinco minutos. Jesús dijo: "Joven, levántate. Y el que estaba muerto se sentó y comenzó a hablar". En un instante el Señor puede salvar a un pecador. Antes de que las palabras que yo hablo hayan entrado más que en tu oído, el destello divino que te da vida eterna puede haber penetrado en tu pecho, y serás una nueva criatura en Jesucristo, comenzando a vivir en novedad de vida a partir de esta hora; ya no te sentirás muerto espiritualmente, ni regresarás a tu vieja corrupción.

Nueva vida, nuevo sentimiento, nuevo amor, nuevas esperanzas, nueva compañía serán tuyas, porque has pasado de muerte a vida. Ruega a Dios que así sea, pues Él nos escuchará.

IV. Se nos ha ido el tiempo y aunque tenemos un tema muy amplio no podemos entretenernos. Debo concluir señalando que ESTO PRODUCIRÁ MUY GRANDES RESULTADOS. Dar vida a los muertos no es poca cosa.

El gran resultado se manifestó, primero, en el joven. ¿Le gustaría verle tal como era? ¿Puedo aventurarme a retirar la sábana de su rostro? ¿Veis lo que ha hecho la muerte? Era un buen joven. ¡Para los ojos de su madre era el espejo de la hombría! ¡Qué palidez hay en ese rostro! ¡Qué hundidos están los ojos! Te sientes triste. Veo que no puedes soportar la visión. Ven, mira en esta tumba donde la corrupción ha ido más lejos en su trabajo. ¡Cúbrelo! No podemos soportar mirar el cuerpo en descomposición. Pero cuando Jesucristo ha dicho: "Levántate", ¡qué cambio se produce!

Ahora puedes mirarle. Sus ojos azules tienen la luz del Cielo en ellos. Sus labios son rojo coral de vida. Su frente es hermosa y llena de pensamientos. Mira su tez sana, en la que la rosa y el lirio se disputan dulcemente el dominio. ¡Qué aspecto tan fresco tiene, como el rocío de la mañana! Ha estado muerto, pero vive, y no hay rastro de muerte en él. Mientras le miras, empieza a hablar. ¡Qué música para los oídos de su madre! ¿Qué ha dicho? Eso no te lo puedo decir. Habla como un recién despertado y entonces oiré lo que dices.

Sé lo que dije. Creo que la primera palabra que dije cuando fui vivificado fue: "Aleluya". Después, fui a casa con mi madre y le dije que el Señor se había reunido conmigo. No se dan palabras aquí. No importa mucho cuáles sean esas palabras, pues cualquier palabra prueba que está vivo. Si conoces al Señor, creo que hablarás de cosas celestiales. Yo no creo que nuestro Señor Jesús tenga un niño mudo en Su casa; todos le hablan, y la mayoría de ellos hablan de Él. El nuevo nacimiento se revela en la confesión de Cristo y en la alabanza a Cristo. Les garantizo que su madre, cuando le oyó hablar, no criticó lo que dijo. Ella no dijo: "Esa frase es antigramatical".

Estaba tan contenta de oírle hablar, que no examinó todas las expresiones que empleaba. Las almas recién salvas a menudo hablan de una manera que después de años y experiencia no justifican. A menudo se oye decir de una reunión de avivamiento que había mucha excitación y que ciertos jóvenes convertidos hablaban absurdamente. Eso es muy probable; pero si había gracia genuina en sus almas y daban testimonio del Señor Jesús, yo no los criticaría muy severamente. Alégrense si pueden ver alguna prueba de que han nacido de nuevo, y observen bien sus vidas futuras. Para el joven mismo había comenzado una nueva vida: una vida de entre los muertos.

También había comenzado una nueva vida para su madre. ¡Qué gran resultado para ella fue la resurrección de su hijo muerto! En adelante sería doblemente querido. Jesús lo bajó del féretro y se lo entregó a su madre. No tenemos las palabras que empleó. Pero estamos seguros de que hizo la entrega con la mayor elegancia, devolviendo el hijo a la madre como se entrega un regalo selecto. Con el majestuoso deleite que siempre acompaña a Su condescendiente benevolencia, miró a aquella mujer feliz, y Su mirada fue para ella más brillante que la luz de la mañana, cuando le dijo: "Recibe a tu hijo".

La emoción de su corazón fue tal que nunca olvidaría. Observen cuidadosamente que nuestro Señor, cuando pone la nueva vida en los jóvenes, no quiere llevarlos con Él lejos del hogar donde está su primer deber. Aquí y allá, uno es llamado a ser apóstol o misionero; pero usualmente Él quiere que vayan a casa con sus amigos, y que bendigan a sus padres, y que hagan felices y santas a sus familias. Él no presenta al joven al sacerdote, sino que lo entrega a su madre. No digas: "Me he convertido, y por eso ya no puedo dedicarme a los negocios, ni tratar de mantener a mi madre con mi oficio". Eso demostraría que no te has convertido en absoluto.

Puedes ir de misionero dentro de uno o dos años si estás preparado para ello. Pero no debes precipitarte en un asunto para el que no estás preparado. Por el momento, vete a casa con tu madre y haz que tu hogar sea feliz y encanta el corazón de tu padre y sé una bendición para tus hermanos y hermanas y deja que se regocijen porque, "estaba muerto y ha revivido. Estaba perdido y ha sido hallado".

¿Cuál fue el siguiente resultado? Bueno, todos los vecinos temieron y glorificaron a Dios. Si aquel joven que anoche estaba en el music-hall y hace unas noches llegó a casa casi borracho. Si ese joven ha nacido de nuevo, todos a su alrededor se maravillarán de ello. Si ese joven que ha salido de una situación por apostar, o por alguna otra mala acción, es salvo, todos sentiremos que Dios está muy cerca de nosotros. Si ese joven que ha comenzado a asociarse con mujeres malvadas y a caer en otros males, es llevado a ser de mente pura y bondadosa, causará temor en quienes lo rodean. Ha descarriado a muchos otros, y si ahora el Señor lo hace volver atrás, se armará un gran alboroto, y los hombres preguntarán por la razón del cambio, y verán que hay un poder en la religión que lo altera todo.

Las conversiones son milagros que nunca cesan. Estos prodigios de poder en el mundo moral son tan notables como los prodigios en el mundo material. Queremos conversiones tan prácticas, tan reales, tan divinas, que los que dudan no puedan dudar, porque ven en ellas la mano de Dios.

Por último, señalar que no sólo sorprendió e impresionó a los vecinos, sino que el rumor corrió por todas partes. ¿Quién puede saberlo? Si se hace un convertido esta mañana, el resultado de esa conversión puede sentirse durante miles de años, si el mundo resiste tanto tiempo. Sí, se sentirá cuando hayan pasado mil, mil años, incluso por toda la eternidad. Esta mañana he arrojado temblorosamente una piedra lisa al lago. Ha caído de una mano débil y de un corazón sincero. Tus lágrimas han mostrado que las aguas se agitan. Percibo el primer anillo en la superficie.

Otros círculos más amplios seguirán a medida que se hable y se lea el sermón. Cuando vayas a casa y cuentes lo que Dios ha hecho por tu alma, habrá un círculo más amplio. Y si sucediera que el Señor abriera la boca de uno de los convertidos de esta mañana para predicar Su Palabra, entonces nadie puede decir cuán amplio se volverá el círculo. Anillo sobre anillo se extenderá la Palabra, hasta que el océano sin orillas de la eternidad sienta la influencia de la Palabra de esta mañana. No, no estoy soñando. Según nuestra fe así será. La gracia concedida hoy por el Señor a una sola alma puede afectar a toda la humanidad.

Dios conceda Su bendición, incluso la vida eterna. Recen mucho por una bendición, mis queridos amigos, se los suplico, por Jesucristo. Y recen mucho por mí. Amén.

Sermón #1426—La Elevación de los Abatidos

PRONUNCIADO EN LA MAÑANA DEL DOMINGO 14 DE JULIO DE 1878,

POR C. H. SPURGEON,

EN EL TABERNÁCULO METROPOLITANO, NEWINGTON.

"Estaba enseñando en una de las sinagogas en sábado. Y he aquí, había una mujer que tenía un espíritu de enfermedad de dieciocho años, y estaba encorvada, y no podía levantarse. Al verla Jesús, la llamó y le dijo: Mujer, has quedado libre de tu enfermedad. Y puso las manos sobre ella; y al instante fue enderezada, y glorificaba a Dios." Lucas 13:10-13.

Creo que la enfermedad de esta mujer no era sólo física sino espiritual. Su apariencia externa era el índice de su profunda y prolongada depresión mental. Estaba doblada en cuanto a su cuerpo y abatida por la tristeza en cuanto a su mente. Siempre hay una simpatía entre el cuerpo y el alma, pero no siempre se ve tan claramente como en su caso. Si así fuera, nos encontraríamos con muchas imágenes tristes. Imaginen por un momento cuál sería el resultado en la congregación actual si nuestras formas externas reflejaran nuestros estados internos. Si alguien que tuviera un ojo como el del Salvador pudiera mirarnos ahora, y pudiera ver lo interior en lo exterior, ¿cuál sería la apariencia de esta multitud?

Se verían imágenes muy deplorables, pues en muchas bancas estarían sentadas personas muertas, mirando desde los ojos vidriosos de la muerte, llevando la apariencia de vida y un nombre para vivir, pero al mismo tiempo estando muertas en cuanto a las cosas espirituales. Amigo mío, te estremecerías al encontrarte junto a un cadáver. Ay, el cadáver no se estremecería, sino que permanecería tan insensible como lo son usualmente las personas impías, aunque la preciosa verdad del Evangelio resuene en sus oídos, oídos que oyen pero oyen en vano. Se encontrará un gran número de almas en todas las congregaciones, "muertas en delitos y pecados," y, sin embargo, sentadas como se sienta el pueblo de Dios, sin ser discernidas de los vivos en Sión.

Incluso en aquellos casos en los que hay vida espiritual, el aspecto no sería del todo encantador. Aquí veríamos a un hombre ciego y allí, a otro mutilado, y a un tercero torcido de la perfecta rectitud. La deformidad espiritual asume muchas formas y cada una de ellas es dolorosa de contemplar. Un hombre paralítico con una fe temblorosa, manifestada por un cuerpo tembloroso, sería un vecino incómodo. Una persona sujeta a ataques de pasión o desesperación sería igualmente indeseable si su cuerpo también sufriera de ataques. Qué triste sería tener a nuestro alrededor personas con fiebre, o temblando de malaria, calientes y frías por turnos, ardiendo casi hasta el fanatismo en un momento y luego enfriándose como con un viento del norte con total indiferencia.

No trataré de esbozar con más detalle a los tullidos, cojos, ciegos e impotentes que están reunidos en esta Betesda. Seguramente, si la carne fuera modelada conforme al espíritu, este Tabernáculo se convertiría en un hospital, y cada hombre huiría de su semejante y desearía huir de sí mismo. Si a cualquiera de nosotros se nos expusieran nuestras dolencias internas sobre nuestra frente, les garantizo que no nos quedaríamos mucho tiempo frente al espejo, y apenas nos atreveríamos a pensar en los desdichados objetos que nuestros ojos contemplarían allí. Abandonemos la escena imaginaria con este pensamiento consolador: Jesús está entre nosotros, a pesar de que estamos enfermos. Y aunque no ve nada que deleite Sus ojos si nos juzga de acuerdo a la ley, sin embargo, puesto que Su misericordia se deleita en aliviar la miseria humana, hay abundante espacio para Él aquí, en medio de estos miles de almas enfermas.

En aquella sinagoga del sábado, esta pobre mujer descrita en el texto debía de ser una de las menos observadas. Su enfermedad particular la hacía muy baja de estatura. Estaba empequeñecida hasta casi la mitad de su estatura original y, en consecuencia, al igual que otras personas muy bajas, estaría casi perdida entre la multitud de pie. Una persona tan encorvada como ella podría haber entrado y salido sin ser notada por nadie que estuviera de pie en el suelo del lugar de reunión. Pero puedo imaginar que nuestro Señor ocupaba una posición algo elevada, mientras enseñaba en la sinagoga, pues probablemente había ido a uno de los lugares más altos para mayor comodidad de ser visto y oído. Y por esta razón podía verla más fácilmente que los demás.

Jesús siempre ocupa un lugar desde el que puede espiar a los que están postrados. Su rápida mirada no erró el blanco. Ella, pobre alma, era naturalmente la menos observada de todas las personas de la compañía; sin embargo, era la más observada, pues los ojos llenos de gracia de nuestro Señor pasaron por encima de todos los demás y se fijaron en ella. Allí permaneció su tierna mirada hasta que hubo realizado la obra de amor. Tal vez haya alguien en la multitud, esta mañana, que sea el menos observado de todos, y que, sin embargo, sea observado por el Salvador. Recuerda, Él no ve como ve el hombre, sino que observa más a aquellos a quienes el hombre pasa por alto como si estuvieran por debajo de su atención. Nadie te conoce, nadie se preocupa por ti. Tu problema peculiar es bastante desconocido, y no lo revelarías por nada del mundo. Te sientes completamente solo. No hay soledad como la que se encuentra en medio de una densa multitud, y tú estás en esa soledad ahora.

Sin embargo, no se desesperen del todo, pues les queda un amigo. El corazón del predicador va tras de ti, pero eso te ayudará poco; hay mucho más gozo en el hecho de que, así como nuestro Señor observó a la mayoría, al menos observado en aquel día de reposo en la sinagoga, así confiamos que hará en este día, y Sus ojos se posarán sobre ti, incluso sobre ti. Él no pasará de largo, sino que repartirá una bendición especial del día de reposo a tu corazón cansado. Aunque tú mismo estés considerado entre los últimos, ahora serás puesto entre los primeros, porque el Señor obrará un notable milagro de amor en ti. Con la esperanza de que así sea, procederemos, con la ayuda del Espíritu Santo, a examinar la obra de gracia que fue hecha a esta pobre mujer.

I. Nuestro primer tema de consideración es LA INCLINACIÓN DE LOS AFLÍCITOS. Leemos de esta mujer: "tenía un espíritu de enfermedad, y estaba encorvada, y no podía en manera alguna levantarse". Sobre lo cual observamos, primero, que había perdido todo su brillo natural. Puedo imaginar que cuando era niña era ligera de pies como un corzo joven, que su rostro tenía hoyuelos con muchas sonrisas y que sus ojos brillaban con alegría infantil. Tenía su parte de brillo y belleza de juventud y caminaba erguida como otras de su raza, mirando al sol de día y a las centelleantes estrellas de noche, regocijándose en todo lo que la rodeaba y sintiendo la vida como una alegría.

Pero poco a poco se fue apoderando de ella una enfermedad que la arrastraba hacia abajo, probablemente una debilidad de la columna vertebral: o bien los músculos y las ligaduras empezaron a tensarse, de modo que se vio atada y atraída cada vez más hacia sí misma y hacia la tierra, o bien los músculos empezaron a relajarse, de modo que no podía mantener la posición perpendicular y su cuerpo caía cada vez más hacia delante. Supongo que cualquiera de estas causas podría hacer que se inclinara, de modo que no pudiera levantarse. En cualquier caso, ¡durante dieciocho años no había contemplado el sol! Durante dieciocho años ninguna estrella de la noche había alegrado sus ojos. Su rostro estaba inclinado hacia el polvo y toda la luz de su vida era tenue. Caminaba como si buscara una tumba, y no dudo de que a menudo sintiera que habría sido una dicha encontrarla. Estaba tan encadenada como si estuviera atada con hierro y tan prisionera como si estuviera rodeada de muros de piedra.

Ay, conocemos a algunos hijos de Dios que se encuentran en este momento en una condición muy parecida. Están perpetuamente abatidos, y aunque recuerdan días más felices, el recuerdo sólo sirve para profundizar su tristeza presente. A veces cantan en tono menor: "¿Dónde está la bienaventuranza que conocí Cuando vi por primera vez al

Señor? ¿Dónde está la dulce y refrescante visión de Jesús y Su Palabra? ¡Cuán dichosas horas disfruté entonces! ¡Cuán dulce es aún su recuerdo! Pero han dejado un vacío doloroso que el mundo nunca podrá llenar".

Rara vez entran en comunión con Dios; rara vez o nunca contemplan el rostro del Bienamado. Tratan de aferrarse creyendo, y lo logran. Pero tienen poca paz, poco consuelo, poco gozo; han perdido la corona y la flor de la vida espiritual, aunque esa vida aún permanece.

Estoy seguro de que me dirijo a más de dos o tres que se encuentran en tal situación en este momento, y ruego al Consolador que bendiga mi discurso hacia ellos. Esta pobre mujer estaba inclinada hacia sí misma y hacia aquello que la deprimía. Parecía crecer hacia abajo; su vida se encorvaba. Se inclinaba más y más y más, a medida que el peso de los años la presionaba. Sus miradas eran todas hacia la tierra; nada celestial, nada brillante podía presentarse ante sus ojos; sus vistas se estrechaban al polvo y a la tumba. Así hay algunos del pueblo de Dios cuyos pensamientos se hunden siempre como plomo, y sus sentimientos corren en un surco profundo, cortando siempre un canal inferior. No puedes darles deleite, pero fácilmente puedes causarles alarma. Mediante un extraño arte, exprimen el jugo de la tristeza de los racimos de Escol. Donde otros darían saltos de alegría, ellos se inclinan hacia la tristeza, porque deducen la infeliz conclusión de que las cosas alegres no están hechas para gente como ellos.

Los cordiales expresamente preparados para los dolientes, no se atreven a aceptarlos, y cuanto más reconfortantes son, más temen apropiárselos. Si hay un pasaje oscuro en la Palabra de Dios, están seguros de leerlo y decir: "Eso se aplica a mí". Si hay una porción atronadora en un sermón, recuerdan cada sílaba, y aunque se preguntan cómo es que el predicador los conoce tan bien, están seguros de que les dirigió cada palabra. Si algo ocurre en la Providencia, ya sea adverso o propicio, en lugar de leerlo como una señal de bien, ya sea que racionalmente puedan hacerlo o no, se las arreglan para traducirlo en una señal de mal. "Todas estas cosas están contra mí", dicen, porque no pueden ver más que la tierra y no pueden imaginar más que miedo y angustia.

Hemos conocido a ciertas personas prudentes, pero un tanto insensibles, que culpan a estas personas y las reprenden por su bajo espíritu. Y eso nos lleva a notar, a continuación, que ella no podía levantarse. Era inútil culparla. Tal vez hubo un tiempo en que sus hermanas mayores le dijeron: "Hermana, deberías mantenerte más erguida. No deberías tener los hombros tan redondeados. Estás perdiendo la figura; debes tener cuidado o te deformarás". ¡Qué buenos consejos pueden dar algunas personas! Por lo general, los consejos son gratuitos, lo cual es muy apropiado, ya que en la mayoría de los casos ese es todo su valor. Los consejos que se dan a las personas que se deprimen espiritualmente suelen ser poco sabios y causan dolor y agravamiento del espíritu. A veces desearía que aquellos que están tan dispuestos a dar consejos hubieran sufrido un poco, porque entonces, tal vez, tendrían la sabiduría de contener sus lenguas. ¿De qué sirve aconsejar a un ciego que vea, o decir a una que no puede levantarse que debe estar erguida y no mirar tanto a la tierra? Esto es aumentar inútilmente la miseria. Algunas personas que pretenden ser consoladores podrían más bien ser clasificadas como atormentadores.

Una enfermedad espiritual es tan real como una física. Cuando Satanás ata un alma, está tan verdaderamente atada como cuando un hombre ata un buey o un asno. No puede liberarse. Está necesariamente esclavizada, y esa era la condición de esta pobre mujer. Tal vez me esté refiriendo a algunas personas que han intentado valerosamente recobrar sus espíritus: han intentado cambiar de escenario, han acudido a una compañía piadosa, han pedido a personas cristianas que las consuelen, han frecuentado la casa de Dios y han leído libros consoladores. Pero siguen atados, y no hay duda de ello. Como quien vierte vinagre sobre salmuera, así es quien canta canciones a un corazón triste; hay una incongruencia acerca de las alegrías más selectas cuando son forzadas sobre espíritus quebrantados.

Algunas almas afligidas están tan enfermas que aborrecen todo tipo de comida, y se acercan a las puertas de la muerte. Sin embargo, si alguno de mis oyentes se encuentra en esta situación, no necesita desesperar, pues Jesús puede levantar a los que están más abatidos. Lo peor, tal vez, del caso de la pobre mujer era que había soportado su problema durante dieciocho años y, por tanto, su enfermedad era crónica y su dolencia confirmada. ¡Dieciocho años! Es mucho, mucho tiempo. Dieciocho años de felicidad; los años vuelan como mercurios con alas en los talones; vienen y se van. Dieciocho años de vida feliz, ¡qué poco tiempo!

¡Pero dieciocho años de dolor! Dieciocho años de estar postrado en la tierra. Dieciocho años en los que el cuerpo se aproximaba más a la forma de un bruto que a la de un hombre: ¡qué período debe de ser éste! Dieciocho largos años, cada uno de ellos con doce lúgubres meses arrastrándose como una cadena. Había estado dieciocho años bajo la atadura del demonio; ¡qué desdicha! ¿Puede un hijo de Dios estar dieciocho años abatido? Estoy obligado a responder: "sí". Hay un caso, el del Sr. Timothy Rogers, quien ha escrito un libro sobre la Melancolía Religiosa, un libro muy maravilloso también, quien estuvo, creo, 28 años en el abatimiento. Él mismo cuenta la historia y no cabe duda de su exactitud. Los que están familiarizados con las biografías religiosas conocen bien casos similares. Hay individuos que han estado encerrados durante muchos años en el sombrío antro de la desesperación y, sin embargo, después de todo, han sido singularmente sacados a la alegría y al consuelo.

Dieciocho años de abatimiento deben ser una aflicción espantosa, y, sin embargo, hay una salida para ella, pues aunque el diablo pueda tardar dieciocho años en forjar una cadena, no le toma a nuestro bendito Señor dieciocho minutos romperla. Él puede liberar pronto al cautivo. Construye, construye tus mazmorras, oh demonio del infierno, y pon los cimientos profundos, y coloca las hileras de granito tan juntas que nadie pueda mover una piedra de tu estructura; pero cuando ÉL venga, tu Señor que destruirá todas tus obras, ÉL no tiene más que hablar, y como la estructura insustancial de una visión, tu Bastilla se desvanecerá en el aire. Dieciocho años de melancolía no prueban que Jesús no pueda liberar al cautivo; sólo le ofrecen una oportunidad para desplegar Su poder lleno de gracia.

Obsérvese además acerca de esta pobre mujer, que abatida como estaba, tanto de mente como de cuerpo, frecuentaba sin embargo la Casa de Oración. Nuestro Señor estaba en la sinagoga y allí estaba ella. Bien podría haber dicho: "Me resulta muy penoso entrar en un lugar público. Debería excusarme". Pero no, ¡allí estaba ella! Querido hijo de Dios, el diablo a veces te ha sugerido que es en vano que vayas más a escuchar la Palabra de Dios. ¡Ve igualmente! Él sabe que es probable que escapes de sus manos mientras escuches la Palabra y, por lo tanto, si puede mantenerte alejado, lo hará. Fue en la casa de oración donde esta mujer encontró su libertad. Y allí puedes encontrarla tú. Por lo tanto, continúa subiendo a la Casa del Señor, pase lo que pase.

Todo este tiempo, además, era hija de Abraham. El diablo la había atado como a un buey o un asno, pero no pudo quitarle su carácter privilegiado. Seguía siendo hija de Abraham, seguía siendo un alma creyente que confiaba en Dios con humilde fe. Cuando el Salvador la sanó, no le dijo: "Tus pecados te son perdonados". No había ningún pecado particular en el caso. No se dirigió a ella como se dirigía a aquellos cuya enfermedad había sido causada por el pecado, porque, a pesar de estar tan abatida, todo lo que necesitaba era consuelo, no represión. Su corazón estaba bien con Dios. Yo sé que lo estaba, pues en el momento en que fue sanada, comenzó a glorificar a Dios, lo que demostraba que estaba preparada para ello, y que la alabanza estaba esperando en su espíritu la feliz oportunidad.

Al subir a la Casa de Dios, sintió cierto consuelo, aunque durante dieciocho años estuvo encorvada. ¿Dónde más podría haber ido? ¿De qué le habría servido quedarse en casa? Un niño enfermo está mejor en la casa de su padre y ella estaba mejor donde se sabía que se oraba. He aquí, pues, un cuadro de lo que todavía puede verse entre los hijos de los hombres, y que posiblemente sea tu caso, querido lector. Que el Espíritu Santo bendiga esta descripción para aliento de sus corazones.

II. Los invito, en segundo lugar, a notar LA MANO DE SATÁN EN ESTA VIDA DE VIGILANCIA. No lo habríamos sabido si nuestro Señor no nos hubiera dicho que fue Satanás quien ató a esta pobre mujer durante dieciocho años. Debió haberla atado muy astutamente para que el nudo se mantuviera todo ese tiempo, pues no parece haberla poseído. Al leer a los evangelistas, notarán que nuestro Señor nunca puso Su mano sobre una persona poseída por un demonio. Satanás no la había poseído, sino que había caído sobre ella una vez, dieciocho años antes, y la había atado como se ata a una bestia en su establo. Y ella no había podido liberarse en todo ese tiempo. El diablo puede atar, en un momento, un nudo que tú y yo no podemos desatar en dieciocho años.

En este caso, había atado tan firmemente a su víctima que ningún poder propio o ajeno podía ayudarla; de la misma manera, cuando se le permite, puede atar a cualquiera del propio pueblo de Dios en muy poco tiempo y por casi cualquier medio. Tal vez una palabra de un predicador, que nunca tuvo la intención de causar tristeza, puede hacer desdichado un corazón. Una sola frase de un buen libro, o un pasaje mal interpretado de las Escrituras, pueden bastar, en la astuta mano de Satanás, para sujetar a un hijo de Dios en una larga esclavitud. Satanás había atado a la mujer a sí misma y a la tierra.

Hay una manera cruel de atar a una bestia que es un poco de la misma manera; he visto la cabeza de un pobre animal atada a su rodilla o a su pie, y un poco de esa manera Satanás había atado a la mujer hacia abajo, hacia sí misma. Así que hay algunos hijos de Dios cuyos pensamientos son únicamente acerca de sí mismos; han vuelto sus ojos de tal manera que miran hacia adentro y sólo ven las transacciones del pequeño mundo dentro de sí mismos. Siempre están lamentando sus propias enfermedades, siempre lamentando sus propias corrupciones, siempre vigilando sus propias emociones. El único tema de sus pensamientos es su propia condición. Si alguna vez cambian de escena y se vuelven hacia otro tema, es sólo para contemplar la tierra bajo ellos, para gemir por este pobre mundo con sus penas, sus miserias, sus pecados y sus decepciones. Así están atados a sí mismos y a la tierra, y no pueden mirar a Cristo como deberían, ni dejar que la luz del sol de Su amor brille plenamente sobre ellos.

Van de luto sin sol, agobiados por las preocupaciones y las cargas. Nuestro Señor utiliza la figura de un buey o un asno atado y dice que incluso en sábado su dueño podía soltarlo para abrevar. A esta pobre mujer se le impedía lo que su alma necesitaba. Era como un asno o un buey que no puede llegar al abrevadero para beber. Conocía las promesas, las oía leer cada sábado. Iba a la sinagoga y oía hablar de Aquel que viene a desatar a los cautivos, pero no podía regocijarse en la promesa ni entrar en la libertad. Así hay multitudes del amado pueblo de Dios que están sujetas a sí mismas y no pueden llegar al riego, no pueden beber del Río de la Vida, ni encontrar consuelo en las Escrituras. Saben cuán precioso es el Evangelio y cuán consoladoras son las bendiciones del pacto, pero no pueden disfrutar de los consuelos ni de las bendiciones. ¡Oh, si pudieran! Suspiran y lloran, pero se sienten atados.

Hay aquí una cláusula de salvación. Satanás había hecho mucho a la pobre mujer, pero había hecho todo lo que podía hacer. Pueden estar seguros de que cuando Satanás hiere a un hijo de Dios, nunca escatima su fuerza. No conoce la misericordia, ni lo detiene ninguna otra consideración. Cuando el Señor entregó a Job en manos de Satanás por un tiempo, ¡cuánta destrucción y estragos hizo con los bienes de Job! No le salvó ni polluelo, ni niño, ni oveja, ni cabra, ni camello, ni buey. Lo golpeó a diestra y siniestra y causó la ruina de toda la hacienda de Job. Cuando, con un segundo permiso, llegó a tocarle en sus huesos y en su carne, nada satisfizo al diablo sino cubrir a Job de forúnculos y ampollas desde la planta de los pies hasta la coronilla de la cabeza.

Podría haberle hecho sufrir lo suficiente torturando una parte de su cuerpo, pero eso no bastaría. Tenía que hartarse de venganza. El demonio haría todo lo que pudiera y, por eso, lo cubrió de llagas. Sin embargo, así como en el caso de Job había un límite, también lo había aquí: Satanás había atado a esta mujer, pero no la había matado. Podía inclinarla hacia la tumba, pero no podía inclinarla hacia ella. Podía encorvarla hasta doblarla, pero no podía quitarle su pobre y débil vida. Con toda su infernal astucia, no podía hacerla morir antes de tiempo. Además, seguía siendo una mujer, y él no podía convertirla en una bestia, a pesar de que estaba doblada en la forma de un bruto.

El diablo no puede destruirte, hijo de Dios. Puede golpearte, pero no matarte. Se preocupa por aquellos a quienes no puede destruir y siente una alegría maliciosa al hacerlo. Sabe que no hay esperanza de tu destrucción, pues estás más allá del alcance de su arma; pero si no puede herirte con el disparo, te asustará con la pólvora, si puede. Si no puede matarte, te atará, como para la matanza; sí, y sabe cómo hacer que una pobre alma sienta mil muertes con sólo temer una. Pero durante todo este tiempo, Satanás fue incapaz de tocar a esta pobre mujer en cuanto a su verdadera posición: era hija de Abraham dieciocho años antes, cuando el demonio la atacó por primera vez, y era hija de Abraham dieciocho años después, cuando el demonio había hecho lo peor.

Y tú, querido corazón, aunque nunca tuvieras un sentido confortable del amor del Señor durante dieciocho años, sigues siendo Su amado. Y si Él no te diera ni una sola vez ninguna muestra de Su amor que pudieras disfrutar sensiblemente, y si, por causa del desconcierto y de la distracción, siguieras escribiendo cosas amargas contra ti mismo durante todo este tiempo, aun así tu nombre está en las manos de Cristo, donde nadie puede borrarlo. Tú perteneces a Jesús, y nadie podrá arrancarte de Sus manos. El diablo puede atarte fuertemente, pero Cristo te ha atado todavía más rápidamente con cuerdas de amor eterno que deben sostenerte y te sostendrán hasta el fin.

Esa pobre mujer estaba siendo preparada, incluso por medio del demonio, para glorificar a Dios. Nadie en la sinagoga podía glorificar a Dios como ella, cuando por fin fue liberada. Cada año de los dieciocho dio énfasis a la expresión de su acción de gracias. Cuanto más profundo era su dolor, más dulce era su canto. Me gustaría haber estado allí aquella mañana, para haberla oído contar la historia del poder emancipador del Cristo de Dios. El diablo debe haber sentido que había perdido todos sus problemas, y debe haber lamentado no haberla dejado en paz durante los dieciocho años, ya que sólo la había estado capacitando para contar más dulcemente la historia del maravilloso poder de Jesús.

III. Quiero que observen, en tercer lugar, AL LIBERADOR EN SU OBRA. Hemos visto a la mujer atada por el diablo, pero aquí viene el Libertador. Y lo primero que leemos de Él es que la vio. Sus ojos miraron alrededor, leyendo cada corazón mientras miraba de uno a otro. Por fin vio a la mujer. Sí, era precisamente a ella a quien buscaba. No debemos pensar que la vio de la misma manera común en que yo veo a uno de ustedes, sino que leyó cada línea de su carácter y de su historia, cada pensamiento de su corazón, cada deseo de su alma. Nadie le había dicho que ella había estado atada durante dieciocho años, pero Él sabía todo acerca de eso: cómo llegó a estar atada, lo que había sufrido durante ese tiempo, cómo había orado por su curación, y cómo la enfermedad todavía la presionaba.

En un minuto había leído su historia y comprendido su caso. La vio y, ¡oh, qué significado había en Su mirada escrutadora! Nuestro Señor tenía unos ojos maravillosos. Todos los pintores del mundo nunca serán capaces de producir un cuadro satisfactorio de Cristo, porque no pueden copiar esos ojos tan expresivos. El cielo reposaba tranquilamente en Sus ojos: no sólo eran brillantes y penetrantes, sino que estaban llenos de un poder que derretía: una ternura irresistible, una fuerza que aseguraba la confianza. Cuando miró a la pobre mujer, no dudo que las lágrimas brotaron de los ojos de nuestro Señor, pero no eran lágrimas de tristeza sin mezcla, pues Él sabía que podía sanarla, y anticipaba el gozo de hacerlo.

Cuando la hubo contemplado, la llamó. ¿Conocía su nombre? Oh, sí, Él conoce todos nuestros nombres y Su llamado es, por lo tanto, personal e inconfundible. "Te he llamado por tu nombre", dice Él, "tú eres mía". Miren, allí está la pobre criatura subiendo por el pasillo. Esa lastimosa masa de dolor, aunque inclinada sobre la tierra, se mueve. ¿Es una mujer? Apenas se puede ver que tiene rostro, pero viene hacia Aquel que la llamó. No podía mantenerse erguida, pero podía venir tal como estaba, encorvada y enferma como estaba. Me regocijo en la manera en que mi Señor sana a las personas, pues Él viene a ellas donde están. No les propone que si hacen algo, Él hará el resto, sino que Él comienza y termina.

Él les pide que se acerquen a Él tal como son, y no les pide que se arreglen o se preparen. Que mi bendito Maestro, esta mañana, mire a algunos de ustedes hasta que sientan: "¡El predicador se refiere a mí, el Maestro del predicador se refiere a mí!" Y entonces que suene una voz en sus oídos que diga: "Ven a Jesús tal como eres". Entonces tengan la gracia de responder...

"Tal como soy: pobre, miserable, ciego,

Vista, riquezas, curación de la mente,

Sí, todo lo que necesito, en Ti encontrar,

Oh Cordero de Dios, vengo".

Cuando llegó la mujer, el gran Libertador le dijo: "Mujer, has sido liberada de tu enfermedad". ¿Cómo podía ser eso cierto? Seguía tan encorvada como antes. Quiso decir que se le había quitado el hechizo de Satanás, que se había roto el poder que la había hecho doblegarse así. Ella lo creía en lo más íntimo de su alma, tal como Jesús lo había dicho, aunque su aspecto no era muy diferente del que tenía antes.

Oh, que algunos de ustedes, que son el amado pueblo de Dios, tuvieran poder para creer esta mañana que el fin de su melancolía ha llegado; poder para creer que sus dieciocho años han terminado, y que su tiempo de duda y abatimiento ha terminado. Yo ruego que Dios les dé gracia para saber que cuando el sol de esta mañana se doró por primera vez, la luz del este fue ordenada para ustedes. He aquí, vengo hoy a publicar el alegre mensaje del Señor. ¡Salid, prisioneros! ¡Saltad, cautivos, que Jesús viene hoy a liberaros! La mujer fue liberada, pero no pudo disfrutar realmente de la libertad, y os diré directamente por qué. Nuestro Señor procedió a darle pleno engrandecimiento a Su manera: puso Sus manos sobre ella. Ella sufría de falta de fuerza, y al poner Sus manos sobre ella, yo concibo que el Señor derramó Su vida en ella.

La cálida corriente de Su propio poder y vitalidad infinitos entró en contacto con la corriente letárgica de su dolorosa existencia y la avivó de tal manera que ella se levantó. La obra de amor estaba hecha: Jesús mismo la había hecho. Amados dolientes, si pudiéramos hacer que esta mañana dejaran de pensar en ustedes mismos para pensar en nuestro Señor Jesús. Si pudiéramos hacer que dejaran de despreciar sus preocupaciones y pensaran en Él, ¡qué cambio vendría sobre ustedes! Si Sus manos pudieran ser puestas sobre ustedes, esas queridas manos traspasadas que los compraron, esas poderosas manos que gobiernan el cielo y la tierra en su favor, esas benditas manos que están extendidas para suplicar por los pecadores, esas queridas manos que los estrecharán en Su pecho para siempre, si pudieran sentir esto al pensar en Él, entonces recuperarían pronto su gozo primitivo, y renovarían la elasticidad de su espíritu, y la inclinación de su alma pasaría como un sueño nocturno, para ser olvidada para siempre.

Oh Espíritu del Señor, ¡haz que así sea!

IV. No me detendré en esto, sino que les invito a que observen EL DESENLACE. Se nos dice que se enderezó de inmediato. Ahora, lo que quiero que noten es esto: ella debió haberse levantado por sí misma; ese fue su propio acto y hecho. No se ejerció ninguna presión o fuerza sobre ella; ella se levantó a sí misma, y, sin embargo, fue "enderezada". Ella era pasiva, en la medida en que se obró un milagro en ella, pero también era activa, y, siendo capacitada, se levantó a sí misma. ¡Qué maravilloso encuentro hay aquí entre lo activo y lo pasivo en la salvación de los hombres!

El arminiano le dice al pecador: "Ahora, pecador, ¡eres un ser responsable! Debes hacer esto y aquello". El calvinista dice: "En verdad, pecador, eres lo suficientemente responsable, pero también eres incapaz de hacer nada por ti mismo. Dios debe obrar en ti tanto para querer como para hacer". ¿Qué haremos con estos dos maestros? Se pelearon hace cien años de la manera más espantosa. No dejaremos que se peleen ahora, pero ¿qué haremos con ellos? Dejaremos que ambos hablen y crean lo que es verdad en sus testimonios. ¿Es verdad lo que dice el arminiano, que debe haber un esfuerzo de parte del pecador, o nunca será salvo? Incuestionablemente lo es. Tan pronto como el Señor da vida espiritual hay actividad espiritual. Nadie es arrastrado jamás al cielo por sus orejas, ni llevado allí dormido en una cama de plumas. Dios trata con nosotros como con seres responsables e inteligentes. Eso es verdad, y ¿de qué sirve negarlo?

Ahora, ¿qué tiene que decir el calvinista? Dice que el pecador está atado por la debilidad del pecado y no puede levantarse por sí mismo, y cuando lo hace, es Dios quien lo hace todo, y el Señor debe tener toda la gloria de ello. ¿No es eso cierto también? "¡Oh!", dice el arminiano, "¡nunca negué que el Señor debe tener la gloria! Cantaré un himno contigo al honor divino y rezaré la misma oración contigo por el poder divino". Todos los cristianos son calvinistas completos cuando se trata de cantar y de orar. Pero es una lástima dudar como doctrina de lo que profesamos de rodillas y en nuestros cantos. Es muy cierto que sólo Jesús salva al pecador, e igualmente cierto que el pecador cree para salvación. El Espíritu Santo nunca creyó en nombre de nadie; un hombre debe creer por sí mismo, y arrepentirse por sí mismo, o se perderá.

Pero sin embargo nunca hubo un grano de verdadera fe o de verdadero arrepentimiento en este mundo a menos que fuera producido por el Espíritu Santo. No voy a explicar estas dificultades, porque no son dificultades, excepto en teoría. Son simples hechos de la vida práctica cotidiana. La pobre mujer sabía, en todo caso, dónde poner la corona. No dijo: "Me he enderezado", no, sino que glorificó a Dios y atribuyó toda la obra a Su poder misericordioso. El hecho más notable es que fue enderezada inmediatamente, pues había algo más allá de su enfermedad que debía ser superado. Supongan que una persona hubiera estado enferma de la columna vertebral, o de los nervios y los músculos, durante dieciocho años; aun si la enfermedad que causó su deformidad pudiera ser extirpada por completo, ¿cuál sería el efecto? Pues que el resultado de la enfermedad permanecería, porque el cuerpo se habría endurecido por la larga permanencia en una postura.

Sin duda habréis oído hablar de los faquires y de otros en la India: un hombre levanta la mano durante años en cumplimiento de un voto, pero cuando los años de su penitencia se acaban, no puede bajar la mano: se ha vuelto fija e inamovible. En este caso, el lazo que sujetaba el pobre cuerpo encorvado fue quitado y, al mismo tiempo, la rigidez consiguiente fue eliminada y ella, en un momento, se puso derecha. Fue un doble despliegue de poder milagroso. Oh, mi pobre amiga probada, si el Señor te visita esta mañana, no sólo te quitará la primera y mayor causa de tu tristeza, sino que la propia tendencia a la melancolía desaparecerá. Los largos surcos que has usado serán alisados. Los surcos en el camino de la tristeza que has desgastado por una larga permanencia en la tristeza, serán rellenados, y serás fuerte en el Señor y en el poder de Su fuerza.

Siendo así perfecta la curación, ¡la mujer se levantó para glorificar a Dios! Ojalá hubiera estado allí. Llevo toda la mañana deseándolo. Me hubiera gustado ver a ese hipócrita jefe de la sinagoga cuando pronunció su airado discurso. Me hubiera gustado verle cuando el Maestro le hizo callar. Pero, sobre todo, me habría alegrado de ver a esta pobre mujer erguida, y de oírla alabar al Señor. ¿Qué dijo? No está registrado, pero podemos imaginarlo. Fue algo así: "He estado dieciocho años entrando y saliendo entre ustedes. Ustedes me han visto, y saben cuán pobre, miserable y desdichada era yo. Pero Dios me ha levantado en un momento. Bendito sea Su nombre, he sido enderezado".

¡Lo que dijo con la boca no fue ni la mitad de lo que expresó! Ningún reportero podría haberlo desmentido. Hablaba con los ojos, hablaba con las manos, hablaba con cada miembro de su cuerpo. Supongo que se movía para ver si estaba realmente derecha y para asegurarse de que no era todo un delirio. Debía de ser, por todas partes, una masa viviente de placer, y con cada movimiento alababa a Dios desde la planta de los pies hasta la coronilla de la cabeza. Nunca hubo una mujer más elocuente en el universo. Era como una recién nacida, liberada de una larga muerte, gozosa con toda la novedad de una vida nueva. Bien podía glorificar a Dios.

Ella no se equivocó en cuanto a cómo fue obrada la curación: la atribuyó a un poder divino, y ensalzó ese poder divino. Hermano, hermana, ¿puedes glorificar a Cristo esta mañana, porque te ha liberado? Aunque has estado atado por tanto tiempo, ya no necesitas estarlo. Cristo puede liberarte. Confíen en Él, créanle, sean enderezados, y luego vayan y díganle a sus parientes y conocidos: "ustedes sabían cuán deprimida estaba, pues me animaron en mi aflicción lo mejor que pudieron; pero ahora tengo que decirles lo que el Señor ha hecho por mi alma".

V. En quinto lugar, reflexionemos sobre NUESTRA RAZÓN PARA ESPERAR QUE EL SEÑOR JESÚS HAGA HOY LO MISMO que hizo hace 1.800 años o más. ¿Cuál fue su razón para liberar a esta mujer? Según Su propia declaración fue, en primer lugar, bondad humana. Dice: "Cuando tengáis atado vuestro buey o vuestro asno y veáis que tiene sed, desatad el nudo y llevad a la pobre criatura al río o a la cisterna para que beba. Ninguno de vosotros dejaría morir de hambre a un buey atado". Este es un buen razonamiento y nos lleva a creer que Jesús ayudará a los afligidos.

Alma probada, ¿no soltarías un buey o un asno si lo vieras sufrir? "Sí", dices. ¿Y crees que el Señor no te desatará a ti? ¿Tienes más corazón de misericordia que el Cristo de Dios? Vamos, vamos, no pienses tan mezquinamente de mi Maestro. Si tu corazón te llevaría a compadecerte de un asno, ¿crees que Su corazón no le llevará a compadecerse de ti? Él no te ha olvidado; Él todavía te recuerda. Su tierna humanidad le mueve a liberarte. Más que eso, había una relación especial. Él le dice a este maestro de la sinagoga que un hombre perdería su buey o su asno. Tal vez no piense que es asunto suyo ir y soltar lo que pertenecía a otro hombre, pero si es su propio asno, su propio buey, lo soltará.

¿Y crees, querido corazón, que el Señor Jesús no te soltará? ¡Él te compró con Su sangre! Su Padre te entregó a Él. Él te ha amado con un amor eterno: ¿no te desatará? Tú eres Su propiedad. ¿No sabes que Él barre Su casa para encontrar Su moneda perdida? ¿Acaso no sabes que Él barre Su casa para encontrar Su moneda perdida? ¿Y no vendrá y soltará a Su pobre buey o asno atado? ¿No liberará a Su hija cautiva? Seguro que lo hará. ¿Eres tú una hija de Abraham, una hija de la fe, y no te liberará Él? Puedes estar segura de que lo hará.

A continuación, hubo un punto de antagonismo que movió al Salvador a actuar con prontitud. Dice: "Siendo esta mujer hija de Abraham, a quien Satanás ha atado". Ahora bien, si yo supiera que el diablo ha atado algo, estoy seguro de que trataría de desatarlo, ¿no es cierto? Podemos estar seguros de que alguna travesura se está gestando cuando el diablo está trabajando y, por lo tanto, debe ser una buena acción deshacer su obra. Pero Jesucristo vino al mundo a propósito para destruir las obras del diablo. Y así, cuando vio a la mujer como un buey atado, dijo: "La desataré aunque sólo sea para deshacer lo que el diablo ha hecho". Ahora, querido amigo probado, en la medida en que tu dolor pueda ser atribuido a la influencia satánica, Jesucristo demostrará, en tu caso, ser más que un rival para el diablo, y Él te liberará.

Entonces piensa en su penosa condición. Un buey o un asno atados al pesebre sin agua pronto estarían en una situación muy triste. Compadécete de él, pobrecito. Escucha el mugido del buey, mientras hora tras hora le roe la sed. ¿No te da lástima? ¿Y crees que el Señor no se compadece de Sus pobres, probados, tentados y afligidos hijos? Esas lágrimas, ¿caerán por nada? Esas noches sin dormir, ¿serán desatendidas? Ese corazón quebrantado que con gusto quisiera, pero no puede creer la promesa, ¿se le negará para siempre ser escuchado? ¿Se ha olvidado el Señor de ser misericordioso? ¿Ha cerrado con ira el corazón de Su misericordia? Ah, no; Él recordará tu dolorosa condición, y oirá tus gemidos, pues Él pone tus lágrimas en Su frasco.

Por último, había esta razón para conmover el corazón de Cristo, que ella había estado 18 años en ese estado. "Entonces", dijo Él, "será desatada en seguida". El maestro de la sinagoga habría dicho: "Ha estado atada dieciocho años y bien puede esperar hasta mañana, pues sólo es un día." "No", dice Cristo, "si ha estado atada dieciocho años, no esperará ni un minuto. Ya ha tenido demasiado. Será liberada de inmediato". Por tanto, no arguyas que tu abatimiento no llegará a su fin debido a su duración, sino más bien argumenta que la liberación está cerca. La noche ha sido tan larga, que debe estar mucho más cerca el amanecer. Has sido azotado tanto tiempo que debe estar mucho más cerca el último golpe, pues el Señor no aflige voluntariamente, ni entristece a los hijos de los hombres. Por tanto, ¡ánimo y ánimo!

¡Oh, que mi divino Maestro venga ahora y haga lo que yo con gusto haría pero no puedo, es decir, hacer saltar de gozo a todos los hijos de Dios aquí presentes! Sé lo que significa estar atado por Satanás. El diablo no me ha atado durante dieciocho años seguidos, y no creo que lo haga nunca, pero me ha sometido a una triste esclavitud muchas veces. Sin embargo, mi Señor viene y me libera y me conduce al agua, y ¡qué bien bebo en esos momentos! Me parece que podría beberme el Jordán de un trago cuando llego a Sus promesas, y bebo hasta saciarme de Su dulce amor.

Sé por esto que Él conducirá a otras pobres almas al agua, y cuando lo haga con alguno de ustedes, les ruego que beban como bueyes. Podrían ser atados de nuevo; por tanto, beban tanto como puedan de Su gracia, y regocíjense mientras puedan. Coman lo que es bueno, y que su alma se deleite en la grosura. Alégrense en el Señor, ustedes justos, y griten de júbilo todos ustedes que son rectos de corazón, pues el Señor desata a los prisioneros. ¡Que Él libere a muchos ahora! Amén.

Sermón #1635—¡Sólo confía en Él! ¡Sólo confía en Él!

PRONUNCIADO LA NOCHE DEL DOMINGO 26 DE JUNIO DE 1881,

POR C. H. SPURGEON,

EN EL TABERNÁCULO METROPOLITANO, NEWINGTON.

"Entrando en cierta aldea, le salieron al encuentro diez leprosos que estaban lejos; y alzando la voz, dijeron: Jesús, Maestro, ten compasión de nosotros. Él les dijo: Id y mostraos a los sacerdotes. Y sucedió que, mientras iban, quedaron limpios". Lucas 17:12-14.

En estos versículos se pueden encontrar varios temas interesantes. Vemos aquí el fruto abundante del pecado, pues había diez leprosos en un grupo, y la abundancia del poder divino para enfrentarlo, pues todos fueron limpiados. Así, también, vemos cómo Cristo debe venir primero y las ceremonias después: primero la obra de la gracia, y luego la demostración externa de ella. La ternura del Señor hacia los desterrados, Su atención a las oraciones a distancia y Su consideración por la ley ceremonial mientras estuvo en vigor, podrían, cada una, producir una meditación instructiva. Tengo, sin embargo, un solo pensamiento que deseo poner bajo su atención y presionarles, tal vez, casi hasta la repetición y la monotonía. Ese pensamiento quisiera grabarlo como con una pluma de hierro en los corazones y las mentes de todos los aquí presentes que desean encontrar la salvación eterna. Que el Espíritu Santo lo imprima en cada alma viviente.

El Salvador exigió a estos diez leprosos que realizaran un acto de fe en Él antes de que tuvieran la menor evidencia de que Él había obrado una buena obra en ellos. Antes de que comenzaran a sentir que su sucia sangre había sido limpiada -antes de que la horrible sequedad de la lepra hubiera cedido el paso a una saludable transpiración-, debían dirigirse a la casa donde vivía el sacerdote para que éste los examinara y los declarara limpios. Debían mostrar fe en el poder de Cristo Jesús para sanarlos, yendo a exhibirse como sanados, aunque todavía estaban en la misma condición que antes. Debían dirigirse al lugar donde serían examinados por el sacerdote, creyendo que Jesús los había sanado o los sanaría, aunque todavía no tenían ninguna evidencia interna de que su carne se volvería como la de un niño pequeño.

Este es el punto sobre el que quiero insistir: que el Señor Jesucristo pide a los pecadores que crean en Él, y que confíen sus almas a Él, aunque todavía no puedan discernir en sí mismos ninguna obra de Su gracia. Así como estos hombres eran leprosos y nada más que leprosos, así ustedes pueden ser pecadores y nada más que pecadores, y, sin embargo, se les pide que muestren fe en Jesucristo mientras son exactamente lo que son. Así como estos hombres debían ir de inmediato al sacerdote con toda su lepra sobre ellos, e ir allí como si sintieran que ya estaban sanados, así tú, con toda tu condición de pecador sobre ti, y con tu sentido de condenación pesando sobre tu alma, debes creer en Jesucristo tal como eres, y encontrarás la vida eterna en el acto.

Este es mi punto y es de primera importancia. Los pecadores, como pecadores, deben creer en Jesús para vida eterna. La voz para cada uno de ellos es: "Despiértate, tú que duermes, y levántate de los muertos, y te vivificará Cristo." Ahora, primero, notaré qué señales son comúnmente buscadas por los hombres inconversos como razones para creer en Cristo, las cuales, en verdad, no son razones en absoluto. Luego, en segundo lugar, trataré de mostrar cuál es el verdadero fundamento y razón de la fe en Cristo. Y, en tercer lugar, cuál será el resultado de una fe en Cristo similar a la de los leprosos.

I. Primero, entonces, digo que debemos creer en Jesucristo, confiar en Él para que nos sane de la gran enfermedad del pecado, aunque todavía no tengamos ninguna señal o indicio de que Él haya obrado alguna buena obra en nosotros. No debemos buscar señales y evidencias dentro de nosotros mismos antes de aventurar nuestras almas en Jesús. Esta suposición es un error que destruye el alma, y trataré de exponerlo mostrando **CUÁLES SON LAS SEÑALES QUE COMÚNMENTE BUSCAN LOS HOMBRES**. Una de las más frecuentes es la conciencia de un gran pecado y un horrible temor de la ira divina que conduce a la desesperación. Es extraño que nos encontremos constantemente con personas que dicen: "Yo podría creer en Jesucristo si me sintiera más agobiado por un sentido de pecado. Podría confiar en Él si me sintiera más completamente abatido y desesperado. Pero no estoy lo suficientemente deprimido. No tengo el corazón suficientemente quebrantado. Estoy seguro de que no estoy lo suficientemente abatido y, por tanto, no puedo confiar en Cristo".

Extraña idea, si la noche fuera más oscura, veríamos mejor. Extraña idea es que, si estuviéramos más cerca de la muerte, tendríamos mayor esperanza de vida. Ahora, amigo mío, estás hablando y actuando en clara desobediencia a Cristo, pues Él quiere que confíes en Él, no sobre la base de que sientas mucho o poco, o sobre la base de que sientas algo en absoluto, sino simplemente porque estás enfermo, y Él ha venido para sanarte, y es abundantemente capaz de obrar tu curación. Si dices: "Señor, no puedo confiar en Ti a menos que sienta esto o aquello", entonces, en efecto, dices: "Puedo confiar en mis propios sentimientos, pero no puedo confiar en el Salvador designado por Dios". ¿Qué es esto sino hacer un dios de tus sentimientos y un salvador de tus penas interiores?

¿Ha de salvarte tu propio corazón por sus oscuras insinuaciones contra el amor divino? ¿Es la incredulidad, después de todo, la que ha de traerte la salvación porque rehúsas creer en tu Dios? Y la desesperación, la perversa desesperación que miente a Dios, ¿es esa en la que debes confiar y no en el Salvador que Dios ha enviado al mundo para salvar a los pecadores? ¿Existe, entonces, un nuevo Evangelio, y dice: "El que niega el poder de Jesús y desespera de su amor será salvo"? Ustedes saben que Jesús justifica a los impíos y limpia a los malvados de su pecado por medio de Su preciosa sangre; y aunque saben que esto es verdad, dicen: "No puedo confiar en el Crucificado. No puedo confiar en Su plena expiación a menos que considere que mi culpa es imperdonable y no crea en mi Dios".

Rezo para que nunca sientas lo que tontamente piensas que debes sentir, pues los sentimientos de desesperación deshonran al Señor y vejan a Su Espíritu, y ciertamente no pueden ser buenos para ti. Llega a esto: estás haciendo un dios de tu desesperación, y un Cristo de tus horrores, y así estás estableciendo un anticristo en el lugar donde sólo debería estar Cristo. Vamos, joven amigo, aunque no hayas sido aterrorizado y alarmado y con el corazón destrozado al grado de algunos, ¿confiarás en Cristo con tu alma y no harás preguntas? Te lo ruego, confía en Jesús de una vez por todas.

"¡Echa sobre Él tu alma culpable! Encuéntralo poderoso para redimir. A Sus pies pon tu carga Busca un camino a tus dudas y preocupaciones. Ahora por fe abraza al Hijo, Suplica Su promesa, confía en Su gracia". Ese es el punto. ¿Puedes confiar en Jesús? pues eso es lo que Él te pide que hagas. ¡Cuán extraño parece que alguien plantee una pregunta acerca de confiar en ÉL! ¡Qué insensato e insultante es estar dispuestos a confiar en nuestros sentimientos y no confiar en el Salvador!

Estos diez leprosos no sintieron ningún cambio cuando Jesús les ordenó que fueran a ser examinados por el sacerdote; sin embargo, se fueron, y mientras se iban fueron sanados. Confía en Jesucristo tal como eres, sin esos sentimientos que has supuesto que son necesarios como una especie de preparación. Confía en Él de inmediato y síguelo, y Él te sanará antes de que hayas dado muchos pasos en el camino de la fe y de la obediencia. Oh, Señor Dios, conduce a todos mis oyentes y lectores a confiar en Tu Hijo de inmediato.

Muchas otras personas piensan que, antes de confiar en Cristo, deben experimentar una gran explosión de gozo. "Oh," dice uno, "oí a un cristiano decir que cuando encontró al Salvador se sintió tan feliz que no sabía cómo contenerse, y cantaba, como toda una banda de música en un-

'Feliz día, feliz día, Cuando Jesús lavó mis pecados'. ¡Oh, que yo pudiera estar tan lleno de alegría como esta gente de 'día feliz'!" Así es. ¿Pero qué maldad harás con eso? ¿Vas a encontrar maldad en nuestros deleites? ¿Vas a alimentar tu incredulidad con la alegría del Señor? ¡Qué extraña perversidad! "¿Por qué", dices, "no debo ser feliz antes de creer en Cristo?". ¿Qué? ¿Qué? ¿Debes tener la alegría antes de ejercer la fe? ¡Qué sinrazón! Porque te decimos que tal o cual raíz produce un dulce fruto, ¿dirás que debes tener el fruto antes de aceptar la raíz? Sin duda es un mal razonamiento.

Nosotros, que hemos experimentado este gozo, vinimos a Cristo para obtenerlo, y no esperamos hasta encontrarlo; de lo contrario, tendríamos que haber esperado hasta ahora. Vinimos a Jesús tal como éramos; algunos de nosotros éramos muy desdichados, pero vinimos tal como éramos entonces, confiamos en Cristo y fuimos sanados. Luego siguieron el gozo y la paz; pero si hubiéramos esperado hasta sentir gozo y paz antes de venir, habríamos estado oponiéndonos al plan del Evangelio, que es que los hombres confíen en el Salvador antes de sentir el más mínimo beneficio de Él. Oh pecador, ¿no es esto de sentido común? ¿No debemos tomar la medicina antes de que nos cure? ¿No debemos comer pan antes de que nos quite el hambre? ¿No debemos abrir los ojos antes de ver? Antes de que el Señor Jesús te haya consolado o sanado, conscientemente, debes venir y hacer exactamente lo que Él te ordena, y confiar en que Él te salvará. Ni la oscuridad del horror ni el resplandor del deleite han de ser esperados antes de la fe. La fe debe preceder a todo, y esa fe es una simple y humilde confianza en Cristo.

Hemos conocido a otros que han esperado tener un texto grabado en sus mentes. Ha crecido una especie de superstición según la cual una Escritura especial debe, de una manera u otra, cernirse sobre la mente y permanecer allí, de modo que uno no pueda deshacerse de ella, y entonces uno puede esperar que está salvado. En las familias antiguas hay supersticiones acerca de pájaros blancos que se acercan a una ventana antes de una muerte, y yo veo con la misma desconfianza la superstición más común de que si un texto continúa en tu mente día tras día, puedes concluir con seguridad que es una garantía de tu salvación. Espero no haberte enseñado nunca a sacar semejante conclusión. Lejos de mí el ayudarles a tener una confianza que tiene un fundamento tan cuestionable.

El Espíritu de Dios a menudo aplica las Escrituras con poder al alma, pero este hecho nunca se presenta como la roca sobre la que debemos edificar. ¿Encontrarás algo en la Biblia que apoye la suposición de que el recuerdo vívido de un texto es un sello de conversión? A menudo ha sucedido que alguna Palabra de Dios conforta grandemente el alma, pero ¿por qué debería usted exigir lo mismo? ¿Tienes derecho a decir: "No creeré la Palabra de Dios a menos que Él la imprima en mí"? ¿Es mentira, entonces? "No, es verdad", dices. Recuerda, si no fuera verdad, una impresión en tu mente no la haría verdad; y si fuera verdad, ¿por qué no la crees? Si es verdad, acéptala. Si hay alguna fuerza en una promesa, ruega a Dios que te haga sentir su fuerza y su poder. Deberías sentir su fuerza y su poder, pero si no lo haces, el pecado está a tu puerta.

Como lector de las Escrituras no debes caer en la idea de que debes esperar hasta que alguna Escritura se abra camino en tu alma. Debes leer atentamente y creer lo que el Señor Dios te dice. Además, quiero que recuerden que no es leer la Escritura lo que los salva, sino creer en Cristo. ¿Qué dijo Cristo mismo? Dijo a los lectores de la Biblia de Su tiempo: "Escudriñáis las Escrituras, porque en ellas pensáis que tenéis la vida eterna; pero no queréis venir a Mí para que tengáis vida". Por bueno que sea escudriñar las Escrituras, no es nada sin venir a Cristo. Sólo leerás tu propia condenación en la Biblia si permaneces fuera de Cristo. Incluso la Biblia misma puede convertirse en piedra de tropiezo si sustituyes la lectura de la Biblia por acercarte a Cristo y poner tu confianza en Él. Tu asunto inmediato es confiar en Jesús y ninguna medida de lectura compensará la negligencia de la fe.

Qué pasaría si ningún texto especial de la Escritura fuera puesto jamás en tu corazón, y, sin embargo, aquí está: "Cree en el Señor Jesucristo, y serás salvo". Ese es tu asunto, mi querido lector, si quieres obtener la paz de inmediato. Y espero sinceramente que algunos de ustedes la obtengan antes de que termine este sermón. He pedido sus almas a mi Dios, y las he obtenido como presa esta noche. Serán el botín de David, y ustedes serán conducidos en cadenas de gracia a Jesús. ¿Quién de ustedes pondrá su confianza en Jesús? Pues, si lo hacen, seguramente encontrarán la salvación eterna en el momento en que crean en Su amado nombre.

Hay otra manera en que algunos hombres tratan de no creer en Cristo, y es que esperan que se manifieste en ellos una conversión real antes de confiar en el Salvador. Ahora, entiendan que Cristo no ha obrado la salvación en ningún hombre que sea inconverso. Debe haber un cambio perfecto en nosotros, una conversión completa del pecado a la santidad. Eso es la salvación, no una preparación para la salvación. La conversión es la manifestación del poder sanador de Cristo. Pero no debes tener esto antes de confiar en Él; debes confiar en Él para esto mismo. Cuando un hombre con una enfermedad acude a un médico eminente, ¿le dice: "Doctor, le confiaré mi caso cuando haya alcanzado cierta etapa"? "No", le dice el médico, "si has alcanzado ese estado estarás en un buen camino de curación y no me necesitarás". Tu plan más sabio es acudir a tu médico tal como eres; y si puedes estar seguro de que es un sanador infalible, ponte en sus manos como si tú no supieras nada y él lo supiera todo, y como si no tuvieras voluntad ni camino en ello, sino que te dejaras enteramente en sus manos.

Eso es lo que hay que hacer con el Señor Jesús, el médico infalible de las almas de los hombres. Tú, pobre pecador, dices: "Yo no soy un santo. No puedo salvarme". ¿Quién dijo que eras un santo? Es obra de Cristo convertirte en santo. "Oh, pero no me arrepiento como debiera". Es la obra de Cristo hacer que te arrepientas como deberías, y a Él debes acudir para arrepentirte. "Oh, pero mi corazón no se rompe". Es Cristo quien ha de quebrantar tu corazón, no tú quien has de quebrantarlo y luego venir a Él cuando esté quebrantado. Ven a Jesús tal como eres, con tu corazón duro, pétreo y sin sentido, y confía eso y todo lo demás a Su poder salvador. "Parece que ni siquiera tengo un deseo fuerte", dice uno. Cristo mismo da todo deseo espiritual por Su Espíritu Santo. Él es un Salvador que comienza el alfabeto de la misericordia en A. Él no te pide que llegues hasta B, C, D y luego promete encontrarse contigo; Él comienza por el principio.

El buen samaritano, cuando encontró al hombre apaleado por los ladrones, fue a donde estaba. Eso es lo que hace Jesús. No dice: "Ahora, pues, herido, levántate y ven a mí, y derramaré en ti el aceite y el vino". No, sino que va adonde yace el herido en total desamparo, se inclina sobre él, le quita sus harapos, limpia sus heridas, vierte el aceite y el vino y lo levanta y lo lleva a la casa de misericordia. ¡Pobre alma! Mi Maestro no es un Salvador a medias, sino entero. Y si estás a las puertas de la muerte, junto a las puertas del infierno, Él es tan capaz de salvarte como si estuvieras sentado a las puertas del cielo. Justo donde estás y como estás, confía en que Cristo te salvará, y serás salvo. No busques primero la conversión, sino espérala como resultado de la fe.

Hemos conocido a algunos que han tenido una idea muy curiosa que difícilmente puedo expresar con palabras, a saber, que si fueran salvos experimentarían alguna sensación muy singular. Podrían creer en Cristo si sintieran de una manera misteriosa. Es bastante difícil entender a la gente, pero cuando he estado hablando con algunos preguntones he pensado que esperaban incluso una sensación física, una sensación dentro de sus cuerpos. Recuerdo que uno me dijo: "Señor, estaba seguro de que me había salvado, porque me sentía tan ligero". Pobre simplón, ¿qué importa si te sentiste ligero o pesado? ¿Qué tiene eso que ver? Tal vez estabas mareado, o medio loco por la absurda excitación. Cuidado con esas tonterías. Sentirse ligero puede interpretarse como ser pesado en la balanza y hallado deficiente; es una sensación que puede asustar tanto como consolar.

"Oh", dice uno, "pero me sentí tan singular". Sí, y muchos que ahora están en Bedlam podrían decir lo mismo. ¿Qué importa lo que sentiste? No es el sentimiento lo que te salvará. Creer en Jesús te traerá las bendiciones de la gracia, pero los sentimientos extraños pueden ser producidos por lo que has comido, o por el clima, o por la histeria, o por cien otras cosas. ¿Acaso no saben que cuando se discute de política, o cuando algún otro tema está en disputa, un orador sincero a menudo agitará a los hombres con excitación hasta que se les pongan los pelos de punta? Pero, ¿qué importa eso? La emoción no salva a nadie. Muchos se derriten hasta las lágrimas por una novela o una obra de teatro, pero ¿de qué sirve eso? Puedes ser conmovido por una excitación religiosa, y la mitad de la emoción puede ser puramente física; puede no haber nada de la gracia de Dios en ella.

El camino más sabio es sentarse con calma y decir: "Aquí está el camino de salvación de Dios: la salvación a través de su Hijo crucificado, Jesucristo. Y Él ha prometido que si confío en Su Hijo, Él me salvará de pecar, hará de mí un hombre nuevo y me sanará de mis enfermedades espirituales. Confiaré en Él, porque estoy seguro de que el testimonio de Dios es verdadero". ¡Por ese simple y deliberado acto de fe eres salvo! El poder de creer en tu Dios es la evidencia de que la curación ha comenzado y ha comenzado bien. Si en verdad has confiado en Él, Jesús se ha hecho cargo de tu caso, y Él te salvará. El hecho mismo de que puedas creer, y de que creas, tiene en sí mismo la fuerza esencial por la que serás liberado de la alienación de tu mente. El que cree en Dios ya no es enemigo de Él. Aquellos en quienes confiamos, pronto aprendemos a amar. Esto, como ves, no exige ninguna sensación o excitación singular; esto es suficientemente claro y sencillo.

"¿Pero no hay que nacer de nuevo?", pregunta uno. Sí, en verdad, y el que cree en Cristo nace de nuevo. Aunque todavía no lo sepa, la primera señal de vida está dentro de su alma, pues la primera señal segura de vida espiritual es confiar únicamente en Jesucristo. La mejor evidencia no es confiar en marcas, señales, evidencias, sentimientos internos, impresiones y demás, sino simplemente salir de eso y confiar en Jesús. Allí radica la esencia del cambio salvador: pasar del yo al Señor Dios en Cristo Jesús.

Cierto marino tiene una buena ancla, una de las mejores construidas que se han utilizado en la marina. La tiene a bordo de su barco y, sin embargo, no le sirve para nada. Aunque la tiene a bordo, no cumple la función de un ancla. Su barco va a la deriva con el ancla a bordo. La arrastra hasta la cubierta y la mira. ¡Qué ancla! ¿No aguantaría el día de tormenta? Admira su ancla como si fuera una masa de oro. Los vientos aúllan y las olas rugen, pero él se siente seguro con su ancla a bordo. ¡Idiota! Esta ancla no te sirve de nada mientras puedas verla. El ancla de un barco no puede estar en el barco mismo.

"Supongamos que cuelgo el ancla del costado del barco". ¡Ahí no sirve de nada! ¿Qué debe hacer con ella? ¡Tirarla por la borda! Déjala en las profundidades, hasta el fondo. Ha desaparecido. No puedes ver dónde está. ¡Está bien! Ya está. Ahora, Alma, tira tu ancla de confianza por la borda. No dejes que se cuelgue de tus sentimientos, o de tus impresiones, o de cualquier cosa que haya en ti, sino deja que se vaya por la borda, profundamente en las aguas del amor infinito, y deja que se aferre a Jesús. Fuera de ti debe estar tu esperanza, pues mientras tu confianza esté dentro de ti, o tenga alguna dependencia de ti mismo, es como un ancla a bordo que sólo puede aumentar el peso del barco, pero ciertamente no puede ayudarlo en el día de la tormenta. Ahí está la Verdad de Dios. Que Dios te conceda la Gracia de aceptarla.

II. Y ahora, en segundo lugar, y tan brevemente como pueda, quiero presentar CUÁL ES LA RAZÓN PARA QUE CREAMOS EN JESUCRISTO. ¿Qué razón tengo yo, como pecador, para confiar en Jesucristo? No necesitamos buscar ninguna razón dentro de nosotros mismos. La garantía para que creamos en Cristo radica en esto: primero, está el testimonio de Dios concerniente a Su Hijo, Jesucristo. Dios, el Padre Eterno, ha puesto a Cristo "en propiciación por nuestros pecados, y no solamente por los nuestros, sino también por los de todo el mundo". Dios Padre dice a los hombres: "Yo puedo perdonarte justamente por la muerte y la justicia de mi Hijo. Confía en Mí y te salvaré".

¿Qué más necesitas? El que no cree ha hecho a Dios mentiroso, porque no ha creído en Su testimonio acerca de Su Hijo. Vamos, ciertamente, si Dios declara una cosa, no necesitas más evidencia. "Sea Dios veraz y todo hombre mentiroso". ¿Qué puede ser más firme que la voz de Dios, que no puede mentir? Amados oyentes, siento como si realmente no debiera traer ninguna otra evidencia ante ustedes. Parece como si insultara al Señor tratando de defenderlo, como si Su verdad perfecta necesitara de mi testimonio para apoyarla. Los ángeles nunca dudan de Dios. Esos seres brillantes y gloriosos nunca sospechan de su Hacedor. ¡Gusanos del polvo! Gusanos del polvo, ¿cómo podéis dudar del Dios que os hizo? ¡Oh, que no sea así! Y cuando Su testimonio es que Él es un Dios listo para perdonar al culpable, esperando perdonar a todos aquellos que confían en Su Hijo, ¿por qué habríamos de dudar de una declaración tan bondadosa? Alma mía, te exhorto, confía en tu Salvador, y no plantees ninguna otra pregunta, sino deja que el asunto esté asegurado y establecido dentro de ti.

La siguiente garantía para que creamos es Jesucristo mismo. Él da testimonio en la tierra, así como el Padre, y Su testimonio es verdadero. Considera quién es este Cristo en quien se nos pide que confiemos. Mira Su Persona. Él es Dios, "Dios verdadero de Dios verdadero". ¿Podemos dudar de Él? Es el Hombre perfecto y ha asumido la condición de hombre perfecto por nosotros. ¿Podemos dudar de Él? Ha vivido una vida perfecta. ¿Cuándo ha mentido? ¿Quién puede acusarle de falsedad? Él ha muerto, "el Justo por los injustos, para llevarnos a Dios". Y Dios ha aceptado el sacrificio de Su amado Hijo. ¿Qué prueba más segura de Su veracidad puede darnos que Su muerte por nosotros? Oh tembloroso, ¿por qué rehusarías tu confianza a Alguien tan digno de ella? ¿Puedes dudar del Calvario? ¿Despreciarás la cruz?

¿Dirás: "necesito alguna otra razón para confiar en Cristo, además de Su propia persona y Su obra consumada"? Me siento casi avergonzado de estar suplicando algo así. Díganme cuándo mi Señor fue falso alguna vez. Oh, hijos de los hombres, díganme cuándo se negó alguna vez a recibir a un pecador que viniera a Él. Ustedes saben que Él ha resucitado de los muertos, y que ha subido al cielo, y que ahora está sentado a la diestra de Dios, y que pronto vendrá. ¿Y te atreves a tratarlo como un simple farsante? ¿No puedes confiar en Él? ¿Te atreves a desconfiar de Él? ¿Necesitas señales y prodigios además de los que hay en Él mismo? Si alguien resucitara de los muertos, no creerías, si no crees en Jesús, pues tienes más que a Moisés y a los profetas cuando tienes a Cristo mismo resucitado de los muertos. ¿No confiarás en Él?

Quisiera agarrarlos de la mano, hermanos míos, y planteárselos personalmente: ¿lo dicen en serio, que sospechan de mi Salvador y no pueden confiarle su alma? ¿Lo decís en serio? No, con lágrimas les suplico que no lo traten tan mal, sino que pongan su alma en Él en este instante, y créanle tal como son, y Él los salvará. Él no se retractará de Su palabra, sino que lavará tu culpa en Su propia sangre, si consientes en ser limpiado. Además, para poner esto en otra forma, ustedes quieren saber por qué han de creer: su garantía para creer radica en el hecho de que Dios les ordena que crean. "El que creyere y fuere bautizado, será salvo; mas el que no creyere, será condenado. "Cree en el Señor Jesucristo y serás salvo".

Y este mandamiento hemos recibido de nuestro Señor: que prediquemos este Evangelio a toda criatura bajo el cielo, y lo predicamos en Su nombre, ordenándoles en el nombre de Jesucristo, el Hijo de Dios, que crean en Él. Este mandato divino es razón suficiente para ustedes. Si Dios te lo ordena, no necesitas preguntar: "¿Puedo hacerlo?". Nadie necesita permiso para guardar la luz de Dios: el mandamiento incluye un permiso. Cuando la ley del Evangelio viene de Dios mismo, querido oyente, ¿qué hay que hacer sino obedecerla y creer de inmediato? La puerta está abierta, ¡entra! El banquete está servido, come. La fuente está llena, lávate.

Además, está la promesa hecha a ti y a toda criatura: "Cree en el Señor Jesucristo, y serás salvo". "El que cree en Él no es condenado". ¿Oyes eso? "El que cree en Él tiene vida eterna". Tiene vida eterna, ¡la tiene ahora! Estas son promesas ricas y gratuitas para usted. ¿Qué más quieren? Oh, no sé qué más puedo decir; cuando Jesús te manda, cuando Jesús te invita, ¿cómo puedes quedarte atrás? Oh Espíritu bendito, aclara esto a los hombres y llévalos a creer.

Sólo agregaré una cosa más: me atrevo a decir que estos pobres leprosos creyeron en Jesús porque habían oído de otros leprosos a quienes Él había limpiado. Ahora, aquí está uno ante ustedes, un representante de muchos más en este lugar, que, si este fuera un momento adecuado, se levantaría y diría lo mismo. Yo vine a Jesús lleno de pecado, culpable y perdido, con un corazón duro y un espíritu apesadumbrado, y miré hacia Él, confiando únicamente en Él para que me salvara, y Él me ha salvado. Él ha cambiado mi naturaleza. Ha borrado mi pecado, y ha hecho que le ame, y que ame todo lo que es bueno, verdadero y generoso, por Su causa. No soy yo, ni siquiera yo, quien se queda solo para decírselos, sino que, como he dicho, hay miles en este Tabernáculo, en esta misma hora, sobre quienes se ha obrado el mismo milagro de la misericordia divina. Por tanto, confíen en mi Señor Jesús, y sentirán el mismo milagro obrado en ustedes.

¿Dónde estás, amigo, tú que necesitas tanta persuasión para tu propio bien? Si tengo dinero para regalar, no encuentro que tenga que persuadir a nadie para que lo tenga. Tintinea una guinea y ¡qué oídos tienen los hombres! ¡Cuán pronto correrán donde la moneda da sus billetes de oro! Regalen pan en un frío invierno, o incluso un poco de sopa; ¡cómo se amontonarán los pobres para obtenerlo! Pero cuando es: "Confía en Jesús, y tu pecado te será perdonado, y tu naturaleza será cambiada, y serás salvado de pecar, y serás hecho puro y santo," oh, mi Señor, ¿en qué están pensando que necesitan ser llamados tan a menudo? Los hombres no sólo necesitan que se les llame, necesitan que se les obligue a venir...

"¡Querido Salvador, atrae a los corazones reacios!

A Ti vuelan los pecadores
Y toma la dicha que Tu amor imparte
Y bebe, ¡y no mueras nunca!"

III. Debo concluir ahora con el tercer punto, que no ocupará muchos minutos. Es este: ¿CUÁL ES EL PROBLEMA DE ESTE TIPO DE FE QUE HE ESTADO PREDICANDO? Esta doctrina de "sólo confía en Jesús", ¿a qué conduce? Esta confianza en Jesús sin marcas, señales, evidencias, indicios, ¿cuál es el resultado? Lo primero que tengo que decir al respecto es esto: que la propia existencia de una fe como esa en el alma es evidencia de que ya hay un cambio salvador. "Oh", dirás, "no veo eso. ¿Cómo puede probar que soy un hombre nuevo porque me confío a Cristo?" Considera un poco: será una evidencia de un cambio salvador ya obrado, pues mostrará que has llegado a ser obediente a Jesús, y obediente en un asunto contra el que tu orgullosa voluntad ha luchado por mucho tiempo.

Todo hombre, por naturaleza, patalea contra la simple confianza en Cristo. Y cuando, por fin, cede al método divino de la misericordia, es una rendición virtual de su propia voluntad, el fin de la rebelión, el establecimiento de la paz. La fe es obediencia. La fe es la prueba de que la guerra ha terminado por la rendición incondicional. Le decían a Jesús en los tiempos antiguos: "¿Qué haremos para obrar las obras de Dios?". Y Él respondió: "Esta es la obra de Dios-la obra más divina que podéis hacer-que creáis en Jesucristo, a quien Él ha enviado." Así es; en un sentido la fe no es una obra en absoluto, y en otro sentido es la más grandiosa de todas las obras. Aquí es donde Dios y ustedes están en desacuerdo; este es el punto central de la disputa. Tú quieres ser salvado por algo en ti mismo, pero Dios dice que Él te salvará si confías en Cristo.

Ahora, si confías en Cristo tal como eres, será una evidencia de que has sido hecho obediente a Dios, y tan obediente que evidentemente ha tenido lugar una renovación completa, profunda y radical de tu naturaleza. Será una evidencia, también, de que eres humilde, porque es el orgullo el que hace que los hombres necesiten hacer algo, o ser algo en su propia salvación. O ser salvos de alguna manera maravillosa para poder decirles a otras personas cuán maravillosamente fueron salvos. Cuando estás dispuesto a ser salvo como el pobre pecador bueno para nada que eres, entonces ya estás salvado del orgullo. No voy a halagarte: eres un pecador despreciable, y si confías en Jesús, como debe hacerlo un hombre que verdaderamente tiene ese carácter, demostrarás que eres humilde, y esto será una buena evidencia de que un cambio ha pasado por tu espíritu.

De nuevo, la fe en Jesús será la mejor evidencia de que estás reconciliado con Dios, porque la peor evidencia de tu enemistad con Dios es que no te gusta el camino de salvación de Dios. Dios te desagrada tanto que no quieres tener el cielo en los términos de Dios. Tú, el pecador, estás tan en guerra con Dios, que irás al infierno antes que ser salvado a la manera de Dios. A eso se llega. Y cuando renuncies a eso y digas: "Señor, mientras pueda ser sanado, mientras pueda ser hecho para amarte, estoy dispuesto a ser salvo," habrá evidencia de un gran cambio en ti. Cuando clamas: "Señor, seré salvado a Tu manera, y por tanto confiaré en Cristo como me lo has ordenado," entonces Dios y tú están reconciliados en un punto de la mayor importancia. No hay ninguna batalla entre ustedes ahora, pues están de acuerdo en confiar en Cristo. Dios ha confiado Su honor en las manos de Cristo, y tú estás confiando tu alma en Sus manos, de tal forma que Dios y tú están ahora de acuerdo en honrar a Jesús. En el momento en que has confiado en Cristo, esa simple cosa se convierte, en sí misma, en una clara admisión y en una prueba indisputable de que se ha operado un gran cambio en tu relación con Dios y en tus sentimientos en referencia a Él.

Ahora, fíjense, antes de que pase mucho tiempo, tarde o temprano, estarán deliciosamente conscientes del hecho de que son salvos. Muchos hombres son salvos y, por un tiempo, cuestionan la verdad de la obra de gracia. Pero a su debido tiempo la bendición le es aclarada. Cuando un hombre confía en Jesús como lo hicieron estos diez leprosos y actúa de acuerdo con su confianza, siempre sale algo bueno de ello. Mira a los diez hombres. Se dirigen hacia el sacerdote aunque todavía no se sienten curados. Están actuando bajo la autoridad de Cristo, y Él no se burlará de ellos, porque los que confían en Él no serán avergonzados ni confundidos. Deben comenzar a caminar antes de sentir la sanidad, pero mientras caminan la sentirán. Y tú también, confiando en Cristo sin ningún sentido de algo bueno, no pasará mucho tiempo antes de que sientas Su bendito poder sobre tu corazón.

Deseo hablar de mi propia experiencia simplemente para ayudar a aquellos que están viniendo a Jesús. Mientras venía a Cristo, no sabía que estaba viniendo. Y cuando miraba a Cristo, apenas sabía si era el tipo correcto de mirada o no. Pero cuando por fin sentí que Jesús me había sanado, entonces supe lo que había hecho. Dios me ha concedido muchas bendiciones de las que no me he enterado hasta algún tiempo después de haberlas recibido. He leído los sentimientos de ciertos hombres buenos, y he dicho: "¡ojalá me sintiera como ellos!" Y algún tiempo después, cuando miré hacia atrás, percibí que en realidad me movía en su órbita y pasaba por la misma experiencia.

Muchos hombres desearían ser humildes, y son humildes porque no piensan que son humildes. Muchas personas suspiran: "Ojalá tuviera un corazón tierno", pero estoy seguro de que su corazón es tierno porque lamenta su dureza. Anhela ser profundamente sensible ante el Señor, y es evidente que tiene una ternura que ni él mismo reconoce. Su ideal de ternura es muy elevado, y lo es adecuadamente, y, por tanto, teme no alcanzarlo. Oh, mi querido amigo, si confías en Jesús en la oscuridad, un día entrarás en la luz. Y si nunca gozaras de consuelo, todavía estarías a salvo; si en todo el camino entre este lugar y el cielo no tuvieras nunca la conciencia de ser salvado, sin embargo, si has confiado en Cristo, debes ser y serás salvado, pues Él no puede permitir que la fe en Él sea ejercida en vano.

Pronto, si confías en Jesús, conocerás Su amor. Confía en Él cuando te hundas y nadarás. Confía en Él cuando te sientas morir, y vivirás. Si confías en Él antes de sentir cualquier obra de gracia en ti, pronto descubrirás que hubo una obra en ti, aunque no la discerniste. Si confías en el Señor, ya eres sujeto de un poder divino, pues nada que no fuera la gracia omnipotente podría haberte conducido a creer y a vivir. El estado y el acto de fe son la simplicidad misma, pero para llevarnos a esa simplicidad, Dios mismo debe crearnos de nuevo. Para poner todo en uno, si estás listo para venir a Cristo y confiar en Él sin ningún milagro, señal o evidencia, sino que simplemente confías en Él, tú tienes dentro de ti un poder que te llevará a través de la vida y te preservará en santidad incluso hasta el fin.

Esta mañana hablé de David animándose en Dios. [Cuando Siclag fue incendiada, sus esposas llevadas cautivas y sus hombres hablaban de apedrearlo, David se apoyó sólo en Dios. Este es un logro elevado y, sin embargo, tiene su paralelo en el mismo amanecer de la fe en el pecador. Es un grandioso comienzo en la vida para ti, pobre pecador, comenzar confiando únicamente en Cristo, diciendo: "Yo, sin nada bueno en mí, sin nada a lo que pueda aferrarme como esperanza para mí, me encomiendo, ya sea que me hunda o nade, a Cristo Jesús, el Salvador de los pecadores. Y yo, si perezco, perezco".

Este es un glorioso comienzo. Para muchas vidas santas, una fe así, únicamente en el Señor, ha sido un acto culminante; y, sin embargo, tú, pobre pecador, puedes ejercer esta misma fe mientras eres todavía un bebé en Cristo. A menudo tendrás que confiar de esta manera en la vida futura, y, por tanto, es bueno que comiences, pues tendrás que continuar. Serás llevado en los negocios, en la familia, y en las diversas pruebas de la vida, a una condición tal que tendrás que ejercitar una fe exactamente del mismo tipo de aquella con la que comienzas. Por lo tanto, quiero que aprendas la lección mientras eres joven. Tendrás que decir: "Aunque yo mismo sea debilidad y pobreza, y no vea cómo puedo ser alimentado, así como los cuervos y los gorriones son alimentados, así seré yo. Y por eso echo mi desnudez sobre Dios para que me vista, mi hambre sobre Dios para que me alimente, y mi vida misma la echo sobre Él para que me la conserve entre las fauces de la muerte."

Esta es la gran fe y debes empezar por ahí, porque si no, no has empezado a construir sobre la Roca. Tu primer rumbo debe ser la Roca viva, o de lo contrario todo será inseguro. Comenzar bien es la mitad de la batalla: procura tener un cimiento que nunca pueda ser movido, pues la vida tiene muchas pruebas, y ¡ay del hombre cuyos cimientos le fallen! Esta es una gran fe, tanto para morir como para vivir. Las cortinas se cierran y la luz del sol se apaga. Las voces de los amigos comienzan a fallar, los oídos se embotan y las cuerdas de los ojos se rompen. Alma mía, estás a punto de lanzarte al mundo invisible. ¿Qué harás ahora? ¡Qué, en verdad, sino desmayarte en los brazos de tu Padre y de tu Dios!

Oh, mi querido lector, si has aprendido a confiar desde el principio por lo que Jesús es, y no por lo que tú eres, entonces sabrás cómo morir. Estando allí, en la perspectiva de la gran cuenta, o más bien, acostado allí, en el lecho, en la perspectiva de la venida del Señor, vendrán los temores, vendrán las dudas, y vendrán los terrores, si estás mirando en tu interior, o mirando hacia atrás en tu vida pasada, y tratando de encontrar una confianza. Pero si puedes decir: "Salvador mío, en tus manos encomiendo mi espíritu; mi alma desnuda vuelvo a poner en tus manos traspasadas", entonces que exhales tu último suspiro en paz, sabiendo a quién has creído y estando persuadido de que Él es capaz de guardar lo que le has encomendado hasta ese día. Cuando John Hyatt yacía moribundo, uno de sus amigos le dijo: "Señor Hyatt, ¿puede ahora confiar su alma a Jesús?". "Hombre", dijo él, "¿confiarle un alma? Eso no es nada. Podría confiarle un millón de almas si las tuviera. Sé que Él es capaz de salvar a todos los que confían en Él".

Quiero que comiencen, entonces, como lo hicieron estos pobres leprosos: simplemente tomen a Cristo en Su palabra, y sigan su camino en la fuerza de esa palabra, antes de que sientan algún cambio esperanzador en su interior. De esta manera, cuando lleguen a la muerte, pueden buscar la gloria y esperarla, aunque el brillo no los haya transfigurado todavía. Puedes buscar la corona eterna; puedes buscar el arpa; puedes buscar el rostro del Bienamado y la dicha indecible, y esperarlos aunque las nubes se acumulen a tu alrededor. Antes de que pases las puertas de la perla, o cruces el mar helado, puedes gozar de la visión beatífica mediante una fe asombrosa.

La esperanza que se ve no es esperanza, pero gloriosa es la fe que ve al que es invisible y capta la sustancia de las cosas que aún no se ven. Por este poder yo incluso ahora anticipo las alegrías de los cielos superiores. Trata, amado, de hacer lo mismo. ¡Oh, más fe! Será grandioso conocer todo el cielo, aunque no lo hayas visto ni sentido, porque conociste y confiaste en el Señor del cielo. Hasta ahora han encontrado que la promesa es verdadera; ahora confíen en el Señor para la gloria, como una vez confiaron en Él para la gracia, y descubrirán, muy pronto, que Sus más ricas promesas son seguras. Que Dios los salve, a cada uno de ustedes, amados, y que lo haga en esta misma, en esta misma hora, por causa de Su amado Hijo. Amén.

Sermón #2960—"¿Dónde están los Nueve?" ¿Dónde están?

SERMÓN PUBLICADO EL JUEVES 2 DE NOVIEMBRE DE 1905.
PRONUNCIADA POR C. H. SPURGEON,
EN EL TABERNÁCULO METROPOLITANO, NEWINGTON, EN EL AÑO 1863.

"Respondiendo Jesús, dijo: ¿No fueron diez los limpios? Pero ¿dónde están los nueve?"
Lucas 17:17.

Toda la narración relacionada con el texto merece una lectura atenta. Eran diez hombres leprosos que, de acuerdo con el viejo proverbio de que "los pájaros de una misma pluma vuelan juntos", habían formado una compañía y parecían haber vivido en mayor amistad por el parentesco del sufrimiento que si hubieran estado sanos y competentes para compartir la fragancia de las alegrías de los demás. La aflicción mutua puede haber suavizado algunos de sus celos naturales, porque encontramos que había por lo menos uno en la compañía que era samaritano, mientras que los otros eran judíos. Ahora bien, "los judíos no tienen tratos con los samaritanos"; sin embargo, cuando ambos están fuera del alcance de la sociedad, en su enfermedad, surge una intimidad entre ellos. Así, la calamidad común produce extrañas amistades. Estos hombres, que en cualquier otra circunstancia habrían sido enemigos mortales, se convirtieron en cómodos compañeros, al menos en la medida en que su enfermedad les permitía pensar en la comodidad.

¿No observas en todas partes cómo se congregan los pecadores? Los borrachos son criaturas gregarias; no suelen beber solos. La canción lasciva difícilmente es dulce a menos que brote de muchas lenguas. En la mayoría de los tipos de alegría que no son sabios, sabemos que es la compañía la que da el entusiasmo y produce la principal gratificación. Los hombres parecen tener una especie de anticipación del tiempo en que serán atados en fardos; alegremente se adelantan a su sombrío destino mientras se atan a sí mismos en fardos mientras todavía viven. ¡Oh, que los cristianos se adhirieran unos a otros tan estrechamente como lo hacen los pecadores! Que olvidaran sus diferencias, ya fueran judíos o samaritanos, y caminaran en amistad y amor. Si la enfermedad común unió a los leprosos, ¿cuánto más debería unirnos la misericordia común?

Pues bien, sucedió que todos estos diez leprosos, a la vez, aceptaron ir a Cristo, el gran Sanador. ¡Oh, qué misericordia es cuando todo un hospital lleno de pecadores acepta ir a Cristo de inmediato! Recuerdo, y nunca podré recordar sino con placer, la ocasión en que toda una compañía de amigos que eran simplemente gente mundana e irreligiosa, y que estaban acostumbrados a reunirse constantemente, fueron movidos con el deseo de venir a la casa de Dios. Y plugo a Dios dirigir de tal manera el tiro, que la mayoría de ellos fueron traídos bajo el poder divino. Algunos de los que están sentados aquí ahora, recordarán muy bien cuando solían hacer invitaciones para sus fiestas de convivencia los domingos por la noche. Pero ahora están con nosotros y son algunos de los miembros más útiles y vigorosos que tenemos. Es algo hermoso cuando los diez leprosos se ponen de acuerdo para venir juntos; será algo más grandioso cuando los diez leprosos estén todos curados y no quede ninguno que se lamente por haber sido desatendido.

Estos leprosos se convierten en un ejemplo para nosotros, pues acudieron a Jesús. Su enfermedad era asquerosa y repugnante. Así lo sentían. Su propia sociedad no podía soportarlos; necesitaban la salud y nada más que la salud perfecta los contentaría. ¿Cómo acudieron a Jesús? Primero fueron directamente, porque está escrito en la narración que cuando Cristo entró en una aldea, estos leprosos empezaron a gritar. No esperaron a que entrara en la casa más cercana, se sentara y tomara algún refrigerio. No, sino que le salieron al encuentro a las puertas de la aldea. Le acechan en los mismos portales. No pueden detenerse, no hay demora ni dilación para ellos. Oh pecador leproso, ve a Cristo de inmediato. Ve ahora, no te detengas hasta que hayas salido del santuario. No esperes a que termine el sermón. Está escrito: "Hoy, si oís Su voz, no endurezcáis vuestros corazones". Joven, en el umbral de tu vida, busca a Cristo. Ve ahora, tú que has comenzado a estar enfermo. Ve ahora, joven mujer, ahora que tus mejillas comienzan a palidecer de tisis. Ve ahora, ve de inmediato, ve instantáneamente al encuentro del Salvador sanador.

Iban humildemente. Se pararon lejos-nota eso. Sentían que no tenían derecho a acercarse. Así debemos acudir a nuestro Señor en busca de misericordia, conscientes de que no tenemos ningún derecho sobre Él, y permaneciendo, tal como lo hizo el publicano, a lo lejos, apenas atreviéndonos a levantar nuestros ojos al cielo, debemos clamar: "Dios, sé propicio a mí, pecador". William Dawson contó una vez esta historia para ilustrar cuán humilde debe ser el alma antes de que pueda encontrar la paz. Dijo que en una reunión de avivamiento, un muchachito que estaba acostumbrado a las costumbres metodistas-no cuento la historia por causa del metodismo, sino por causa de la moraleja-el muchachito fue a casa con su madre y le dijo: "Madre, Juan Fulano de Tal está bajo convicción y está buscando paz. Pero no la encontrará esta noche, madre". "¿Por qué, William?", preguntó ella. "Porque sólo se ha arrodillado una vez, madre, y no conseguirá la paz hasta que se arrodille las dos". Ahora la moraleja de esa historia, usándola metafóricamente, es cierta. Hasta que la convicción de pecado no nos ponga de rodillas, hasta que no nos humillemos por completo, hasta que no nos quede ninguna esperanza, ningún mérito, ninguna jactancia orgullosa, no podremos encontrar al Salvador. Y debemos estar dispuestos no a abrazarlo como María santificada, sino a mantenernos a distancia como los leprosos impuros.

Observa cuán fervientemente lo buscaban. Clamaban a gran voz, o, mejor dicho, "alzaban la voz y decían: ¡Jesús, Maestro, ten compasión de nosotros!". Se emulaban unos a otros. Uno gritaba con todas sus fuerzas: "¡Jesús, Maestro, ten compasión de nosotros!". Y otro parecía decir: "Eso no es suficientemente fuerte". Y entonces gritó: "¡Jesús, Maestro, ten piedad de nosotros!". Y así cada uno esforzaba su voz para llegar al oído del Salvador. No hay misericordia ganada sin santa violencia. "El reino de los cielos sufre violencia, y los violentos lo toman por la fuerza". Os acordáis de aquel ciego que estaba sentado en la orilla, un día, cuando pasó Jesús y, al oír el gran ruido de una turba que pasaba, dijo: "¿Qué es todo ese ruido?". Ellos respondieron: "Pasa Jesús de Nazaret". El hombre, con rápida percepción, percibió que aquí había una oportunidad para él, así que gritó con todas sus fuerzas: "¡Hijo de David, ten compasión de mí!" Ahora Cristo estaba en medio de un sermón y algunos de los Apóstoles, como algunos de nuestros buenos diáconos podrían hacer cuando hay un pequeño disturbio, se escabulleron de la multitud para decir: "¡Silencio, no hagan ese ruido! Molestaréis al Predicador". Pero él gritó: "¡Hijo de David, ten misericordia de mí!". "¡Cállate! El Maestro no puede atenderte". Y otros amigos celosos se reunieron a su alrededor y le habrían quitado de en medio, pero él gritó con más fuerza: "¡Tú, Hijo de David, ten compasión de mí!".

Pues bien, así es como debemos rezar si queremos obtener la misericordia. Las oraciones frías son rechazadas. El cielo no se obtiene con súplicas tibias. Calienten sus oraciones al rojo vivo, hermanos y hermanas. Imploren la sangre de Jesús. Supliquen como alguien que quiere prevalecer, y entonces prevalecerán.

Para no detenerme donde hay espacio de sobra para largas observaciones, permítanme dirigir su atención a la forma en que Cristo curó a estos diez leprosos.

Hay una singular variedad en los métodos de curación de Cristo. A veces es un toque. Otras veces, barro y saliva. Otras veces, una palabra. Esta vez les dijo: "Id y mostraos a los sacerdotes". No estaban limpios y, por lo tanto, podrían haberse dado la vuelta y decir: "¡Qué misión tan absurda! ¿Por qué hemos de ir a mostrar nuestra inmundicia a los sacerdotes? Maestro, ¿nos curarás o no? Si nos curas, podemos ir a ver a los sacerdotes. Si no, es una vana diligencia ir a los sacerdotes para ser condenados de nuevo a la reclusión". Sin embargo, no hicieron preguntas. Eran demasiado sabios para eso. Hicieron lo que se les dijo y, aunque estaban blancos y lejos de parecerse a los hombres de carne y hueso, los diez se pusieron en camino para ir a ver a los sacerdotes. Y, mientras iban, de repente se obró la curación y quedaron, todos y cada uno de ellos, limpios. ¡Oh, qué hermoso cuadro es éste del plan de salvación! Jesucristo dice: "Cree en mí y vivirás". ¡Oh, no sean insensatos! No digas: "Pero, Señor, sáname, y entonces creeré". No digas: "Señor, dame un corazón tierno y entonces vendré". "Señor, perdona mis pecados y entonces te amaré". Pero haz lo que Él te pide. Él te pide que confíes en Él, así que haz lo que Él te pide: confía en Él. Y mientras confíes en Él, mientras vayas a Él con la blanca lepra todavía en tu piel, mientras estés todavía en el camino, Él te sanará. Ustedes saben que no hemos de ser salvos primero, y creer en Cristo después; ese puede ser el orden de la revelación del pacto de Dios, pero no es el orden de nuestra aprehensión espiritual. Debemos creer primero, tal como somos: "Todos impuros e inmundos, no siendo otra cosa sino pecado.

Debo creer que Jesucristo puede salvarme. Debo confiarle mi alma para que Él la salve. Y, en el acto de hacerlo, encontraré la salvación. Te ruego que no seas tan necio como para decir: "Señor, me opongo a este método de procedimiento". No busques una preparación innecesaria. No vaciles ni te detengas hasta que te sientas listo para venir a Él.

> "Que la conciencia no te haga demorar,
> Ni de fitness soñar con cariño.
> Toda la aptitud que Él requiere
> Es sentir tu necesidad de Él-
> ¡Esto te lo da Él!
> Es el rayo ascendente del Espíritu".

Fijemos ahora nuestra atención más de cerca en el texto. Me parece ver a esos diez hombres: caminan penosamente por el camino, y a medida que avanzan se ven obligados a llevar un velo y a gritar, a medida que avanzan: "impuro, impuro, impuro", para advertir al grupo que hay leprosos en el camino. De repente, mientras marchan, uno de ellos se vuelve hacia su compañero y le dice: "Yo estoy limpio". Y el siguiente dice: "¡Yo también!". Y los diez se dan la vuelta y se miran unos a otros, y cada uno, al mirar primero su propia carne y luego la de sus compañeros, llega a la conclusión de que los diez han sido curados en un instante. "¿Qué hacemos?", dice uno de ellos. "Pues", dicen los otros, "será mejor que vayamos a ver a los sacerdotes y nos purifiquen oficialmente lo antes posible". "Tengo una granja", dice uno, "he estado mucho tiempo fuera de ella y me gustaría volver". "Ah", dice otro, "y hace muchos días que no veo a mi mujer. Déjame ir a ver al cura y luego a casa con ella". "Ah", dice otro, "ahí están mis queridos hijitos; espero pronto tomarlos sobre mis rodillas". "Sí", dice otro, "y quiero reunirme con mis viejos amigos, volver con mis antiguos compañeros".

Pero hay otro que dice: "No querrás decir que seguirás adelante, ¿verdad? Creo que deberíamos volver y dar las gracias al Hombre que nos ha sanado. Esta es la obra de Dios, y si hemos de ir y dar gracias a Dios en el templo, creo que primero deberíamos ir y dar gracias a Dios en el Hombre que nos ha hecho este beneficio, el Hombre, Cristo Jesús. Volvamos a Él". "¡Oh!", dice otro, "creo que es mejor que no vayamos. Si no vamos al sacerdote de inmediato, nuestros amigos no nos volverán a conocer y será una desgracia para nosotros, en años posteriores, si dicen: 'Ese es Juan el leproso. Ese es Samuel el leproso. Creo que es mejor que vayamos al sacerdote de inmediato, que se haga la cosa y que volvamos tan pronto como podamos. Veamos, tú ve a Betsaida y tú a Cafarnaún. Volvamos lo más discretamente posible y no digamos nada. Esa es nuestra política". "¿Qué?" dice el otro hombre-y era un samaritano-"¿Qué? ¿Hacer eso? Nunca se ha oído hablar de tanto amor como el que se nos ha mostrado, y un don como el que hemos recibido debería recibir algo parecido a la gratitud. Si tú no quieres volver, lo haré yo -dijo-. Y se volvieron, tal vez, y se rieron de él por su exceso de celo, y uno de ellos dijo: "Nuestro amigo samaritano siempre fue fanático". "Fanático o no," dice él, "he recibido tal favor que nunca podría pagarlo, aunque contara la sangre de mi vida en gotas, y, por tanto, regresaré a Él y caeré a Sus pies, y le adoraré como a Dios, viendo que ha obrado una obra divina en mí." Allá va. Cae a los pies de Jesús, le adora como a Dios, y con voz tan alta como una vez clamó: "Señor, ten piedad de mí", clama ahora: "Gloria, gloria, gloria sea a Tu nombre". Jesús responde: "¿No fueron diez los limpios? Pero ¿dónde están los nueve?".

Voy a utilizar la pregunta del Salvador, con ese cuadro ante ustedes, y espero que podamos dar cuenta satisfactoriamente de los nueve. La gratitud es algo muy raro. Si alguno de ustedes trata de hacer el bien para obtener gratitud, descubrirá que es uno de los negocios más inútiles del mundo. Si podéis hacer el bien, esperando ser maltratados por ello, obtendréis vuestra recompensa, pero si hacéis el bien con la expectativa de recibir gratitud a cambio, os llevaréis una amarga decepción. Si alguien se muestra agradecido por algo que hagas, sorpréndete por ello, pues el mundo suele ser desagradecido. Cuanto más hagas, más podrás hacer, y cuando hayas hecho lo mejor, tu amigo lo olvidará. Ay, que esto sea cierto, en un sentido espiritual, con respecto a los cristianos! Tomaré esa clase primero. ¿Cuántos hay en esta casa de Dios cuyos pecados han sido perdonados? Le deben a Cristo una curación mucho más maravillosa que la de ser limpiados de la lepra. El Señor los ha limpiado; son salvos de la muerte y del infierno. Pero, de las personas salvas en el mundo, ¿cuántas hay que ni siquiera hacen una profesión abierta de que son salvas? Son pocos los que vienen; ¿podría decir que sólo uno de cada diez? Son bautizados, les damos la mano derecha de la comunión, damos gracias a Dios; esto está bien, "pero ¿dónde están los nueve?". "¿Dónde están los nueve?"

De vez en cuando, un hermano que ha sido hecho partícipe de la gracia soberana se adelanta y dice: "Estoy del lado del Señor". Bendito sea Dios por eso. Pero, ¿no hay muchos que se esconden, como Saulo, entre las cosas? "¿Dónde están los nueve?" Camina por las calles. Recorran esta gran ciudad de Londres: ¿debemos creer que no hay más cristianismo en Londres que el que es aparente en nuestras congregaciones? No puedo creerlo. Espero que haya multitudes de verdaderos cristianos que nunca salieron y dijeron: "Soy un seguidor del Cordero". Pero, ¿es esto correcto? "¿Dónde están los nueve?" ¿Están donde hacen el bien? ¿No están en el lugar de los cobardes? ¿No están merodeando como desertores? "¿Dónde están los nueve?" ¡Cómo es que no dan gloria a Dios! Comprados con la sangre de Cristo, ¿por qué no reconocen que son Suyos? Siendo uno con Él secretamente, ¿por qué no se hacen uno con Él públicamente? Él dijo: "Si me amáis, guardad mis mandamientos". Oh, ustedes nueve, ¿dónde están?

Pero de los que hacen una profesión, para acercarnos a la mayoría de ustedes, ¡cuán pocos son los que la cumplen! Hacen la profesión y se llaman a sí mismos el pueblo de Dios. Y hay algunos cristianos, especialmente algunos en los senderos más humildes de la vida, cuyo caminar diario es el mejor sermón sobre religión que pueda predicarse. Con cuánta satisfacción he contemplado a menudo a muchas pobres muchachas que luchan duramente para ganarse el pan de cada día con su aguja, pero que adornan la doctrina de Dios incluso más que un obispo en el estrado. Y cómo he visto también a algunos de ustedes en otros rangos, y he notado su consistencia de vida, la incorruptibilidad de su honestidad: ¡cómo resisten las tentaciones, y no se dejan conmover por los sobornos, ni someter por las amenazas! Esto ocurre con muchos cristianos. Los encontrarás de vez en cuando, hombres que son como columnas de luz, como deseaba ser el santo Basilio, hombres que reflejan la imagen de Cristo. En cuanto los veáis, no tendréis necesidad de preguntaros: "¿De quién es esta imagen y esta inscripción?". Viven como Jesús. Su santidad, su espíritu amoroso, su oración, su mansedumbre, todo indica que son como el Salvador. Ah, esto es cierto para algunos: "pero, ¿dónde están los nueve?". "¿Dónde están los nueve?"

Ese tendero puede decir dónde están algunos, engañando al público. "¿Dónde están los nueve?" Algunos de ellos inconsistentes en su andar: mundanos con lo mundano, espumosos con lo ligero y trivial, tan vertiginosos y tan aficionados al placer carnal como cualquiera. "¿Dónde están los nueve?" Oh, hermanos y hermanas, si todos los que profesan ser el pueblo de Dios vivieran realmente de acuerdo a lo que profesan, ¡qué gran mundo sería este! ¡Cuán cambiado sería el comercio mundial! ¡Cuán diferentes sus mercancías y su tráfico! ¡Cuán alterada la apariencia de todo! ¡Qué bienaventurados los pobres, qué felices los ricos! ¿Dónde quedaría vuestro orgullo? ¿Dónde vuestro afán de alta gentileza? ¿Dónde vuestro anhelo de tanto respeto a las criaturas y de tanta grandeza terrena? Todo eso desaparecería si nos asemejáramos a Cristo. En el caso de algunos pocos, son librados de este presente mundo malo según la voluntad de Dios. "¿Pero dónde están los nueve?" "¿Dónde están los nueve?" Que su conciencia responda.

Y también en nuestras iglesias, ¡cuán pocos son los que, haciendo profesión de religión, son fervientes en ella! Si quieren buenas personas que vayan regularmente a la iglesia o a la capilla, suscríbanse un poco, algunas veces; no les importe pasar por la escuela dominical una vez al año. Sientan un buen trato por los pobres y los necesitados, sólo que no lo sientan en sus bolsillos. Si quieren buenas personas que deseen todo tipo de cosas buenas, pero que nunca las hagan, puedo encontrarlas tan fácilmente como puedo encontrar nidos de pájaros en invierno, cuando las hojas son arrancadas de los árboles. Pero si quieren a quienes se entregan en cuerpo, alma y fuerza a la causa de Dios, si quieren mujeres capaces de romper la caja de alabastro del precioso ungüento para Jesús, como lo hizo María, si quieren a quienes aman mucho porque mucho les ha sido perdonado, difícilmente creo que encuentren a una de cada diez. Y es muy probable que uno de cada diez sea una samaritana que, en su estado anterior, estaba llena de pecado, o un hombre que, antes de su conversión, era uno de los más viles de los viles. A menudo encontrarán allí un amor puro y perfecto, cuando tal vez no lo encuentren en ningún otro lugar. Doy gracias a Dios porque en esta congregación hay muchos que consistente y alegremente entregan su sustancia al Señor: uno de cada diez; "pero, ¿dónde están los nueve?". Doy gracias a Dios porque en esta congregación hay muchos obreros sinceros, de modo que las escuelas dominicales del vecindario se abastecen principalmente con nuestra congregación. Esto es bueno, pero, "¿dónde están los nueve?".

Doy gracias a Dios por aquellos hombres que se paran en la calle y predican, y por aquellos hermanos y hermanas que distribuyen folletos, o de otras maneras buscan servir a su Maestro. Esto es noble de su parte; pero, ¿cuántos lo hacen? "¿Dónde están los nueve?" Convocad a los miembros de la iglesia, hacedlos desfilar a todos y dejad que los ojos del oficial recorran las filas y dirá: "Sí, allí hay uno que sirve bien a su Señor. Destaca. Uno, dos, tres, cuatro, cinco, seis, siete, ocho, nueve; pueden continuar". Aquí viene otro: "Sí, este hombre vive por la causa de Cristo. Tú también puedes destacar. Uno, dos, tres, cuatro, cinco, seis, siete, ocho, nueve; puedes continuar; no haces nada en absoluto". Me temo que el promedio es aún menor en algunas iglesias, y yo podría, si me dirigiera a algunas congregaciones, no sólo decir: "¿Dónde están los nueve?", sino: "¿Dónde están los noventa y nueve?". Porque 99 de cada cien entre algunos profesantes no viven para Dios con celo, con fuego, con fervor y con seriedad. No, mis hermanos y hermanas, cuando sacan a hombres como Brainerd. Cuando traen a las primeras filas a hombres como Henry Martyn, a evangelistas como Whitefield y Wesley, a esforzados misioneros de la cruz como Robert Moffat o John Williams, pueden decir, después de haberlos mirado: "Sí, éstos lo hacen bien. Le deben mucho a Dios y viven como si lo sintieran". Pero, ¿dónde están los noventa y nueve? ¿Dónde están los novecientos noventa y nueve? Todos debemos tanto como ellos, pero ¡oh, qué poco hacemos! La tierra ha sido arada tanto, regada tanto y sembrada tan bien, pero nosotros no producimos veinte veces, mientras que ellos producen cien.

"¿Dónde están los nueve?" Vamos, no me gustaría dejar este punto hasta que haya encontrado a algunos de los nueve. ¿No hay algunos de los miembros de mi propia iglesia que no están haciendo nada? No ayudan a la escuela dominical. Necesitamos que varios jóvenes, hombres y mujeres, vayan a las escuelas de la calle Kent para enseñar los sábados, y ésa es una de las razones por las que quiero averiguar dónde están los nueve. Hay un noble campo de trabajo en medio de la pobreza y la degradación de Kent Street y creo que nosotros, como iglesia, debemos ocuparnos de esa localidad. "¿Dónde están los nueve?" ¿No me estoy dirigiendo a algunos que no hacen nada por Cristo? Cuando los hermanos y hermanas, de vez en cuando me dicen: "Bueno, señor, ¿qué vamos a hacer?" Suelo sospechar que son más bien perezosos, pues una persona industriosa pronto encuentra mucho que hacer en una ciudad como ésta. Pero si hay alguno de los nueve presentes, permítanme llamarlo. Por su propio consuelo, por el bien del mundo, por el bien de Cristo, por el bien de su alma, porque los hombres están muriendo, el tiempo vuela, la eternidad se apresura, vengan, se los ruego, vengan, ustedes que son de los nueve. A veces, ante la perspectiva de la muerte, uno se siente como el venerable Bede, quien, cuando casi había traducido el Evangelio de Juan, dijo al joven que escribía al dictado: "Escribe rápido, escribe rápido, porque me estoy muriendo. ¿Hasta dónde has llegado? ¿Cuántos versos faltan?" "Tantos". "Más deprisa, más deprisa", le dijo, "escribe más deprisa, que me muero". Cuando por fin dijo: "He llegado al último verso", el buen anciano se cruzó de brazos, cantó la Doxología y se durmió en Jesús. Deprisa, hermano, deprisa. Nunca terminarás el capítulo si no trabajas y escribes deprisa. Rápido, rápido, tu hora de morir está tan cerca, y entonces, cuando hayas terminado, si has trabajado rápidamente para Cristo, aunque no sea por deuda sino por gracia, podrás decir: "Señor, ahora deja que Tu siervo parta en paz", y con la Doxología en tus labios temblorosos irás a cantar la Doxología en acordes más dulces en lo alto.

Habiendo tratado así, de forma un tanto áspera, a los profesores de religión, voy a referirme a los que han recibido favores especiales de Dios. Como los diez leprosos, hay muchos en el mundo que han recibido favores muy especiales. ¿Cuántos están presentes esta noche que han tenido fiebre, cólera o alguna enfermedad que parecía ser mortal? Bendigo a Dios porque la última vez que me senté a ver a los que preguntaban, un número muy considerable trazó su conversión a los lechos de los enfermos. Allí fueron despertados y después subieron a la casa de Dios...

"Pagar los votos

Sus almas en angustia hicieron".

Sí, ¡esos son los tipificados por el samaritano! "¿Pero dónde están los nueve?" ¿No hay uno de ellos bajo la galería, allí a la derecha, aquel que estuvo a punto de ahogarse en el mar y, justo entonces, oh, cómo juró que si Dios lo perdonaba, viviría al servicio de Dios? Pero él es uno de los nueve. ¿Acaso no tengo a otro, allá, que fue entregado por el médico, y que, como Ezequías, volvió su rostro hacia la pared y dijo: "Señor, sólo déjame vivir, y seré un hombre diferente"? Pero si hay alguna diferencia, ha sido más bien peor que mejor. Hay otro de los nueve. No necesito salir a buscar a los otros siete; están todos aquí. Algunos de ellos han estado enfermos, algunos han sufrido algún "accidente", algunos han sido operados, algunos han pasado por peligros inminentes tanto en tierra como en el mar, y algunos han conservado sus vidas -creo que los veo ahora- hasta un período muy avanzado de la vida. "¿Dónde están los nueve?" Hay uno de los nueve aquí: ha pasado sus sesenta años y diez, y mientras que algunos de su edad han sido llevados a conocer al Señor en razón de Su bondad y amabilidad al alargarles así la vida, él todavía permanece y no da gloria a Dios. Oh almas, mentir a Dios es mentir con venganza. Prometerle y no cumplirle, ¿qué? ¿Se juega con Dios? ¿Jugarás rápido y suelto con Él? ¿Os atrevéis a engañar al Altísimo, prometiéndole esto y aquello, y luego incumpliendo vuestra promesa? En el nombre de Dios, tú nueve, te cito a hacer tu aparición en el último gran bar, a menos que ahora te conviertas del error de tus caminos. Que el Espíritu de Dios os haga volver, pues, de lo contrario, cuando se haga la pregunta: "¿Dónde están los nueve?", seréis arrastrados, y vuestros votos, vuestras ataduras y vuestros privilegios serán esgrimidos en vuestra contra, y serán rápidos testigos en vuestra contra para siempre.

"¿Dónde están los nueve? "Puedo recordarte las misericordias comunes que todos disfrutamos. Alimentados cada día por la generosidad divina, vestidos por la caridad del Cielo, provistos de aliento por Dios, hay algunos que viven para alabarle, algunos que devuelven ese aliento en alabanza que Dios prolonga en misericordia, que gastan esa vida para Su honor que Su longanimidad permite que dure. Pero éstos no son más que uno de cada diez, ¿debería decir uno de cada diez mil? "¿Dónde están los nueve?" Aquí están algunos de ellos: hombres que viven de Dios, pero nunca viven para Dios. Hombres que van de la mañana a la noche sin orar; que se levantan de la cama por la mañana y comienzan su labor, y se meten en ella por la noche, se duermen de nuevo, pero nunca pronuncian, nunca sienten un "gracias a Dios por el favor de este día". Ni un soplo del corazón hacia el Dios que está en los cielos. Como brutos viven y como brutos morirán. Sólo que, a diferencia de los brutos, resucitarán y recibirán, por las obras realizadas en el cuerpo, la debida recompensa por el mal que han hecho. "¿Dónde están los nueve?" Que la pregunta te provoque el llanto por tu ingratitud y te lleve a dirigirte a Dios.

Pero, para usar la pregunta de otro modo, ¿dónde están los nueve que han escuchado el Evangelio? Últimamente el Señor ha sido muy bondadoso con nuestra ciudad. Nuestros predicadores no han estado tan muertos y aburridos como antes. Los teatros han resonado con el nombre de Jesús. Hombres como Radcliffe, y North, con Richard Weaver, principal y más destacado, y el Sr. Denham Smith, han predicado la Palabra con poder, y de entre las multitudes que han entrado y salido de los teatros, algunos se han convertido a Dios; pero "¿dónde están los nueve?". "¿Dónde están los nueve?" Y también en esta casa, con sus pasillos y sus asientos abarrotados tan constantemente, ¿cuántos miles escuchan nuestra voz? Sí, doy gracias a Dios, algunos no en vano, pues algunos de toda clase, de todo rango y condición han creído en Jesús; pero, aun así, "¿dónde están los nueve?". Cristianos, ¡he aquí una pregunta solemne para ustedes! Se está haciendo mucho bien en Londres en este momento, pero nos preguntamos si toda la labor evangélica en Londres es llevada a cabo por uno de cada diez. Entonces, "¿dónde están los nueve?"

Cuando la semana pasada estuve en algunas de las callejuelas del vecindario de Kent Street, me alegró mucho, a medida que avanzaba, observar en una casita: "Aquí se celebran reuniones de cabaña". Un poco más allá, una "Ragged School". Un poco más allá, "una reunión de oración celebrada aquí dos veces por semana". Apenas podía ver una calle, por muy baja que fuera, que pareciera no tener rastros de esfuerzo y acción religiosos. No podría haber dicho esto hace siete años. Creo que los signos de los tiempos son favorables, pero, sin embargo, el esfuerzo realizado no está en absoluto a la altura de la terrible necesidad de la época. Ustedes hacen mucho. La Misión de la Ciudad hace mucho. Su distribución de tratados, a pesar de todo lo que se dice en su contra, hace mucho. Su predicación callejera hace mucho más de lo que los críticos permiten. Creo que se hace más bien predicando en las calles que predicando dentro de las paredes, con algunas pocas excepciones. Continúen con lo que se está haciendo, pero multipliquen sus agencias, porque dejen que esta pregunta los impulse: "¿Qué hay de los nueve? ¿Qué de los nueve?"

Oh, queridos amigos, si pudiéramos esperar que uno de cada diez habitantes de esta gran ciudad se convirtiera, podríamos hacer sonar las campanas mucho más alegremente que cuando la princesa pasaba por las calles. Pero me temo que no hemos llegado a eso. Sin embargo, si lo hubiéramos hecho, sería una pregunta solemne que nos hiciéramos: "¿Qué hay de los nueve?". Me temo que algunos de esos nueve vienen aquí. Están aquí esta noche inconversos. Oh, queridos amigos, ¿recuerdan cuando eran jóvenes? Erais diez: tú eres el único que queda. ¿Qué hay de los nueve? Están todos muertos. Por lo que ustedes saben, todos están perdidos y ustedes son los únicos que quedan. ¡Oh, que Dios te haga suyo esta noche! O puede ser que hayas estado escuchando durante mucho tiempo la Palabra de Dios, y hayas visto a uno convertido, y a otro convertido, pero allí estás tú, y tus otros compañeros todavía sin ser bendecidos. ¡Oh, que tú, el nueve, pudieras ser traído! Debemos orar a Dios para que convierta a los nueve. No podemos dejar que se vaya con uno; debemos hacer que los nueve sean traídos. Llegará el día en que Cristo se sentará en el trono de Su gloria, y vendrán ante Él los unos, y Él dirá: "Venid, benditos"; pero después de que haya hecho eso, bien podría decir: "Yo di aliento a más que éstos; yo envié el Evangelio a más que éstos. A más que a éstos envié el Evangelio. Fui misericordioso con más que éstos. ¿Dónde están los nueve? Y entonces, ustedes nueve, deben hacer su aparición. Y Él os dirá: "Os di de comer, pero no vivisteis para Mí. Os llamé, pero no quisisteis venir. Os invité, pero no quisisteis volver. Y ahora, vosotros nueve, marchaos, malditos, al fuego eterno preparado para el diablo y sus ángeles".

Pero "esperanza" es la palabra para esta noche, ¡incluso para los nueve! Que Dios se complazca en darles esperanza interior mientras yo expreso esperanza exterior. Jesús murió. Su muerte es tu vida. Confía en Él y serás salvo. Descansa en Él con todo tu peso. Arrójate de lleno sobre Él; no tengas nada que ver con pararte en tus propias fuerzas, sino postrado al pie de Su amada cruz, ponte de rodillas, y no serás contado con los nueve, sino que regresarás para dar gloria a Dios, aunque hasta ahora hayas sido un samaritano, un extranjero, el primero de los pecadores. ¡Que Dios añada su bendición, por amor de Jesús! Amén.

Sermón #2317—Obedecer las Órdenes de Cristo

DESTINADO A SER LEÍDO EL DÍA DEL SEÑOR, 16 DE JULIO DE 1893.

PRONUNCIADA POR C. H. SPURGEON,

EN EL TABERNÁCULO METROPOLITANO, NEWINGTON, EL JUEVES 13 DE JUNIO DE 1889 POR LA NOCHE.

"Su madre dijo a los criados: Haced lo que Él os diga". Juan 2:5.

No hace falta una gran imaginación para imaginarse a María, probablemente en aquel momento la madre viuda de nuestro Señor. Está llena de amor y tiene una disposición naturalmente amable y simpática. Está en una boda y se alegra mucho de que su Hijo esté allí, con el primer puñado de sus discípulos. El hecho de que estén allí ha hecho que las provisiones sean más solicitadas de lo que se esperaba, y las provisiones se están agotando, por lo que ella, con la ansiedad natural de una madre de su edad y de su espíritu bondadoso, piensa hablar con su Hijo y decirle que hay necesidad. Así que le dice: "No tienen vino".

No había mucho de malo en ello, sin duda, pero nuestro Señor, que no ve como ve el hombre, percibió que ella estaba poniendo al frente su relación maternal en un momento en que era necesario que estuviera en segundo plano. Cuán necesario era, lo ha demostrado la historia, pues la iglesia apóstata de Roma ha hecho de María una Mediadora y se le han dirigido oraciones. Incluso se le ha pedido que use su autoridad maternal con su Hijo. Era bueno que nuestro Salvador pusiera freno a todo lo que pudiera tender a dar algún apoyo a la Mariolatría, que ha sido en conjunto tan maliciosa. Y era necesario que le hablara a su madre con algo más de agudeza de lo que, tal vez, su conducta, por sí sola, hubiera requerido. Así que su augusto Hijo se sintió obligado a decirle: "Mujer, ¿qué tengo yo que ver contigo en un asunto como éste? Yo no soy tu Hijo como hacedor de milagros. No puedo obrar para complacerte. No, si hago un milagro como Hijo de Dios, no puede ser como tu Hijo; debe ser con otro carácter. ¿Qué tengo yo que ver contigo en este asunto?". Y da su razón: "Todavía no ha llegado mi hora".

Fue una reprimenda suave, absolutamente necesaria por la presciencia de todo lo que vendría después. Es fácil imaginar cómo se lo tomó María. Conocía la mansedumbre de Cristo, su infinito amor, cómo durante treinta años nunca había venido de Él nada que entristeciera su espíritu. Así que se tragó la reprimenda y retrocedió suavemente, pensando mucho más de lo que decía, pues siempre fue una mujer que guardaba estas cosas y las meditaba en su corazón. Ella dice muy poco, pero piensa mucho; y vemos en su conducta posterior, con respecto a este mismo milagro, que pensó mucho en lo que Jesús le había dicho. Hermanos y hermanas, ustedes y yo, con las mejores intenciones, podemos a veces equivocarnos hacia nuestro Señor. Y si Él, entonces, de alguna manera nos reprende y nos hace retroceder, si defrauda nuestra esperanza, si no permite que prosperen nuestros ambiciosos designios, tomémoslo de Él como María lo tomó de Jesús. Sintamos simplemente que debe ser justo, y poseámonos, en silencio, en Su Presencia.

Obsérvese, pues, la quietud de esta santa mujer, que deja de decir una palabra y se lo bebe todo en silencio. Y luego observen su sabia admonición a los sirvientes que estaban allí para servir en el banquete. Puesto que ella había corrido delante de Él, quería que le siguieran, y muy sabia y amablemente les dice: "Lo que Él os diga, hacedlo. No se dirijan a Él con ninguna de sus observaciones. No traten de presionarlo. No le insistan; Él lo sabe mejor que nosotros. Apártense y esperen hasta que Él hable, y entonces apresúrense a obedecer cada una de las palabras que Él pronuncie." Amados, desearía que cuando hayamos aprendido una lección, tratáramos de enseñarla. Algunas veces nuestro Maestro nos da una palabra aguda para nosotros solos, y no le decimos a nadie más lo que Él ha dicho. En nuestras comuniones privadas, Él ha hablado a nuestra conciencia y a nuestro corazón, y no necesitamos ir y repetirlo, como no lo hizo María. Pero, habiendo aprendido bien la lección, digamos entonces a nuestro próximo amigo: "No te equivoques como yo. Evita la roca en la que acabo de chocar. Temo haber contristado a mi Señor. Hermana mía, no quisiera que lo contristaras. Hermano mío, yo trataría de decirte exactamente qué hacer para que puedas agradarle en todas las cosas". ¿No creen que ministraríamos a la edificación mutua si hiciéramos eso? En lugar de contar las faltas de otros, extraigamos la esencia de los descubrimientos que hacemos de nuestros propios errores, y luego administremos eso como una medicina útil a quienes nos rodean.

Esta santa mujer debió de hablar con mucha fuerza. Su tono debió de ser particularmente enérgico, y sus modales debieron de causar una gran impresión en los criados, pues notemos que hicieron exactamente lo que ella les dijo. No todos los criados permiten que una invitada entre en la casa y se erija en señora. Pero así era cuando ella hablaba a aquellos sirvientes, con sus tonos profundos y serios, como una mujer que había aprendido algo que no podía decir, pero que, sin embargo, de esa experiencia, había extraído una lección para los demás. Debió de hablar con una maravillosa fuerza de fusión cuando les dijo: "Todo lo que Él os diga, hacedlo". Y todos miraban con asombro después de que ella había hablado, bebiendo en su mensaje a ellos como ella había bebido en el mensaje del Señor.

Ahora quiero, esta noche, tratar de enseñarme esa lección a mí mismo y a ustedes. Pienso que nuestra propia experiencia nos demuestra que nuestra más elevada sabiduría, nuestra mejor prosperidad, radicará en mantenernos cautelosamente detrás de Cristo, y nunca correr delante de Él, nunca forzar Su mano, nunca tentarlo como lo hicieron quienes tentaron a Dios en el desierto-prescribiéndole que hiciera esto o aquello-sino, en santa y humilde obediencia, tomando estas palabras como nuestro lema de vida de aquí en adelante: "Todo lo que Él os diga, hacedlo." Trataré mi texto de esta manera: primero, ¿qué? Segundo, ¿por qué? Tercero: ¿Qué, entonces?

I. ¿QUÉ ES LO QUE SE NOS DICE QUE HAGAMOS? En una palabra, es obedecer. Ustedes que pertenecen a Cristo y son Sus discípulos, presten atención a esta palabra de exhortación: "Todo lo que Él les diga, háganlo".

Quiero que noten, en primer lugar, que estas palabras fueron dichas, no a los discípulos de Cristo, sino a los sirvientes que, en griego, son llamados aquí diakonois, las personas que fueron traídas para servir la mesa y atender a los invitados. No sé si se trataba de criados a sueldo o de amigos que se ofrecían amablemente, pero eran los camareros del banquete. No se les dijo que dejaran a su amo. No se les dijo que renunciaran a su vocación de camareros. Eran siervos y debían seguir siéndolo, pero, a pesar de todo, debían reconocer a Cristo como su Maestro sin dejar de obedecer al dueño del banquete. María no les dice: "Dejad esas ollas, dejad de llevar esos platos". Dejad de llevar esos platos". Sino que, mientras ellos siguen haciendo lo que estaban haciendo, ella les dice: "Todo lo que Él os diga, hacedlo". Me pareció que ese punto merecía nuestra atención, que estos siervos, permaneciendo aún como estaban, debían rendir obediencia a Cristo.

Esa obediencia, en primer lugar, sería una obediencia preparada. María vino a preparar sus mentes para hacer lo que Cristo les mandara. Ningún hombre obedecerá a Cristo de repente y seguirá haciéndolo. Debe haber un sopesar, un considerar. Debe haber un conocimiento reflexivo y cuidadoso de cuál es Su voluntad, y una disposición del corazón: que cualquiera que sea esa voluntad, como es conocida, así se hará. Al principio estos sirvientes no hicieron nada. Los invitados necesitaban vino, pero los sirvientes no fueron a Jesús y le dijeron: "Maestro, se necesita vino". No, sino que esperaron hasta que Él les ordenó que llenaran las tinajas con agua, y entonces las llenaron hasta el borde. Pero no hicieron nada hasta que Él se los ordenó. Una gran parte de la obediencia consiste en no hacer. Creo que en la ansiedad de muchos corazones temblorosos, la mejor fe se verá en no hacer nada. Cuando no sepas qué hacer, no hagas nada, y no hacer nada, hermanos míos, será, a veces, el trabajo más duro de todos. En el caso de un hombre de negocios que se ha encontrado en una dificultad, o de una hermana con un hijo enfermo, o un marido enfermo, sabéis que el impulso es hacer una cosa u otra. Si no es lo primero que se nos ocurre, sentimos que debemos hacer algo. Y muchas personas han agravado su pena haciendo algo, cuando, si lo hubieran dejado valientemente solo, creyendo que lo dejaban en las manos de Dios, habría sido infinitamente mejor para ellos.

"Todo lo que Él os diga, hacedlo". Pero no hagas lo que cada capricho o fantasía de tu pobre cerebro te impulsa a hacer. No corras antes de ser enviado. Quienes corren delante de la nube de Dios tendrán que regresar otra vez, y serán muy felices si encuentran el camino de regreso. Donde la Escritura calla, ¡cállate tú! Si no hay una orden, es mejor que esperes hasta que encuentres alguna guía. No avancen precipitadamente con ansiedad, no sea que caigan en la zanja. "Hagan lo que Él les diga. Pero hasta que Él hable, quédate quieto. Alma mía, sé paciente delante de Dios, y espera hasta que conozcas Su mandato.

Esta obediencia preparada debía ser la obediencia del espíritu, porque la obediencia reside principalmente en él. La verdadera obediencia no siempre se ve en lo que hacemos o dejamos de hacer, sino que se manifiesta en la perfecta sumisión a la voluntad de Dios, y en la firme resolución que satura el espíritu de principio a fin, de que haremos lo que Él nos ordene.

Que tu obediencia, en segundo lugar, sea una obediencia perfecta. "Todo lo que Él os diga, hacedlo". Es desobediencia, y no obediencia, lo que nos impulsa a seleccionar de los mandamientos de Cristo cuáles nos importa obedecer. Si dices: "Haré lo que Cristo me mande hasta donde yo elija", en realidad has dicho: "No haré lo que Cristo me mande, sino que haré lo que me plazca hacer". No es verdadera la obediencia que no es universal. Imaginen a un soldado en el ejército que, en lugar de obedecer cada orden de su capitán, omite esto y aquello, y dice que no puede evitarlo, o que incluso tiene la intención de omitir ciertas cosas. Amados, ¡cuidado con arrojar al estercolero cualquier precepto de vuestro Señor! Cada palabra que Él te ha dicho es más preciosa que un diamante. ¡Valoradla! Guárdala. Llévala. Que sea tu ornamento y tu belleza. "Todo lo que Él te diga, hazlo", ya sea que se relacione con la Iglesia de Dios y sus ordenanzas, o con tu caminar al aire libre entre tus semejantes, o con tu relación en la familia, o con tu propio servicio privado para el Señor. "Lo que sea. Vean, aquí no debe haber recortes, no se deben cortar ciertas cosas: "Lo que Él les diga, háganlo". Haz esta oración en el momento presente: "¡Señor, ayúdame a hacer todo lo que Tú has dicho! ¡Que no tenga elección! Que nunca permita que mi propia voluntad interfiera, sino que si Tú me has dicho que haga algo, ¡permíteme hacerlo, sea lo que sea!"

Esta obediencia, entonces, siendo preparada y perfecta, ha de ser también una obediencia práctica: "Todo lo que Él os diga, hacedlo." No piensen en ello, especialmente por mucho tiempo, y luego esperen hasta que esté más impreso en ustedes, o hasta que haya un tiempo conveniente. "Lo que Él os diga, hacedlo". Uno de los grandes males de los tiempos es el de deliberar acerca de un claro mandamiento de Cristo y preguntarse: "¿Cuál será el resultado de ello?". ¿Qué tiene que ver con los resultados? "Pero si sigo a Cristo en todas las cosas, ¡puedo perder mi trabajo!". ¿Qué tiene usted que ver con eso? Cuando a un soldado se le dice que suba a la boca del cañón, es muy probable que pierda su "empleo" y algo más; pero está obligado a hacerlo. "¡Oh, pero podría perder mis oportunidades de ser útil!". ¿Qué quieres decir? ¿Que vas a hacer el mal para que venga el bien? De eso se trata. ¿Realmente mirarás ese asunto cara a cara delante de Dios? "Todo lo que Él os diga, hacedlo". A cualquier costo, a cualquier riesgo, ¡hazlo!

He oído a algunos decir: "Pues a mí no me gusta hacer las cosas deprisa". Muy bien, pero ¿qué dice David? "Me apresuré, y no tardé en guardar tus mandamientos". Recuerden que pecamos cada momento que nos demoramos en hacer cualquier cosa mandada por Cristo. No puedo decir si cada momento de demora es un nuevo pecado; pero si descuidamos cualquier mandamiento Suyo, estamos viviendo en una condición de perpetuo pecado contra Él, y esa no es una posición deseable para que viva ninguno de los discípulos de Cristo. Amados, "todo lo que Él os diga, hacedlo". No discutan en contra de ello ni traten de encontrar alguna razón para no hacerlo. He conocido a algunos creyentes a quienes no les ha gustado que se lean ciertos pasajes de la Escritura en el altar familiar, porque más bien han perturbado sus conciencias. Si hay algo en la Biblia que te perturba, estás equivocado; la Biblia no lo está. Pónganse de acuerdo de inmediato, y los únicos términos serán: obedezcan, obedezcan, obedezcan la voluntad de su Señor. No les estoy presentando esto como un camino de salvación; ustedes saben que yo nunca pensaría en hacer eso. Estoy hablando a aquellos de ustedes que son salvos. Ustedes son los siervos de Cristo, sus salvados. Y ahora han llegado a la santa disciplina de Su casa, y esta es la regla: "Todo lo que Él les diga, háganlo."

Hazlo en la práctica. ¿No hemos estado hablando demasiado acerca de lo que deberían hacer nuestros amigos, u observando lo que otros no hacen? Oh, que el Espíritu de Dios venga sobre nosotros para que nuestro propio caminar sea cercano a Dios, nuestra propia obediencia sea precisa y exacta, nuestro propio amor a Cristo sea probado por nuestro continuo seguimiento de Sus pasos. La nuestra debe ser una obediencia práctica.

También debe ser obediencia personal: "Todo lo que Él os diga, hacedlo". Ustedes saben cuánto se hace por poder, hoy en día. La caridad se hace así. A tiene mucha necesidad. B se entera y lo siente mucho. Y entonces le pide a C que venga y ayude a A. ¡Y entonces B se va a la cama y siente que ha hecho algo bueno! O bien, cuando A le ha contado su historia a B, éste se asoma para ver si hay alguna Sociedad que le ayude, aunque nunca se suscribe a la Sociedad porque no piensa hacerlo. Su parte es sólo pasar A a C, o a la Sociedad y, habiendo hecho eso, se siente satisfecho. ¿Queréis que el Salvador diga en el último gran día: "Tuve hambre y me enviasteis a otro", o "Tuve sed y me llevasteis a beber a la bomba de la parroquia"? Nada de eso. Debemos hacer algo personalmente por Cristo.

Lo mismo ocurre cuando se trata de ganar almas para Cristo. No hay nada como hablar personalmente con la gente, abotonarlos, mirarlos a los ojos, hablarles de su propia experiencia personal y suplicarles que vuelen a Cristo en busca de refugio. Lo que se necesita es obediencia personal. Si una de estas personas que estaban esperando hubiera dicho, cuando Cristo dio la orden de llenar los cántaros: "Juan, ve y hazlo. Guillermo, ve tú y hazlo"-no habría seguido el mandato de María: "Todo lo que Él os diga, hacedlo". ¿Toco la conciencia de alguien aquí? Bien, si es así, de ahora en adelante deja de ser un siervo de Dios por poder, no sea que seas salvado por poder, y ser salvado por poder será estar perdido. Pero confía en Cristo por ti mismo, y luego sírvele por ti mismo, por Su propia gracia poderosa: "Todo lo que Él te diga, hazlo."

También debe ser una obediencia pronta. Háganla de inmediato; la demora le quitará el florecimiento a la obediencia. "Todo lo que Él os diga," estad listos para obedecer. En el momento en que el soldado recibe la orden: "Marchen", marcha. En el momento en que una orden llega a tu corazón, y ves que está realmente en la Palabra de Dios, ¡hazla! ¡Oh, las resoluciones asesinadas que rondan la vida de la mayoría de los hombres! ¡Lo que habrían hecho! Lo que podrían haber hecho, si lo hubieran hecho. Pero han estado construyendo castillos en el aire, imaginando vidas que les gustaría llevar y no cumpliendo realmente los mandamientos de Cristo. ¡Oh, por un servicio pronto, personal y práctico al Señor Jesucristo!

Y en nuestro caso ha de ser obediencia perpetua. María dijo a estos mozos: "Todo lo que Él os diga, hacedlo". "Seguid haciéndolo. No sólo lo primero que Él diga, sino todo lo que Él os diga. Mientras dure esta fiesta y Él esté aquí, haced lo que mi Hijo os mande". Así que, amados, mientras estemos en este mundo, hasta la última hora de la vida, que el Espíritu Santo nos capacite para hacer exactamente lo que Jesús nos ordena. ¿Pueden decir, hermanos míos-

"Jesús, yo mi cruz he tomado, Todo para dejar, y seguirte"?

¿Es tu deseo que, hasta que entres en Su reposo, lleves siempre Su yugo y sigas Sus pasos? Los cristianos temporales no son cristianos. Los que piden permiso para ausentarse de este servicio divino nunca han entrado en él. Nos hemos puesto el uniforme para no quitárnoslo nunca. Así como ciertos antiguos caballeros en tiempos de guerra dormían con su armadura, y tenían la lanza y el escudo siempre a la mano, así debe ser el cristiano, desde ahora y para siempre. "No es nuestro razonar por qué", no es nuestro demorar cuando llega la orden, sino que es nuestro, mientras haya aliento en nuestro cuerpo y vida en nuestro espíritu, servir a Aquel que nos ha redimido con Su preciosa sangre.

De este modo he expuesto débilmente ante ustedes lo que estamos llamados a hacer, es decir, obedecer las órdenes de Cristo.

II. Ahora, por unos minutos, preguntémonos: ¿POR QUÉ HA DE HACERSE ESTO? Amados, ¿por qué debían estos hombres hacer lo que Jesús les dijo? Dejemos que eso se funda en: "¿Por qué hemos de hacer tú y yo lo que Jesús nos diga?".

En primer lugar, Cristo es, por naturaleza, digno de obediencia. Considero un honor servir a Cristo. Oh, ¿qué es Él? El Hombre perfecto, que se eleva noblemente por encima de todos nosotros. Dios perfecto, infinitamente majestuoso en Sus dos naturalezas. Vaya, me parece como si debiéramos amar cumplir Sus órdenes y anhelar ser conformados a Su imagen. Aquí está el descanso para nuestro espíritu aspirante. Aquí están la gloria y el honor y la inmortalidad por los que suspiramos. Por la gloria de Cristo, a quien adoras invisiblemente: "Todo lo que Él te diga, hazlo".

Además, Cristo es nuestra única esperanza. Todas nuestras perspectivas de futuro dependen de Él. Gloria sea a su bendito nombre. No hay nadie como Él. Si Él se alejara de nosotros, y no pudiéramos confiar en Él, la vida sería una oscuridad sin fin, un abismo de infortunio. Por toda la gloria de Su naturaleza, y por todo lo que le debemos, y por todo lo que esperamos de Él, les exhorto, amados amigos: "Todo lo que Él les diga, háganlo".

Más que eso, Él es Omnisapiente, y tan apto para dirigir. ¿Quién sino Él podría sacar a esta gente de sus problemas en el banquete cuando necesitaban vino? Él conocía el camino para salir de todo aquello, un camino que manifestaría Su propia gloria, haría que Sus discípulos creyeran en Él y haría felices a todos los de alrededor. Pero si Él no mostraba el camino, nadie podría hacerlo. Así que obedezcámosle, porque Sus órdenes son muy sabias. Él nunca se ha equivocado y nunca lo hará. Confiemos nuestro camino a Su custodia, y hagamos todo lo que Él nos diga.

Además, amados, Cristo ha recompensado antes nuestra obediencia. ¿Alguna vez actuaste correctamente y, después de todo, descubriste que era un error? Algunos de nosotros hemos tenido que hacer cosas muy penosas en nuestro tiempo que han ido muy en contra de la corriente. ¿Las volveríamos a hacer? Sí, lo haríamos, ¡aunque nos costaran diez veces más! Ningún hombre se ha arrepentido jamás, al mirar hacia atrás, de haber seguido la voz de su conciencia y los dictados de la Palabra de Dios, y nunca lo hará, aunque fuera incluso a la cárcel y a la muerte por causa de Cristo. Puedes perder por Cristo, pero nunca perderás por Cristo. Cuando todo se sume, serás un mayor ganador debido a la pérdida aparente. Él nunca te ha engañado y nunca te ha extraviado. La obediencia a Él siempre te ha traído una paz sólida y real. Por tanto, "todo lo que Él os diga, hacedlo".

Sin embargo, una vez más, Cristo es nuestro Maestro y debemos obedecerle. Yo espero, amados, que no haya nadie entre nosotros que le llame Maestro, y sin embargo no haga las cosas que Él dice. No hablamos de Él como de alguien que una vez fue grande, pero que se ha ido, y cuya influencia ahora está en decadencia porque no está a la altura del "espíritu de la época". No, pero Él todavía vive y todavía estamos en comunión con Él. Él es nuestro Maestro y Señor. Cuando fuimos bautizados en Su muerte, no fue una mera cuestión de forma, sino que estábamos muertos al mundo y vivíamos para Él. Cuando tomamos Su sagrado nombre sobre nosotros y fuimos llamados cristianos, no fue una farsa: queríamos decir que Él debía ser Capitán, Rey y Señor de nuestros espíritus. Él no es Baali, es decir, señor dominante, sino que es Ishi, nuestro Hombre, nuestro Esposo, y en Su relación de esposo, Él es Señor y Gobernador de cada pensamiento y de cada movimiento de nuestra naturaleza. Jesús, Jesús, ¡tu yugo es fácil y tu carga es ligera! Es un gozo llevarlo. Abandonarlo sería ciertamente una miseria, y esa es una de las razones por las que les digo esta noche: "Hagan todo lo que Él les diga," porque si no lo hacen, abandonan su lealtad a Él, y entonces, ¿qué van a hacer?

¿A quién irás si te alejas de Él? Todo hombre debe tener un amo. ¿Serás tú tu propio amo? No puedes tener mayor tirano. ¿Dejarás que el mundo sea tu amo? ¿Serás siervo de la "sociedad"? No hay peores esclavos que éstos. ¿Vas a vivir para ti mismo, para el honor, para lo que se llama "placer"? Ah, yo, ¡también podrías bajar a Egipto, al horno de hierro, de una vez! ¿A quién podemos ir? Jesús, ¿a quién podemos ir si nos alejamos de Ti? Tú tienes palabras de vida eterna. "Atad con cuerdas el sacrificio hasta los cuernos del altar". Lanza otro lazo de amor a mi alrededor, otro cordón de dulce constricción, y que nunca jamás piense en separarme de Ti. Que yo sea crucificado al mundo y el mundo a mí.

¿Acaso sus corazones no oran de esa manera? ¡Oh, ser enteramente de Cristo, enteramente de Cristo, para siempre de Cristo! Sí, sí, escucharemos la orden: "Todo lo que Él os diga, hacedlo". Les he dado la razón por la que debemos obedecer las órdenes de Cristo.

III. Y ahora, amados, permítanme ocupar los últimos minutos en responder a esta pregunta: ¿QUÉ SEGUIRÁ DE ESTA OBEDIENCIA? Supongamos que hacemos todo lo que Cristo nos manda, ¿qué sucederá entonces? Les diré qué sucederá entonces.

Lo primero es que te sentirás libre de responsabilidad. El siervo que ha hecho lo que su amo le ha dicho, puede, en su propia mente, temer que algunas consecuencias terribles puedan seguir, pero se dice a sí mismo: "No será culpa mía. Hice lo que se me dijo que hiciera". Ahora, amados, si quieren librarse de toda la carga de la vida, hagan por fe todo lo que Cristo les ordene. Entonces, si los cielos parecieran estar a punto de caer, no sería asunto tuyo apuntalarlos. No tienes que remendar la obra de Dios y mantenerla en orden. Recuerdo lo que el señor John Wesley decía a sus predicadores: "Ahora, hermanos, no quiero que enmienden mis reglas. Quiero que las obedezcan". Eso es bastante fuerte viniendo de John Wesley, pero de nuestro Señor Jesucristo viene de la manera más adecuada. Él no quiere que lleguemos a alterar, remendar, retocar y mirar las consecuencias. ¡No! Haz exactamente lo que Él te dice, y no tendrás nada que ver con las consecuencias. Tal vez tengas que soportarlas, pero Él te dará gracia para hacerlo, y será tu gozo soportar todas las malas consecuencias que vienen de la firme obediencia a Cristo.

Este tipo de doctrina no encaja con el año 1889. Si van a Escocia y ven dónde están las tumbas de los Covenanters, cualquiera que piense de acuerdo con el espíritu de esta época dirá que eran un montón de tontos por haber sido tan tercos y tan estrictos en cuanto a la doctrina como para morir por ella. Realmente, no hay nada en la nueva filosofía por lo que merezca la pena morir. Me pregunto si hay alguna doctrina del "pensamiento moderno" por la que valga la pena comprar la vida de un gato. Según la enseñanza de la escuela amplia, lo que se supone que es verdad, hoy, puede no serlo mañana, por lo que no vale la pena morir por ello. Bien podemos posponer la muerte hasta que la cosa sea alterada; y si esperamos un mes, será alterada, y así, al fin, podrán recuperar el viejo credo. Que el Señor lo envíe y nos envíe todavía una raza de hombres que obedezcan lo que Él les ordena, que hagan lo que Él les dice, que crean lo que Él les enseña, y que entreguen sus propias voluntades en completa obediencia a su Señor y Maestro. Un pueblo así se sentirá libre de responsabilidad.

Entonces sentirás un dulce flujo de amor hacia Cristo. El niño desobediente, bueno, no será echado de la casa porque no cumpla las órdenes de su madre y de su padre. Pero cuando no se somete a las reglas de la casa, lo pasa mal, y debería pasarlo mal. El beso de la noche no es tan cálido como debería haber sido. Y ese saludo matutino, después de una larga desobediencia, no tiene nada de felicidad. Y, en verdad, entre más amables son el padre y la madre, más infeliz es él. Y el dulce amor de Cristo es tal que nos hace infelices en la desobediencia. No puedes caminar en contra de Cristo y, sin embargo, gozar de comunión con Él. Y entre más querido y cercano sea Él para ti, tanto más amplia parece ser la brecha cuando no cumples Su voluntad.

Además, tu fe sólo se puede llevar a cabo haciendo lo que Él te ordena. Esa fe que se encuentra únicamente en un credo, o en un pequeño libro piadoso, no sirve para mucho. La fe hace lo que Cristo le ordena, y se deleita en hacerlo. Se regocija en correr riesgos, se deleita en alejarse de la tierra y hacerse a la mar. Se alegra de sacrificarse cuando Jesús lo pide, porque la fe no puede estar satisfecha sin dar fruto, y el fruto de la fe es la obediencia a Aquel en quien creemos.

Amados, también pienso que si obedecemos a Cristo en lo que Él dice, estaremos aprendiendo a ser líderes. Wellington solía decir que ningún hombre es apto para mandar hasta que haya aprendido a obedecer, y estoy seguro de que es así. Nunca veremos una raza de hombres realmente de primera clase a menos que nuestros niños y niñas aprendan a obedecer a sus padres en su niñez. La gloria esencial de la hombría se pierde cuando se tolera la desobediencia y, ciertamente, en la Iglesia de Dios, el Señor somete a Sus siervos principales a pruebas muy severas. El mejor lugar para los libros de un ministro no es su biblioteca, sino muy a menudo un lecho de enfermo. La aflicción es nuestra escuela, y antes de que podamos tratar con otros, Dios debe tratar con nosotros. Si no obedeces, no serás puesto a mandar.

Y, por último, creo que aprender a obedecer es uno de los preparativos para los goces del cielo. En el cielo, no tienen otra voluntad que la de Dios. Su voluntad es servirle y deleitarse en Él. Y si ustedes y yo no aprendemos aquí abajo lo que es la obediencia a Dios, y la practicamos y la llevamos a cabo, ¿cómo podemos esperar ser felices en medio de espíritus obedientes? Queridos oyentes, si nunca han aprendido a confiar en Cristo y a obedecerle, ¿cómo pueden ir al cielo? Seríais tan infelices allí que pediríais a Dios que os dejara correr al infierno en busca de refugio, pues nada os causaría más horror que estar en medio de personas perfectamente santas que encuentran su deleite en el servicio de Dios. ¡Que el Señor nos lleve a esta completa obediencia a Cristo! Entonces este mundo será un plano inclinado, o una escalera como la que vio Jacob, por la que subiremos con santa alegría, hasta que lleguemos a la cima, y encontremos nuestro cielo en perfecta obediencia a Dios.

No es María la que te habla esta noche, sino la Iglesia de Dios, la madre de todos los que aman verdaderamente a Cristo, y te dice: "Todo lo que Él te diga, hazlo", y si lo haces, Él convertirá el agua en vino para ti. Él hará que tu amor sea más alegre y feliz de lo que jamás hubiera sido sin obedecerle, y Él proveerá para ti. Obedécele y Él te consolará. Obedécele y te perfeccionará. Sé con Él en los caminos del deber, y estarás con Él en el hogar de la gloria.

Que el Señor nos conceda esto, por su infinita gracia, dándonos a conocer la voluntad de Cristo, y luego obrando en nosotros el querer y el hacer según su beneplácito. Amén y Amén.

Sermón #1556—Las Pilas de agua de Caná

ENTREGADO POR

C. H. SPURGEON,

EN EL TABERNÁCULO METROPOLITANO DE NEWINGTON

Jesús les dijo: Llenad de agua los cántaros. Y ellos las llenaron hasta el borde'. Juan 2:7.

Ya conoces la historia. Jesús estaba en una fiesta de bodas, y cuando el vino escaseó, proveyó abundantemente. No creo que haría ningún bien si entrara en la discusión de qué tipo de vino hizo nuestro Señor Jesús en esta ocasión. Era vino, y estoy seguro de que era un vino muy bueno, pues él sólo producía lo mejor. ¿Era vino tal como los hombres entienden ahora esa palabra? Era vino; pero hay muy poca gente en este país que haya visto alguna vez, y mucho menos bebido, algo de esa bebida. Lo que se conoce con el nombre de vino no es verdadero vino, sino un brebaje ardiente y con sabor a brandy del que estoy seguro que Jesús no habría probado ni una gota. Las aguas de fuego y los espíritus ardientes de los fabricantes de vino modernos son artículos muy diferentes del jugo de la uva, suavemente estimulante, que era el vino habitual de siglos más sobrios. En cuanto al vino como el que se usa comúnmente en Oriente, una persona debe beber desmesuradamente antes de intoxicarse con él. Sería posible, pues hubo casos en que los hombres se intoxicaron con vino; pero, por regla general, la intoxicación era un vicio raro en tiempos del Salvador y en las épocas precedentes. Si nuestro gran Ejemplar hubiera vivido en nuestras circunstancias actuales, rodeado de un mar de bebida mortal, que está arruinando a decenas de miles, sé cómo habría actuado. Estoy seguro de que no habría contribuido ni de palabra ni de obra a los ríos de bebidas venenosas en los que ahora se destruyen cuerpos y almas al por mayor. El tipo de vino que elaboraba era tal que, si no hubiera existido una bebida más fuerte en el mundo, nadie habría creído necesario protestar contra su consumo. No le habría hecho daño a nadie, tenlo por seguro, pues de lo contrario Jesús, nuestro amoroso Salvador, no lo habría elaborado.

Algunos han cuestionado la gran cantidad de vino, pues supongo que no debía de haber menos de ciento veinte galones, y probablemente más. No querían todo eso", dice uno, "e incluso de la clase más débil de vino sería demasiado". Pero usted está pensando en una boda ordinaria, ¿no es así, cuando hay diez o una docena, o una veintena o dos, reunidos en un salón? Una boda oriental es algo muy distinto. Aunque sólo se trate de una aldea, como Caná de Galilea, todo el mundo viene a comer y a beber, y la fiesta dura una semana o quince días. Cientos de personas deben ser alimentadas, pues a menudo se mantiene la casa abierta. No se rechaza a nadie, por lo que se necesita una gran cantidad de provisiones. Además, es posible que no hayan consumido todo el vino de una vez. Cuando el Señor multiplicó los panes y los peces, debían comerlos directamente, pues de lo contrario el pan se enmohecería y el pescado se pudriría; pero el vino podía almacenarse y utilizarse meses después. No me cabe duda de que el vino que hacía Jesucristo era tan bueno para guardarlo como para usarlo. ¿Y por qué no hacer que la familia tuviera una reserva? No eran gente muy rica. Podrían venderlo si quisieran. En cualquier caso, ese no es mi tema, y no pretendo meterme en agua caliente por la cuestión del agua fría. Yo mismo me abstengo de toda forma de bebida alcohólica, y creo que otros harían bien en hacer lo mismo; pero en esto cada uno debe ser guía de sí mismo.

Jesucristo comenzó la dispensación evangélica, no con un milagro de venganza, como el de Moisés, que convirtió el agua en sangre, sino con un milagro de liberalidad, convirtiendo el agua en vino. No sólo suministra lo necesario, sino que da lujos, y esto es muy significativo del reino de su gracia. Aquí no sólo da a los pecadores lo suficiente para salvarlos, sino que da abundantemente, gracia sobre gracia. Los dones de la alianza no se reducen ni se atrofian, no son pequeños ni en cantidad ni en calidad. No sólo da a los hombres el agua de la vida para que beban y se refresquen, sino también "vino de lías bien refinado" para que se regocijen sobremanera. Y da como un rey, que da abundantemente, sin contar las copas y las botellas. En cuanto a los ciento veinte galones, qué poco es eso en comparación con los ríos de amor y misericordia que se complace en derramar libremente de su generoso corazón sobre las almas más necesitadas. Puedes olvidarte de la cuestión del vino, y de todo lo relacionado con el vino, malo, bueno o indiferente. Estoy seguro de que cuanto menos tengamos que ver con él, mejor. Y ahora pensemos en la misericordia de nuestro Señor, y dejemos que el vino sea un tipo de su gracia, y su abundancia un tipo de la abundancia de su gracia que tan generosamente concede.

Ahora bien, con respecto a este milagro, bien puede observarse cuán simple y poco ostentoso fue. Cabría esperar que, cuando el gran Señor de todo viniera aquí en forma humana, comenzaría su carrera milagrosa convocando al menos a los escribas y fariseos, si no a los reyes y príncipes de la tierra, para que vieran las señales de su vocación y las garantías y avales de su comisión; reuniéndolos a todos para obrar algún milagro ante ellos, como Moisés y Aarón hicieron ante el Faraón, para que se convencieran de su condición de Mesías. No hace nada de eso. Va a una boda sencilla entre gente pobre, y allí, de la manera más sencilla y natural, despliega su gloria. Cuando el agua se convierte en vino, cuando elige ese milagro como el primero, no llama ni siquiera al dueño del banquete, ni al novio, ni a ninguno de los invitados, y empieza a decir: "Ya veis que se os ha acabado el vino. Ahora voy a mostraros una gran maravilla: convertir el agua en vino'. No, lo hace tranquilamente con los sirvientes: les dice que llenen los cántaros de agua; usa los baños; no pide nuevos recipientes, sino que usa los que había, sin hacer alboroto ni alarde. Utiliza también agua, de la que disponían en abundancia, y obra el milagro, si se me permite la expresión, en el estilo más corriente y natural; y ése es precisamente el estilo de Jesucristo. Ahora bien, si hubiera sido un milagro romano, se habría hecho de una manera muy misteriosa, teatral y sensacional, con todo tipo de parafernalia; pero, tratándose de un milagro genuino, se hace de la manera más natural posible. Jesús no hace vaciar los cántaros de agua para luego llenarlos de vino, sino que va tan lejos con la naturaleza como la naturaleza puede ir, y utiliza el agua para hacer el vino, siguiendo así los procesos de su providencia que están en funcionamiento todos los días. Cuando el agua cae del cielo y fluye en la tierra hasta las raíces de la vid, y así hincha los racimos con jugo rubicundo, es a través del agua que se produce el vino. Sólo hay diferencia en cuanto al tiempo si el vino se crea en el racimo, o en las vasijas de agua. Nuestro Señor no llama a ningún extraño para hacerlo, sino que los criados ordinarios traerán agua ordinaria; y mientras están sacando el agua, o lo que les parece ser agua, los criados percibirán que el agua se ha convertido en vino.

Ahora, siempre que trates de servir a Jesucristo no hagas un alboroto al respecto, porque él nunca hizo ningún alboroto en lo que hizo, incluso cuando estaba haciendo milagros asombrosos. Si quieres hacer algo bueno, hazlo tan naturalmente como puedas. Sé sencillo de corazón y de mente. Sé tú mismo. No seas afectado en tu piedad, como si fueras a caminar al cielo sobre zancos: camina sobre tus propios pies, y lleva la religión a tu propia puerta y a tu propia chimenea. Si tenéis que hacer una gran obra, hacedla con esa genuina sencillez que es lo más parecido a la sublimidad; porque la afectación, y todo lo que es llamativo y ostentoso, es, después de todo, mezquino y miserable. Nada que no sea simple naturalidad tiene una belleza genuina; y tal belleza hay en este milagro del Salvador.

Sirvan todas estas observaciones como una especie de prefacio; porque ahora quiero sacar a la luz los principios que se ocultan en mi texto; y luego, en segundo lugar, cuando haya mostrado esos principios, quiero mostrar cómo deben llevarse a cabo.

I. Jesús les dijo: "Llenad de agua las pilas". ¿CUÁLES SON LOS PRINCIPIOS IMPLICADOS EN EL MODO DE PROCEDER DE NUESTRO SEÑOR?

Primero, que, por regla general, cuando Cristo está a punto de otorgar una bendición, da una orden. Este es un hecho que sus memorias les ayudarán a establecer en un momento. No siempre es así; pero, como regla general, una palabra de mandato va antes de una palabra de poder, o bien con ella. Va a dar vino, y el proceso no consiste en decir: 'Sea el vino', sino que comienza por una orden dirigida a los hombres: 'Llenad de agua las tinajas'. He aquí un ciego: Cristo está a punto de darle la vista. Le pone barro en los ojos y le dice: "Ve al estanque de Siloé y lávate". He aquí un hombre con el brazo colgando a su lado, inútil para él: Cristo va a restaurarlo, y le dice: 'Extiende tu mano'. Ay, y el principio va tan lejos que es válido en casos en los que parecería totalmente inaplicable, pues si se trata de un niño que está muerto, dice: 'Muchacha, levántate'; o si se trata de Lázaro, que a estas alturas ya apesta, pues lleva cuatro días enterrado, y sin embargo grita: 'Lázaro, ven fuera'. Y así otorga un beneficio mediante una orden. Los beneficios evangélicos vienen con un precepto evangélico.

¿Te sorprende que este principio que se ve en los milagros se vea en las maravillas de su gracia divina? He aquí un pecador que debe ser salvado. ¿Qué le dice Cristo a ese pecador? Cree en el Señor Jesucristo, y serás salvo'. ¿Puede creer por sí mismo? ¿No está muerto en pecado? Hermanos, no os hagáis tales preguntas, sino aprended que Jesucristo ha mandado a los hombres que crean, y ha encargado a sus discípulos que clamen: 'Arrepentíos, porque el reino de los cielos se ha acercado'. Dios ignoró los tiempos de esta ignorancia; pero ahora manda a todos los hombres en todo lugar que se arrepientan. Y nos manda que vayamos y prediquemos esta palabra: 'Cree en el Señor Jesucristo, y serás salvo'. Pero, ¿por qué les ordena? Es su voluntad hacerlo, y eso debería bastar para ti que te llamas su discípulo. Así fue incluso en los tiempos antiguos, cuando el Señor expuso en visión su manera de tratar con una nación muerta. Allí yacían los huesos secos del valle, muy numerosos y muy secos, y Ezequiel fue enviado a profetizarles. ¿Qué dijo el profeta? Huesos secos, oíd la palabra del Señor'. ¿Es esa su manera de darles vida? Sí, ordenándoles que oyeran, cosa que los huesos secos no pueden hacer. Él da su orden a los muertos, a los secos, a los indefensos, y por su poder viene la vida. Os ruego que no seáis desobedientes al Evangelio, porque la fe es un deber, o no leeríamos sobre 'la obediencia de la fe'. Jesucristo, cuando está a punto de bendecir, desafía la obediencia de los hombres emitiendo sus órdenes reales.

Lo mismo ocurre cuando pasamos de los inconversos a los creyentes. Cuando Dios quiere bendecir a su pueblo y convertirlo en bendición es dándole una orden. Hemos estado orando al Señor para que se levante y muestre su brazo. Su respuesta es: 'Despierta, despierta, oh Sión'. Pedimos que el mundo sea puesto a sus pies, y su respuesta es: 'Todo poder me es dado en el cielo y en la tierra. Id, pues, y enseñad a todas las naciones, bautizándolas'. El mandato es para nosotros el vehículo de la bendición. Si hemos de recibir la bendición de que se multipliquen los convertidos y se edifiquen las iglesias, Cristo debe darnos la bendición: es todo don suyo, como suyo fue convertir el agua en vino; pero antes nos dice: 'Id y proclamad mi salvación hasta los confines de la tierra', porque así llenaremos de agua los cántaros. Si somos obedientes a su mandato, veremos cómo obrará, cuán poderosamente estará con nosotros y cómo serán escuchadas nuestras oraciones.

Este es el primer principio que veo aquí: Cristo da órdenes a aquellos a quienes bendecirá.

En segundo lugar, las órdenes de Cristo no son para ser cuestionadas, sino para ser obedecidas. La gente quiere vino, y Cristo dice: 'Llenad de agua las tinajas'. Pues bien, si estos siervos hubieran tenido la mentalidad de los críticos capciosos de los tiempos modernos, habrían mirado a nuestro Señor largamente y habrían objetado audazmente: 'No queremos agua; no es la fiesta de las purificaciones; es una fiesta de bodas. No necesitamos agua en una boda. Querremos agua cuando subamos a la sinagoga o al templo, para purificarnos las manos según nuestra costumbre; pero ahora no queremos agua: la hora, la ocasión y la conveniencia de las cosas exigen vino'. Pero el consejo de María fue claro: "Haced todo lo que os diga". Así, pues, no cuestionemos ni pongamos reparos, sino cumplamos inmediatamente sus órdenes.

A veces puede parecer que el mandato de Cristo no es pertinente al punto en cuestión. El pecador, por ejemplo, dice: 'Señor, sálvame: vence en mí mi pecado'. Nuestro Señor grita: 'Cree', y el pecador no puede ver cómo creer en Jesús le permitirá obtener el dominio sobre un pecado acosador. A primera vista no parece haber ninguna conexión entre la simple confianza en el Salvador y la conquista de un mal temperamento, o el deshacerse de un mal hábito, como la intemperancia, la pasión, la codicia, o' la falsedad. Existe tal conexión, pero recuerda que, tanto si puedes ver la conexión como si no, no te corresponde 'razonar por qué', sino hacer lo que Jesús te ordena; porque es en el camino del mandamiento donde se obrará el milagro de la misericordia. Llenad de agua las tinajas", aunque lo que queréis es vino. Cristo ve una conexión entre el agua y el vino, aunque tú no. Él tiene una razón para que las tinajas se llenen de agua, razón que tú aún no conoces: no te corresponde pedir explicaciones, sino obedecer. Debes, en primer lugar, hacer lo que Jesús te manda, como te lo manda, ahora que te lo manda y porque te lo manda, y descubrirás que sus mandamientos no son gravosos y que guardarlos tiene una gran recompensa.

A veces estas órdenes pueden parecer incluso triviales. Puede parecer que juega con nosotros. La familia necesitaba vino; Jesús dice: 'Llenen de agua las tinajas'. Los sirvientes podrían haber dicho: 'Está claro que esto no es más que tomarnos el pelo y jugar con nosotros. Mejor haríamos en ir a ver a los amigos de estos pobres y pedirles otro odre de vino. Estaríamos mucho mejor empleados en encontrar alguna tienda donde pudiéramos comprar más; pero enviarnos al pozo a llenar esas grandes tinajas que contienen tanta agua parece totalmente un juego de niños'. Sé, hermanos, que a veces el camino del deber parece como si no pudiera conducir al resultado deseado. Queremos hacer algo más; ese algo más puede estar mal, pero parece como si de ese modo pudiéramos alcanzar nuestro propósito más fácil y directamente, y por eso anhelamos este camino no ordenado y tal vez prohibido. Y sé que muchas conciencias atribuladas piensan que simplemente creer en Jesús es demasiado poco. El corazón engañoso sugiere un camino que parece ser más eficaz. Haz alguna penitencia: siente alguna amargura; llora una cierta cantidad de lágrimas. Acaricia tu mente, o rompe tu corazón': así clama el yo carnal. Jesús simplemente ordena: 'Cree'. Parece que es muy poco lo que hay que hacer, como si no pudiera ser que la vida eterna se diera al poner tu confianza en Jesucristo: pero este es el principio que queremos enseñarte: que cuando Jesucristo está a punto de dar una bendición, da una orden que no debe ser cuestionada, sino obedecida de inmediato. Si no creéis, tampoco seréis confirmados; pero si queréis y obedecéis, comeréis el bien de la tierra. Todo lo que os diga, hacedlo".

El tercer principio es el siguiente: siempre que recibimos una orden de Cristo, es de sabios cumplirla con celo. Él dijo: 'Llenen de agua los cántaros', y ellos los llenaron hasta el borde. Ustedes saben que hay una manera de llenar un cántaro de agua, y hay otra manera de llenarlo. Está lleno, y no puedes amontonarlo; pero aun así puedes llenarlo hasta que casi empieza a desbordarse: el líquido tiembla como si fuera a caer en una cascada de cristal. Es una plenitud que llena. Al cumplir los mandamientos de Cristo, mis queridos hermanos y hermanas, vayamos a su máxima extensión: llenémoslos hasta el borde. Si es 'Creed', oh, creedle con todas vuestras fuerzas; confiad en Él de todo corazón. Si es "Predicad el Evangelio", predicadlo a tiempo y fuera de tiempo; y predicad el Evangelio en su totalidad. Llénalo hasta el borde. No le den a la gente un evangelio a medias. Dadles un evangelio rebosante. Llenen las vasijas hasta el borde. Si vas a arrepentirte, pide tener un arrepentimiento sincero y profundo, lleno hasta el borde. Si has de creer, pide tener una dependencia intensa, absoluta, infantil, para que tu fe esté llena hasta el borde. Si se te ordena orar, ora poderosamente: llena el vaso de la oración hasta el borde. Si has de escudriñar las Escrituras en busca de bendición, escudríñalas de cabo a rabo: llena hasta el borde el vaso de la lectura bíblica. Los mandamientos de Cristo nunca deben cumplirse a medias. Pongamos toda nuestra alma en lo que nos manda, aunque todavía no veamos la razón por la que nos ha encomendado la tarea. Los mandatos de Cristo deben cumplirse con entusiasmo, y llevarse a cabo hasta el extremo, si es que el extremo es posible.

El cuarto principio es que nuestra acción ferviente en obediencia a Cristo no es contraria a nuestra dependencia de él, sino que es necesaria para nuestra dependencia de él. Les mostraré eso en un momento. Conozco a algunos hermanos que dicen: "Ustedes celebran lo que llaman servicios de reavivamiento, y tratan de despertar a los hombres con llamamientos fervientes y discursos emocionantes. ¿No ven que Dios hará su propia obra? Estos esfuerzos no son más que un intento de quitarle la obra de las manos a Dios. Lo correcto es confiar en él y no hacer nada'. Muy bien, hermano. Tenemos tu palabra de que confías en él y no haces nada. Me tomo la libertad de no estar tan seguro de que confías en él, pues si recuerdo quién eres, y creo que he estado en tu casa, eres la persona más miserable, abatida e incrédula que conozco. Ni siquiera usted mismo sabe si es salvo nueve de cada diez veces. Pues bien, creo que no deberías venir a llorar por tu fe. Si tuvieras una fe tan maravillosamente grande, no hay duda de que de acuerdo a tu fe te sería hecho. ¿Cuántos han sido añadidos a tu iglesia por no hacer nada este año en esa bendita iglesia tuya, donde ejerces esta bendita fe sin obras? ¿Cuántos han sido traídos? Bueno, no tenemos muchas adiciones'. No, y creo que no es probable que tengan. Si ustedes se dedican a la extensión del reino del Redentor por inacción, no creo que vayan por el camino de la obra que Jesucristo aprueba. Pero nos atrevemos a decirles que nosotros, que trabajamos por Cristo con todo nuestro corazón y toda nuestra alma, utilizando todos los medios a nuestro alcance para llevar a los hombres a oír el Evangelio, sentimos tanto como ustedes que no podemos hacer nada en absoluto al respecto sin el Espíritu Santo, y confiamos en Dios, creo, casi tanto como ustedes, porque nuestra fe ha producido bastantes más resultados que la de ustedes. No me extrañaría que resultara que vuestra fe sin obras está muerta, estando sola, y que nuestra fe, teniendo obras con ella, ha sido fe viva después de todo.

Expondré el caso así: Jesucristo dice: 'Llenad de agua los cántaros'. El siervo ortodoxo dice: 'Mi Señor, creo plenamente que puedes hacer vino para esta gente sin agua, y con tu permiso no traeré agua. No voy a interferir en la obra de Dios. Estoy seguro de que no necesitas nuestra ayuda, Señor. Tú puedes hacer que estas tinajas se llenen de vino sin que nosotros traigamos un solo cubo de agua, y por eso no te robaremos la gloria de ello. Nos quedaremos atrás y te esperaremos. Cuando el vino esté hecho, beberemos un poco y bendeciremos tu nombre; pero mientras tanto te rogamos que nos excuses, porque los cubos son pesados de llevar, y es necesario traer muchos para llenar todas esas tinajas. Sería entorpecer la obra divina, y por eso preferimos descansar". ¿No crees que los siervos que hablaran así demostrarían que no tienen fe alguna en Jesús? No diremos que eso probaría su incredulidad, pero sí que se le parece mucho. Pero fíjense en el siervo que, en cuanto Jesús ordena: 'Llenen de agua las tinajas', dice: 'No sé a qué viene'. No veo la relación entre ir a buscar esta agua y proveer el banquete con vino, pero me voy al pozo: toma, pásame un par de cubos. Ven, hermano; ven y ayuda a llenar los baños'. Allí van, y pronto regresan alegremente con el agua, vertiéndola en los abrevaderos hasta que están llenos hasta el borde. Esos me parecen los siervos creyentes que obedecen la orden, sin entenderla, pero esperando que, de una manera u otra, Jesucristo conozca la manera de obrar su propio milagro. Con nuestros fervorosos esfuerzos no estamos interfiriendo con él, queridos amigos, ni mucho menos. Estamos probando nuestra fe en él si trabajamos para él como él nos manda que trabajemos, y confiamos sólo en él con fe sin reservas.

El siguiente principio sobre el que debo insistir es el siguiente: "nuestra acción por sí sola no es suficiente". Eso lo sabemos, pero permítanme recordárselo una vez más. Ahí están estas ollas de agua, estos abrevaderos, estas bañeras: están llenas, y no podrían estar más llenas. ¡Cuánta agua se derrama! Al tratar de llenarlas, el agua se derrama por aquí y por allá. Pues bien, estos seis grandes baños están llenos de agua. ¿Hay más vino para todo eso? Ni una gota. Es agua lo que trajeron, nada más que agua, y sigue siendo agua. Supongamos que llevaran esa agua al banquete; me temo a medias que los invitados no hubieran considerado el agua fría como el líquido apropiado para beber en una boda. Deberían haberlo hecho; pero me temo que no fueron educados en la escuela de la abstinencia total. Habrían dicho al dueño del banquete: 'Nos has dado buen vino, y el agua es un pobre remate para el banquete'. Estoy seguro de que no lo habrían hecho. Y sin embargo, agua era, créanlo, y nada más que agua, cuando los sirvientes la vertieron en las ollas. Así también, después de todo lo que los pecadores pueden hacer, y todo lo que los santos pueden hacer, no hay nada en ningún esfuerzo humano que pueda servir para la salvación de un alma hasta que Cristo diga la palabra de poder. Cuando Pablo ha plantado y Apolos ha regado, no hay crecimiento hasta que Dios lo da. Predicad el evangelio, trabajad con las almas, persuadid, rogad, exhortad; pero no hay poder en nada de lo que hagáis hasta que Jesucristo despliegue su poder divino. Su presencia es nuestro poder. Bendito sea su nombre, él vendrá; y si llenamos los cántaros de agua, él la convertirá en vino. Él es el único que puede hacerlo, y los siervos que se apresuran más a llenar los cántaros son los primeros en confesar que sólo él puede hacerlo.

Y ahora el último principio aquí es que aunque la acción humana en sí misma no alcanza el fin deseado, sin embargo tiene su lugar, y Dios la ha hecho necesaria por su designación. ¿Por qué mandó nuestro Señor llenar de agua estas tinajas? No digo que fuera necesario hacerlo. No era absolutamente necesario en sí mismo; pero era necesario para que el milagro fuera abierto y transparente; porque si hubiera dicho: "Id a esas tinajas y sacad vino", los que le observaban podrían haber dicho que allí había vino antes, y que no se había obrado ningún milagro. Cuando nuestro Señor las llenó de agua, no quedó lugar para que se escondiera vino alguno. Sucedió lo mismo que con Elías, cuando, para probar que no había fuego oculto sobre el altar del Carmelo, les ordenó que bajaran al mar, trajeran agua y la derramaran sobre el altar y sobre la víctima, hasta llenar las zanjas. Dijo: 'Hacedlo por segunda vez', y lo hicieron por segunda vez; y dijo. 'Hacedlo una tercera vez', y lo hicieron una tercera vez, y no quedó ninguna posibilidad de impostura. Y así, cuando el Señor Jesús ordenó a los sirvientes que llenaran de agua los cántaros, puso fuera de toda posibilidad que se le acusara de impostura; y así vemos por qué era necesario que se llenaran de agua.

Además, era necesario, porque era muy instructivo para los criados. ¿Os disteis cuenta, mientras lo leía, de que el dueño del banquete, cuando probó el buen vino, no sabía de dónde procedía? No podía entenderlo, y puso una expresión que mostraba su sorpresa, mezclada con su ignorancia. Pero está escrito: "Los criados que sacaban el agua lo sabían". Ahora, cuando las almas se convierten en una iglesia, sucede de manera muy similar con algunos de los miembros, que son buenas personas, pero no saben mucho acerca de la conversión de los pecadores. No se alegran mucho de los avivamientos; de hecho, como el hermano mayor, desconfían bastante de que se traiga a estos personajes salvajes: se consideran muy respetables, y. preferirían no tener a la gente más baja sentada en el banco con ellos: se sienten incómodos al acercarse tanto a ellos. Saben poco de lo que sucede. Pero los siervos que sacaban el agua sabían": es decir, los creyentes sinceros que hacen el trabajo y tratan de llenar las pilas de agua, lo saben todo. Jesús les ordenó que llenaran las vasijas de agua a propósito para que los que sacaban el agua supieran que era un milagro. Les aseguro que si llevan almas a Cristo, conocerán su poder. Te hará saltar de gozo oír el grito del penitente, y observar el brillante destello de deleite que pasa por el rostro del creyente recién nacido cuando sus pecados son lavados y se siente renovado. Si quieres conocer a Jesús. Si quieres conocer el poder milagroso de Cristo debes ir y no hacer milagros, sino simplemente sacar el agua y llenar los cántaros. Haz los deberes ordinarios de los hombres y mujeres cristianos, cosas en las que no hay poder propio, pero que Jesucristo hace que estén conectadas con su obra divina, y será para tu instrucción, y tu consuelo, que tuvieras tal trabajo que hacer. Los siervos que sacaban el agua sabían".

Creo que he dicho lo suficiente sobre los principios que se ocultan en mi texto.

II. Deben tener paciencia conmigo mientras trato de aplicar estos principios a propósitos prácticos. VEAMOS CÓMO EJECUTAR ESTE DIVINO MANDATO: 'Llenad de agua las tinajas'.

Primero, usa al servicio de Cristo las habilidades que tengas. Allí estaban los cántaros de agua, seis de ellos, y Jesús usó lo que encontró a mano. Había agua en el pozo; nuestro Señor la utilizó también. Nuestro Señor acostumbra emplear a su propia gente, y las habilidades que ellos tienen, en vez de ángeles o una nueva clase de seres creados para ese propósito. Ahora, queridos hermanos y hermanas, si no tenéis cálices de oro, llenad vuestras vasijas de barro. Si no podéis consideraros copas de la más rara hechura en plata, o si no podéis compararos a la mejor loza de Sevres, no importa; llenad los vasos que tenéis. Si no podéis, con Elías, traer fuego del cielo, y si no podéis hacer milagros con los apóstoles, haced lo que podáis. Si no tenéis plata ni oro, dedicad a Cristo lo que tengáis. Traed agua por orden suya, y será mejor que el vino. Los dones más comunes pueden ponerse al servicio de Cristo. De la misma manera que tomó unos pocos panes y peces y alimentó con ellos a la multitud, así tomará vuestras seis tinajas y el agua, y con ellas hará su vinificación.

Así, como ven, mejoraron lo que tenían; porque las pilas de agua estaban vacías, pero ellos las llenaron. Hay un buen número de hermanos del Colegio aquí esta noche, y están tratando de mejorar sus dones y sus habilidades. Creo que hacen bien, hermanos míos. Pero he oído a algunas personas decir: 'El Señor Jesús no quiere vuestro aprendizaje'. No, es muy probable que no, como tampoco necesitaba el agua; pero entonces ciertamente no quiere vuestra estupidez e ignorancia, y no quiere vuestras maneras toscas e incultas de hablar. No buscó cántaros vacíos en esta ocasión; los quiso llenos, y los criados hicieron bien en llenarlos. Nuestro Señor no quiere hoy cabezas vacías en sus ministros, ni corazones vacíos; así que, hermanos míos, llenad de agua vuestros cántaros. Trabajen, estudien y aprendan todo lo que puedan, y llenen las tinajas de agua. Alguien dirá: "Pero, ¿cómo pueden esos estudios conducir a la conversión de los hombres? La conversión es como el vino, y todo lo que estos jóvenes aprendan será como agua'. Tiene razón; pero aun así, yo les pido a estos estudiantes que llenen las vasijas con agua, y que esperen que el Señor Jesús convierta el agua en vino. Él puede santificar el conocimiento humano para que sea útil a la exposición del conocimiento de Jesucristo. Espero que haya pasado el día en que ni siquiera se sueñe que la ignorancia y la grosería sean útiles para el reino de Cristo. El gran Maestro quiere que su pueblo sepa todo lo que pueda saber, y especialmente que se conozca a sí mismo y las Escrituras, para que puedan exponerlo y proclamar su evangelio. Llenad de agua los cántaros".

A continuación, para aplicar este principio, utilicemos todos los medios de bendición que Dios designe. ¿Cuáles son? Primero, está la lectura de las Escrituras. Escudriñad las Escrituras. Escudriñadlas todo lo que podáis. Trata de entenderlas. Pero si conozco la Biblia, ¿seré salvo? No, debes conocer a Cristo mismo por el Espíritu. Aún así, 'llena las tinajas con agua'. Mientras estudias las Escrituras puedes esperar que el Salvador bendiga su propia palabra y convierta el agua en vino.

Luego está la asistencia a los medios de gracia, y escuchar un ministerio evangélico. Ten cuidado de llenar ese cántaro con agua. Pero puedo oír miles de sermones y no ser salvo. Sé que es así, pero su asunto es llenar ese cántaro con agua, y mientras escucha el evangelio Dios lo bendecirá, porque 'la fe viene por el oír, y el oír, por la palabra de Dios'. Ten cuidado de usar los medios que Dios designa. Puesto que nuestro Señor ha designado salvar a los hombres por la predicación de la palabra, ruego que suscite a quienes prediquen sin cesar, a tiempo y a destiempo, en casa y en la calle. Pero no se salvarán por nuestra predicación'. Ya lo sé. La predicación es el agua: y mientras estemos predicando, Dios la bendecirá, y convertirá el agua en vino. Distribuyamos libros religiosos y folletos. Oh, pero la gente no se salvará leyéndolos'. Es muy probable que no, pero mientras los leen Dios puede traerles a la memoria su verdad e impresionar sus corazones. Llenad las pilas de agua'. Reparta abundantes folletos. Esparzan literatura religiosa por todas partes. Llenad los cántaros de agua,' y el Señor convertirá el agua en vino.

Recuerda la reunión de oración. Qué bendito medio de gracia es, pues trae poder para todas las obras de la iglesia: llenad de agua ese cántaro. No tengo que quejarme de su asistencia a las reuniones de oración; pero ¡oh, manténganla, queridos hermanos!

Podéis orar. Bendito sea su nombre, ustedes tienen el espíritu de oración. Seguid rezando. Llenad de agua los cántaros y, en respuesta a la oración, Jesús la convertirá en vino. Maestros de la escuela dominical, no descuiden sus benditos medios de utilidad. Llenen las tinajas de agua. Trabajen en el sistema de la escuela dominical con todas sus fuerzas. Pero no salvará a los niños simplemente reunirlos y enseñarles de Jesús. No podemos darles corazones nuevos'. ¿Quién dijo que sí? Llena las pilas de agua'. Jesucristo sabe cómo convertirla en vino, y no deja de hacerlo cuando somos obedientes a sus mandatos.

Usen todos los medios, pero tengan cuidado de usar esos medios de corazón. Vuelvo a la parte del texto: "Y los llenaron hasta el borde". Cuando enseñen a los jóvenes en la escuela dominical, enséñenles bien. Llénenlos hasta el borde. Cuando predique, querido señor, no predique como si estuviera medio despierto; anímese; llene su ministerio hasta el borde. Cuando trate de evangelizar a la comunidad, no lo haga a medias, como si no le importara si sus almas se salvan o no; llénelas hasta el borde; predique el evangelio con todas sus fuerzas, y pida poder de lo alto. Llena todos los vasos hasta el borde. Todo lo que vale la pena hacer, vale la pena hacerlo bien. Nadie ha servido a Cristo demasiado bien. He oído que en algunos servicios puede haber demasiado celo, pero en el servicio de Cristo puedes tener tanto celo como quieras y sin embargo no excederte, si la prudencia va unida a él. Llenen de agua los cántaros", y llénenlos hasta el borde. Entrad a hacer el bien con todo vuestro corazón, alma y fuerza.

Además, para aplicar este principio, asegúrese de recordar cuando haya hecho todo lo que puede hacer, que hay una gran deficiencia en todo lo que ha hecho. Es bueno salir de la distribución de tratados y de la enseñanza de la escuela dominical y de la predicación, e ir a casa y ponerse de rodillas, y clamar: 'Señor, he hecho todo lo que me has mandado, y sin embargo no hay nada hecho a menos que des el toque final. Señor, he llenado los cántaros, y aunque sólo podía llenarlos de agua, los he llenado hasta el borde. Señor, en la medida de mis posibilidades, he procurado ganar hombres para ti. No puede haber un alma salvada, un niño convertido, o alguna gloria traída a tu nombre por lo que he hecho, en y por sí mismo; pero, mi Maestro, di la palabra milagrosa, y deja que el agua que llena los vasos se ruborice en vino. Tú puedes hacerlo, aunque yo no pueda. Te echo la carga a ti".

Y esto me lleva a la última aplicación del principio, que es 'confía en tu Señor para hacer el trabajo. Hay dos maneras de llenar los cántaros. Supongamos que a estas personas nunca se les hubiera ordenado llenar las tinajas, y que el hacerlo no hubiera tenido ninguna referencia a Cristo; supongamos que hubiera sido un capricho de su propia imaginación, y que hubieran dicho: 'Estas personas no tienen vino, pero se bañarán si quieren, y por eso llenaremos las seis tinajas con agua'. Nada se habría conseguido con semejante proceder. El agua se habría quedado ahí. El colegial de Eton dijo: "El agua consciente vio a su Dios y se sonrojó", una expresión verdaderamente poética; pero el agua consciente habría visto a los sirvientes y no se habría sonrojado. Habría reflejado sus rostros en su brillante superficie, pero no habría ocurrido nada más. Jesucristo mismo debía venir, y con el poder presente debía obrar el milagro. Fue porque había ordenado a los siervos que llenaran los cántaros de agua, por lo que estaba obligado, si se me permite usar esta expresión de nuestro Rey libre, obligado a convertirla en vino, pues de lo contrario los habría tomado por tontos, y ellos también podrían haberse dado la vuelta y haber dicho: '¿Por qué nos has dado una orden como ésta?Si después de haber llenado de agua los cántaros, Jesús no obra por nosotros, habremos hecho lo que nos mandó; pero si creemos en él, me atrevo a decir que está obligado a venir; porque aunque fuéramos perdedores, y perdedores terribles también, si él no desplegara su poder, pues tendríamos que lamentarnos: "He trabajado en vano, y he gastado mis fuerzas en vano", sin embargo no seríamos tan perdedores como lo sería él, pues inmediatamente el mundo afirmaría que los mandatos de Cristo son vacíos, infructuosos, ociosos.

Se declararía que la obediencia a su palabra no trae ningún resultado. El mundo diría: "Habéis llenado de agua los cántaros porque él os dijo que lo hicierais. Esperabais que convirtiera el agua en vino, pero no lo hizo. Vuestra fe es vana; toda vuestra obediencia es vana; y él no es un Maestro digno de ser servido'. Nosotros seríamos perdedores, pero él sería aún más perdedor, pues perdería su gloria. Por mi parte, no creo que una buena palabra a favor de Cristo sea dicha jamás en vano. Estoy seguro de que ningún sermón con Cristo en él es predicado jamás sin resultado. Algo saldrá de él, si no esta noche, ni mañana; algo saldrá de él. Cuando he impreso un sermón, y lo he visto bien en el volumen, no he tardado en alegrarme de oír de almas salvadas por su medio. Y cuando no he impreso un discurso, sino que sólo lo he predicado, todavía he pensado que algo saldrá de él. Prediqué a Cristo. Puse su verdad salvadora en ese sermón, y esa semilla no puede morir. Aunque permanezca en el volumen durante años, como los granos de trigo en la mano de la momia, vivirá, crecerá y dará fruto. Por consiguiente, he oído recientemente de un alma que fue traída a Cristo por un sermón que prediqué hace veinticinco años. Oigo casi todas las semanas de almas que han sido traídas a Cristo por sermones predicados en Park Street, y en Exeter Hall, y en los Surrey Gardens, y por lo tanto siento que Dios no dejará que un solo testimonio fiel caiga al suelo. Adelante, hermanos. Sigan llenando las pilas de agua. No crean que están haciendo mucho cuando han hecho todo lo posible. No empecéis a felicitaros por vuestros éxitos pasados. Todo debe venir de Cristo; y vendrá de Cristo. No vayan a la reunión de oración y digan: 'Pablo puede plantar y Apolos puede regar, pero ''y así sucesivamente. El pasaje no es así. Dice exactamente lo contrario, y dice así: 'Pablo planta, Apolos riega, pero Dios da el crecimiento'. El crecimiento lo da Dios cuando la siembra y la plantación se hacen correctamente. Los siervos llenan las tinajas; el Maestro convierte el agua en vino.

El Señor nos conceda la gracia de ser obedientes a su mandato, especialmente a ese mandato: "Cree y vivirás", y que podamos reunirnos con Él en el banquete nupcial de arriba para beber del vino nuevo con Él por los siglos de los siglos. Amén y amén.

Sermón #225—El Banquete de Satanás

PRONUNCIADO EN LA MAÑANA DEL SÁBADO 28 DE NOVIEMBRE DE 1858, POR EL REV. C.H. SPURGEON

EN EL MUSIC HALL, ROYAL SURREY GARDENS.

"El que presidía la fiesta llamó al novio, y le dijo: Todo hombre pone al principio el buen vino, y cuando los hombres han bebido bien, entonces el que es peor; pero tú has guardado el buen vino hasta ahora."-Juan 2:9-10.

El gobernador de la fiesta dijo más de lo que pretendía decir, o mejor dicho, hay más verdad en lo que dijo de lo que él mismo imaginaba. Esta es la regla establecida en todo el mundo: "primero el buen vino, y cuando los hombres han bebido bien, luego el que es peor". Es la regla con los hombres; ¿y no la han lamentado cientos de corazones decepcionados? La amistad primero, la lengua untuosa, las palabras más suaves que la mantequilla, y después la espada desenvainada. Ahitofel presenta primero el plato señorial del amor y la bondad a David, y después lo que es peor, pues abandona a su señor, y se convierte en el consejero de su hijo rebelde. Judas presenta en primer lugar el plato de la palabra hermosa y de la bondad; el Salvador participó de él, caminó a la casa de Dios en compañía de él, y tomó dulce consejo con él; pero después vinieron las heces del vino: "El que come pan conmigo ha levantado contra mí el calcañar". Judas el ladrón traicionó a su Maestro, trayendo después "lo que es peor". Así os ha sucedido con muchos a quienes considerabais vuestros amigos. En el apogeo de la prosperidad, cuando el sol brillaba, y los pájaros cantaban, y todo era justo y alegre y feliz con ustedes, ellos trajeron el buen vino; Pero vino una helada que cortó vuestras flores, y las hojas cayeron de los árboles, y vuestros arroyos se helaron con el hielo, y entonces trajeron lo que es peor: os abandonaron y huyeron; os dejaron en vuestra hora de peligro, y os enseñaron esa gran verdad: "Maldito el que confía en el hombre, y hace de la carne su brazo"." Y así sucede en todo el mundo -lo repito una vez más- no sólo con los hombres, sino también con la naturaleza.

"Ay de nosotros, si tú fueras todo,
Y nada más allá de la tierra;"

¿No nos sirve el mundo de la misma manera? En nuestra juventud nos trae el mejor vino; entonces tenemos el ojo chispeante, y el oído sintonizado con la música; entonces la sangre fluye rápidamente por las venas y el pulso late alegremente; pero espera un poco y vendrá después lo que es peor, porque los guardianes de la casa temblarán, y los hombres fuertes se inclinarán; los moledores fallarán porque son pocos, los que miran por las ventanas se oscurecerán, todas las hijas de la música se abatirán; entonces el hombre fuerte se tambaleará, el saltamontes será una carga, y el deseo fallará, las plañideras recorrerán las calles. Primero es el cáliz que fluye de la juventud, y después las aguas estancadas de la vejez, a menos que Dios eche en esas heces un nuevo torrente de su amorosa bondad y tierna misericordia, para que una vez más, como siempre le sucede al cristiano, el cáliz se desborde, y vuelva a brillar con deleite. Oh cristiano, no confíes en los hombres; no confíes en las cosas de este tiempo presente, porque ésta es siempre la regla con los hombres y con el mundo: "primero el buen vino, y cuando hayáis bebido bien, luego el que es peor".

Esta mañana, sin embargo, voy a presentaros dos casas de banquetes. Primero, les pediré que miren dentro de las puertas de la casa del diablo, y encontrarán que él es fiel a esta regla: él saca primero el buen vino, y cuando los hombres han bebido bien, y sus cerebros están embrollados con él, entonces saca lo que es peor. Habiéndote mandado que mires allí y tiembles, y prestes atención a la advertencia, intentaré entonces entrar contigo en la casa de banquetes de nuestro amado Señor y Maestro Jesucristo, y de él podremos decir, como el gobernador de la fiesta dijo al novio: "Has guardado el buen vino hasta ahora"; tus fiestas mejoran, y no empeoran: tus vinos se enriquecen, tus viandas son más delicadas y tus regalos más preciosos que antes. "Has guardado el buen vino hasta ahora".

I. En primer lugar, hemos de echar una mirada de advertencia a la CASA DE LOS FESTINES QUE SATANÁS HA CONSTRUIDO: porque así como la sabiduría construyó su casa, y labró sus siete columnas, así también la necedad tiene su templo y su taberna de festines, en la cual tienta continuamente a los incautos. Mirad dentro de la casa del banquete, y os mostraré cuatro mesas y los invitados que se sientan en ellas; y al mirar esas mesas veréis los platos que se traen. Veréis traer los polis de vino, y los veréis desaparecer uno tras otro, y comprobaréis que la regla se cumple en las cuatro mesas: primero el buen vino, y después el que es peor; sí, iré más lejos, después el peor de todos.

1. En la primera mesa a la que invitaré vuestra atención, aunque os ruego que nunca os sentéis a beber en ella, se sienta el PROLIGATE. La mesa del libertino es una mesa alegre; está cubierta de un llamativo carmesí, y todos los recipientes que hay sobre ella parecen sumamente brillantes y relucientes. Muchos son los que se sientan a ella, pero

no saben que son los invitados del infierno, y que el fin de todo el festín será en las profundidades de la perdición. ¿Veis ahora entrar al gran gobernador del banquete? Tiene una sonrisa suave en su rostro; sus vestidos no son negros, sino que está ceñido con una túnica de muchos colores, tiene una palabra honrada en su labio, y una brujería tentadora en el brillo de sus ojos. Trae su copa y dice: "Eh, joven, bebe de ella, brilla en la copa, se mueve correctamente. ¿Lo ves? Es la copa de vino del placer". Esta es la primera copa en la casa de banquetes de Satanás. El joven la toma y sorbe el licor. Al principio es un sorbo cauteloso; es sólo un poco lo que tomará, y luego se refrenará. No tiene intención de entregarse a la lujuria, no quiere lanzarse de cabeza a la perdición. Hay una flor allí en el borde de ese acantilado: él se adelantará un poco y la arrancará, pero no es su intención lanzarse desde ese peñasco escarabajo y destruirse a sí mismo. ¡Él no! Cree que es fácil guardar la copa cuando ha probado su sabor. No tiene intención de abandonarse a su embriaguez. Bebe un trago superficial. Pero, ¡qué dulce es! Cómo le estremece la sangre. Qué tonto he sido por no haber probado esto antes. ¿Hubo alguna vez una alegría como ésta? ¿Se puede pensar que los cuerpos sean capaces de un éxtasis como éste? Vuelve a beber, esta vez más profundamente, y el vino se calienta en sus venas. ¡Oh, qué dichoso es! ¿Qué no diría ahora en alabanza de Baco, o de Venus, o de la forma que Belcebú quiera adoptar? ¿Se convierte en un orador en alabanza del pecado? Es hermoso, es agradable, la profunda condenación de la lujuria parece tan alegre como los transportes del cielo. Bebe, bebe, vuelve a beber, hasta que su cerebro comienza a tambalearse con la embriaguez de su deleite pecaminoso. Este es el primer plato. Bebed, borrachos de Efraín, y ataos la corona de la soberbia a la cabeza, y llamadnos necios porque apartamos de nosotros vuestro cáliz; bebed con la ramera y cenad con el lujurioso; podéis pensar que sois sabios por hacer así, pero sabemos que después de estas cosas viene algo peor, porque vuestra vid es la vid de Sodoma, y de los campos de Gomorra, vuestras uvas son uvas de hiel, los racimos son amargos; vuestro vino es veneno de dragones y cruel veneno de áspides.

Ahora, con una mirada de soslayo en su frente, el sutil gobernador del festín se levanta de su asiento. Su víctima ya ha bebido bastante del mejor vino. Le quita la copa y le trae otra, no tan espumosa. Mira el licor; no está cubierto con las burbujas chispeantes del éxtasis; es todo plano, y aburrido, e insípido; se llama la copa de la saciedad. El hombre ha tenido suficiente placer, y como un perro vomita, aunque como un perro volverá a vomitar de nuevo. ¿Quién tiene aflicción? ¿A quién se le enrojecen los ojos? Los que se demoran en el vino. Ahora estoy hablando del vino en sentido figurado, así como literalmente. El vino de la lujuria trae el mismo enrojecimiento de los ojos; el derrochador pronto descubre que todas las rondas de placer terminan en saciedad. "¿Qué más puedo hacer? Ya está. He cometido todas las maldades imaginables y he vaciado todas las copas del placer. ¡Dame algo nuevo! He probado todos los teatros: ¡ya está! No me interesa ni un solo centavo de todos ellos. He ido a todas las clases de placer que puedo concebir. Todo se acabó. La alegría misma se vuelve plana y aburrida. ¿Qué voy a hacer?" Y este es el segundo curso del diablo, el curso de la saciedad, una somnolencia irregular, el resultado del exceso anterior. Hay miles de personas que están bebiendo de la insípida copa de la saciedad todos los días, y algún invento novedoso por el que puedan matar el tiempo, algún nuevo descubrimiento por el que puedan dar un nuevo escape a su iniquidad sería algo maravilloso para ellos; y si surgiera algún hombre que pudiera descubrir para ellos alguna nueva moda de maldad, algunas profundidades más profundas en las profundidades del infierno más bajo de la lascivia, bendecirían su nombre, por haberles dado algo fresco para excitarlos. Ese es el segundo curso del diablo. ¿Y los veis participar de él? Tres son algunos de ustedes que están tomando un trago profundo de él esta mañana. Ustedes son los caballos hastiados del demonio de la lujuria, los seguidores decepcionados de la voluntad del placer. Dios sabe que si tuvieran que hablar con el corazón, se verían obligados a decir: "¡Ya está! He probado el placer, y no lo encuentro placentero; he dado la vuelta, y soy como el caballo ciego en el molino, tengo que dar otra vuelta. Estoy atado al pecado, pero no puedo deleitarme en él ahora como lo hice una vez, pues toda su gloria es como una flor que se marchita, y como el fruto apresurado antes del verano.

Durante un rato, el festín permanece en el pútrido mar de su enamoramiento, pero se abre otra escena. El gobernador del festín ordena que se sirva otro licor. Esta vez el demonio lleva una copa negra, y la presenta con ojos llenos de fuego infernal, centelleando con feroz condenación. "Bebed de ella, señor", dice, y el hombre le da un sorbo y se echa hacia atrás y grita: "¡Oh Dios, por qué he llegado a esto! Debe beber, señor. El que bebe la primera copa, debe beber la segunda y la tercera. ¡Bebe, aunque sea como fuego en tu garganta! ¡Bebe, aunque sea como la lava del Etna en tus entrañas! ¡Bebe! ¡Debes beber! El que peca debe sufrir; el que es libertino en su juventud debe tener podredumbre en los huesos y enfermedad en los lomos. El que se rebela contra las leyes de Dios, debe recoger la cosecha en su propio cuerpo aquí. Hay algunas cosas espantosas que podría decirles acerca de este tercer curso. La casa de Satanás tiene una cámara delantera llena de todo lo que es tentador a los ojos y hechizante al gusto sensual; pero hay una cámara trasera, y nadie sabe, nadie ha visto la totalidad de sus horrores. Hay una cámara secreta, donde saca con palas a las criaturas que él mismo ha destruido; una cámara, bajo cuyo suelo está el ardor del infierno, y sobre cuyas tablas se siente el calor de ese horrible pozo. Tal vez corresponda más a un médico que a mí hablar de los horrores que algunos tienen que sufrir como resultado de su iniquidad. Dejo eso; pero permítanme decirle al derrochador que la pobreza que soportará es el resultado de su pecado de derroche extravagante; que sepa también que el remordimiento de conciencia que lo invadirá no es algo accidental que cae por casualidad del cielo, sino que es el resultado de su propia iniquidad; porque, créanlo, hombres y hermanos, el pecado lleva una miseria infantil en sus entrañas, y tarde o temprano debe ser liberado de su terrible hijo. Si sembramos la semilla debemos recoger la cosecha. Así es la ley de la casa del infierno: "primero, el buen vino; después, el peor".

Queda por presentar el último curso. Y ahora, forzudos que os burláis de la advertencia, que quisiera dirigiros con voz de hermano y con corazón afectuoso, aunque con lenguaje áspero. Venid aquí y bebed de esta última copa. El pecador al final se ha llevado a sí mismo a la tumba. Sus esperanzas y alegrías eran como oro metido en una bolsa llena de agujeros, y todas se han desvanecido, se han desvanecido para siempre; y ahora ha llegado a lo último; sus pecados le persiguen, sus transgresiones le desconciertan; es cogido como un toro en una red, y cómo escapará. Muere y desciende de la enfermedad a la condenación. ¿Intentará el lenguaje mortal deciros los horrores de esa última copa tremenda de la que el despilfarrador debe beber, y beber para siempre? Miradla: no podéis ver sus profundidades, pero echad un ojo a su superficie hirviente, oigo el ruido de correr de un lado a otro, y un sonido como de crujir de dientes y el lamento de almas desesperadas. Miro dentro de esa copa, y oigo una voz que sale de sus profundidades: "Estos irán al castigo eterno"; porque "Tofet está preparado desde antiguo, su montón es leña y mucho humo, el soplo del Señor, como una corriente de azufre, lo encenderá". ¿Y qué decís de este último proceder de Satanás? "¿Quién de nosotros morará con el fuego devorador? ¿Quién de nosotros morará con las llamas eternas?" ¡Despilfarrador! Te lo suplico, en nombre de Dios, ¡sal de esta mesa! ¡Oh, no seas tan descuidado en tus copas; no estés tan dormido, seguro en la paz que ahora disfrutas! Hombre, la muerte está a la puerta y le pisa los talones la destrucción. En cuanto a ti, que hasta ahora has sido refrenado por un padre cuidadoso y la vigilancia de una madre ansiosa, te ruego que evites la casa del pecado y de la locura. Escribe en tu corazón las palabras del sabio, y tenlas presentes en la hora de la tentación: "Aparta de ella tu camino, y no te acerques a la puerta de su casa;

porque los labios de la mujer extraña son como panal de miel, y su boca más suave que el aceite; pero su fin es amargo como el ajenjo, agudo como espada de dos filos. Sus pies descienden a la muerte; sus pasos se aferran al infierno".

2. ¿Veis aquella otra mesa allá en medio del palacio? ¡Ah, almas buenas! Muchos de vosotros creíais que nunca habíais asistido al banquete del infierno; pero también hay una mesa para vosotros; está cubierta con un hermoso paño blanco, y todos los vasos que hay sobre la mesa son limpísimos y muy hermosos. El vino no se parece al vino de Gomorra, sino que se mueve bien, como el vino de las uvas de Escol; parece que no hay en él ninguna embriaguez; es como el antiguo vino que exprimían de la uva en la copa y que no contenía ningún veneno mortal. ¿Veis a los hombres que se sientan a esta mesa? ¡Qué satisfechos están de sí mismos! Preguntad a los demonios blancos que sirven en ella, y os dirán: "Esta es la mesa de los santurrones: el fariseo se sienta allí. Es posible que lo conozcas; tiene su filacteria entre los ojos; el dobladillo de su vestido es muy ancho; es uno de los mejores de los mejores profesores". "¡Ah!", dice Satanás, mientras corre la cortina y cierra la mesa donde se divierten los libertinos, "callaos; no hagáis demasiado ruido, no sea que esos santurrones hipócritas adivinen en qué compañía están. Esos santurrones son mis invitados tanto como tú, y los tengo con la misma seguridad." Entonces Satanás, como un ángel de luz, saca una copa dorada, parecida al cáliz de la mesa de la comunión. ¿Y qué vino es ése? Parece ser el mismo vino de la sagrada Eucaristía; se llama el vino de la autosatisfacción, y alrededor del borde se pueden ver las burbujas del orgullo. Miren la espuma que se hincha sobre la copa: "Dios, te doy gracias porque no soy como los demás hombres, extorsionadores, injustos, adúlteros, ni siquiera como este publicano". Ustedes conocen esa copa, mis oyentes que se engañan a sí mismos; Oh, que conocieran la cicuta mortal que está mezclada en ella. "¿Pecáis como los demás? Tú no; en absoluto. No vas a someterte a la justicia de Cristo: ¿qué necesidad tienes? Eres tan bueno como tus vecinos; si no eres salvo, deberías serlo, piensas. ¿No pagas a todo el mundo veinte chelines por libra? ¿Has robado a alguien alguna vez en tu vida? Haces bien a tus vecinos; eres tan bueno como los demás". ¡Muy bien! Esa es la primera copa que da el diablo, y el buen vino hace que te hinches de dignidad engreída, mientras sus vapores entran en tu corazón y lo hinchan con un orgullo maldito. ¡Sí! Te veo sentado en la habitación tan limpiamente barrida y tan pulcramente adornada, y veo la multitud de tus admiradores de pie alrededor de la mesa, incluso muchos de los propios hijos de Dios, que dicen: "Oh, si yo fuera la mitad de bueno que él." Mientras que la misma humildad de los justos te proporciona alimento para tu orgullo. Espera un poco, hipócrita impío, espera un

poco, porque hay un segundo curso por venir. Satanás mira esta vez a sus invitados con un aire tan satisfecho de sí mismo como lo hizo con la tropa de alborotadores. "Ah!", dice, "engañé a esos alegres muchachos con la copa del placer; después les di la aburrida copa de la saciedad, y también os he engañado a vosotros; os creéis que estáis bien, pero os he engañado dos veces, os he embaucado de verdad". Así que trae una copa que, a veces, a él mismo no le gusta servir. Se llama la copa del descontento y de la inquietud mental, y muchos son los que tienen que beberla después de toda su autosatisfacción. ¿No descubren, ustedes que son muy buenos en su propia estima, pero que no tienen ningún interés en Cristo, que cuando se sientan a solas y comienzan a revisar sus cuentas para la eternidad, no cuadran de alguna manera; que después de todo, no pueden inclinar la balanza exactamente de su lado, como pensaban que podrían hacerlo? ¿No te has dado cuenta a veces de que, cuando pensabas que estabas parado sobre una roca, había un temblor bajo tus pies? Oíste al cristiano cantar audazmente...

"Audaz seré en ese gran día,

Pues ¿quién me acusará de algo?

Mientras, por tu sangre, absuelto estoy

De la tremenda maldición y vergüenza del pecado".

Y tú has dicho: "Bien, no puedo cantar eso, he sido tan buen hombre de iglesia como jamás haya existido, nunca he dejado de ir a mi iglesia en todos estos años, pero no puedo decir que tenga una confianza sólida." Una vez tuviste una esperanza de autosatisfacción; pero ahora ha llegado el segundo curso, y no estás tan contento. "Bien," dice otro, "he ido a mi capilla, y he sido bautizado, y he hecho profesión de religión, aunque nunca fui llevado a conocer al Señor en sinceridad y en verdad, y una vez pensé que todo estaba bien conmigo, pero quiero un algo que no puedo encontrar." Ahora viene un estremecimiento en el corazón. No es tan delicioso como uno suponía, edificar sobre la propia justicia. Ah, ese es el segundo curso. Espera un poco, y tal vez en este mundo, pero ciertamente en la hora de la muerte, el diablo traerá la tercera copa de consternación, al descubrir tu condición perdida. Cuántos hombres que han sido santurrones toda su vida, al final han descubierto que aquello en lo que habían puesto su esperanza les había fallado. He oído hablar de un ejército que, derrotado en la batalla, se esforzó por retirarse. Con todas sus fuerzas, los soldados huyeron hacia cierto río, donde esperaban encontrar un puente a través del cual podrían retirarse y estar a salvo. Pero cuando llegaron a la corriente, se oyó un grito de terror: "¡El puente está roto, el puente está roto!". El grito fue en vano, pues la multitud, precipitándose detrás, presionó a los que iban delante y los obligó a arrojarse al río, hasta que la corriente se llenó de cadáveres de hombres ahogados. Tal debe ser el destino de los santurrones. Creías que había un puente de ceremonias; que el bautismo, la confirmación y la Cena del Señor formaban los sólidos arcos de un puente de buenas obras y deberes. Pero cuando llegues a morir, se oirá el grito: "¡El puente está roto, el puente está roto!". En vano te volverás entonces. La muerte te sigue de cerca; te obliga a seguir adelante, y descubres lo que es perecer, por haber descuidado la gran salvación, e intentar salvarte a ti mismo con tus propias buenas obras. Este es el penúltimo curso: y tu último curso de todos, el peor vino, tu porción eterna debe ser la misma que la del despilfarrador. Por bueno que te hayas creído, por haber rechazado orgullosamente a Cristo, debes beber la copa de vino de la ira de Dios; esa copa que está llena de temblor. Los impíos de la tierra exprimirán las heces de esa copa, y las beberán; y tú también deberás beber de ella tan profundamente como ellos. Oh, ¡cuidado con el tiempo! Abandonad vuestras altanerías y humillaos bajo la poderosa mano de Dios. Creed en el Señor Jesucristo y seréis salvos.

3. Algunos de vosotros os habéis librado todavía de los latigazos, pero hay una tercera mesa atestada de invitados muy honorables. Creo que en esta mesa se han sentado más príncipes y reyes, alcaldes y concejales, y grandes mercaderes que en ninguna otra. Se la llama la mesa de la mundanidad. "Humph," dice un hombre, "Bien, me desagradan los despilfarradores; ahí está mi hijo mayor, he estado trabajando duro ahorrando dinero toda mi vida, y ahí está ese joven, no se atiene a los negocios: se ha convertido en un verdadero despilfarrador, me alegro mucho de que el ministro hablara tan agudamente sobre eso. En cuanto a mí... ya está; no me importa un comino vuestra santurrona gente; para mí no tiene la menor importancia; no me importa en absoluto la religión en el menor grado; me gusta saber si los fondos suben o bajan, o si hay oportunidad de hacer un buen negocio; pero eso es todo lo que me importa." Ah, mundano, leí acerca de un amigo tuyo que vestía de grana y lino fino, y vivía suntuosamente todos los días. ¿Sabes qué fue de él? Deberías recordarlo, pues a ti te espera el mismo fin. El fin de su fiesta debe ser el fin de la tuya. Si tu Dios es este mundo, puedes estar seguro de que encontrarás que tu camino está lleno de amargura. Ahora, mira esa mesa del hombre mundano, el simple mundano, que vive para la ganancia. Satanás lo trae en una copa que fluye: "Toma", le dice, "joven, estás comenzando en los negocios; no necesitas preocuparte por los convencionalismos de la honestidad, o por los ordinarios caprichos anticuados de la religión; hazte rico tan rápido como puedas. Consigue dinero, consigue dinero, honradamente si puedes, pero si no, consíguelo de

todos modos", dice el diablo, y baja su jarra. "Ahí tienes", dice, "un trago espumoso para ti". "Sí", dice el joven, "ahora tengo en abundancia. Mis esperanzas se han hecho realidad". He aquí, pues, el primer y mejor vino del festín del mundano, y muchos de vosotros estáis tentados de envidiar a este hombre. "Oh, si yo tuviera semejante perspectiva en los negocios," dice uno, "no soy ni la mitad de listo que él, no podría tratar como él trata; mi religión no me lo permitiría. Pero ¡qué rápido se hace rico! Ojalá yo pudiera prosperar como él". Vamos, hermano mío, no juzgues antes de tiempo, hay un segundo plato por venir, la espesa y nauseabunda corriente de la preocupación. El hombre tiene su dinero, pero los que quieren ser ricos, caen en tentación y lazo. La riqueza mal adquirida, o mal usada, o atesorada, trae consigo un cáncer, que no ataca al oro y a la plata, sino que ataca al corazón del hombre, y un corazón atacado es una de las cosas más horribles que un hombre puede tener. Ved a este amante del dinero, y fijaos en la preocupación que se apodera de su corazón. Hay una pobre anciana que vive cerca de la puerta de su posada. No tiene más que una miseria a la semana, pero dice: "Bendito sea el Señor, tengo suficiente". Nunca se pregunta cómo va a vivir, o cómo va a morir, o cómo va a ser enterrada, sino que duerme dulcemente sobre la almohada de la satisfacción y la fe; y aquí está este pobre tonto con oro incalculable, pero es miserable porque se le cayeron seis peniques mientras caminaba por las calles, o porque tuvo una llamada extra a su caridad, a la que la presencia de algún amigo le obligó a ceder; o tal vez gime porque su abrigo se desgasta demasiado pronto.

Después viene la avaricia. Muchos han tenido que beber de esa copa; que Dios salve a cualquiera de nosotros de sus ardientes gotas. Un gran predicador norteamericano ha dicho: "La codicia engendra miseria. La vista de casas mejores que la nuestra, de vestidos más costosos que nuestras posibilidades, de joyas más caras que las que podemos llevar, de equipajes majestuosos, y de curiosidades raras fuera de nuestro alcance, todo esto incuba la víbora de los pensamientos codiciosos; vejando al pobre, que sería rico; atormentando al rico, que sería más rico. El hombre codicioso suspira por ver placer; se entristece en presencia de la alegría; y la alegría del mundo es su tristeza, porque toda la felicidad de los demás no es suya. No me extraña que Dios lo aborrezca. Inspecciona su corazón como inspeccionaría una cueva llena de pájaros ruidosos, o un nido de reptiles traqueteantes, y aborrece la vista de sus reptantes inquilinos. Para el hombre codicioso la vida es una pesadilla, y Dios le permite luchar con ella lo mejor que pueda. Mammón podría construir su palacio sobre un corazón así, y el Placer llevar allí todo su jolgorio, el Honor todas sus guirnaldas; sería como los placeres en un sepulcro, y las guirnaldas sobre una tumba." Cuando un hombre se vuelve avaro, todo lo que tiene no es nada para él; "¡Más, más, más!" dice, como algunas pobres criaturas en una terrible fiebre, que gritan, "¡Bebe, bebe, bebe!" y tú les das de beber, pero después de que lo tienen, su sed aumenta. Como la sanguijuela de caballo gritan: "¡Da, da, da!". La avaricia es una locura delirante que busca asir el mundo en sus brazos, y sin embargo desprecia la abundancia que ya tiene. Esta es una maldición de la que muchos han muerto; y algunos han muerto con la bolsa de oro en sus manos, y con la miseria sobre su frente, porque no pudieron llevarla consigo en su ataúd, y no pudieron llevarla a otro mundo. Bien, entonces, viene el siguiente curso. Baxter y aquellos terribles predicadores antiguos solían imaginarse al avaro, y al hombre que sólo vivía para hacer oro, en medio del infierno; y se imaginaban a Mammon vertiendo oro fundido por su garganta. "Ya está", dicen los demonios burlones, "eso es lo que querías, ya lo tienes; ¡bebe, bebe, bebe!" y el oro fundido es vertido. Sin embargo, no voy a permitirme imaginaciones tan terribles, pero esto sí sé: el que vive para sí mismo aquí, debe perecer; el que pone sus afectos en las cosas de la tierra, no ha cavado hondo; ha construido su casa sobre las arenas; y cuando descienda la lluvia y vengan las inundaciones, su casa se vendrá abajo, y grande será su caída. Sin embargo, primero es el mejor vino; es el hombre respetable, respetable y respetado, al que todos honran, y después lo que es peor, cuando la mezquindad ha mendigado su riqueza y la codicia ha enloquecido su cerebro. Es seguro que vendrá, tan seguro como que siempre te entregas a la mundanalidad.

4. La cuarta mesa está colocada en un rincón muy apartado, en una parte muy privada del palacio de Satanás. Allí está la mesa puesta para los pecadores secretos, y aquí se observa la antigua regla. En esa mesa, en una habitación bien oscurecida, veo hoy a un joven sentado, y Satanás es el sirviente, entrando tan silenciosamente, que nadie le oiría. Trae la primera copa, y ¡cuán dulce es! Es la copa del pecado secreto. "Las aguas robadas son dulces, y el pan comido en secreto es agradable". ¡Qué dulce es ese bocado, comido a solas! ¿Hubo alguna vez uno que rodara tan delicadamente bajo la lengua? Ese es el primero; después, trae otro, el vino de una conciencia intranquila. El hombre abre los ojos. Dice: "¿Qué he hecho? ¿Qué he hecho? Ah," grita este Acán, "la primera copa que me trajiste, vi brillar en ella una cuña de oro, y un buen vestido babilónico; y pensé, 'Oh, debo tener eso;' pero ahora mi pensamiento es, ¿Qué haré para esconder esto, dónde lo pondré? Debo cavar. Ay, debo cavar tan profundo como el infierno antes de esconderlo, porque seguro que será descubierto".

El sombrío gobernador de la fiesta trae un enorme cuenco, lleno de una mezcla negra. El pecador secreto bebe, y está confundido; teme que su pecado lo descubra. No tiene paz, ni felicidad, está lleno de miedo intranquilo; teme que lo descubran. Sueña por la noche que hay alguien tras él; hay una voz que le susurra al oído y le dice: "Lo sé todo; lo contaré". Piensa, tal vez, que el pecado que ha cometido en secreto se revelará a sus amigos; el padre lo sabrá, la madre lo sabrá. Ay, puede ser que incluso el médico cuente la historia, y revele el desdichado secreto. Para un hombre así no hay descanso. Siempre teme ser arrestado. Es como el deudor de quien he leído que, debiendo mucho dinero, temía que le persiguieran los alguaciles, y que un día se enganchó la manga en lo alto de una empalizada, y dijo: "Ya está, dejadme; tengo prisa. Os pagaré mañana", imaginando que alguien le estaba echando el guante. Tal es la posición en que se coloca el hombre al participar de las cosas ocultas de la deshonestidad y del pecado. Así no encuentra descanso para la planta de su pie por temor a ser descubierto. Al fin llega el descubrimiento; es la última copa. A menudo llega en la tierra; porque ten por seguro que tu pecado te descubrirá, y generalmente te descubrirá aquí. Qué espantosas exhibiciones se ven en nuestros tribunales de policía de hombres a los que se les hace beber esa última negra copa del descubrimiento. El hombre que presidía reuniones religiosas, el hombre que era honrado como un santo, es al fin desenmascarado. ¿Y qué dice el juez, y qué dice el mundo de él? Es una burla, un reproche y una reprimenda en todas partes. Pero, supongan que fuera tan astuto, que pasara a través de la vida sin ser descubierto, aunque pienso que es casi imposible, ¡qué cáliz habrá de beber cuando se presente por fin ante el tribunal de Dios! "¡Sácalo, carcelero! Temible guardián del calabozo del infierno, saca al prisionero". ¡Ya viene! El mundo entero está reunido: "¡Levántese, señor! ¿No hicisteis profesión de religión? ¿No os consideraba todo el mundo un santo?" Se ha quedado mudo. Pero hay muchos en esa vasta multitud que gritan: "Nosotros lo creíamos así". El libro está abierto, se leen sus obras: transgresión tras transgresión, todas al descubierto. ¿Oyes ese silbido? Los justos, indignados, alzan la voz contra el hombre que los engañó y habitó entre ellos como lobo con piel de oveja. ¡Oh, qué terrible debe ser soportar el escarnio del universo! Los buenos pueden soportar el escarnio de los malvados, pero para los malvados soportar la vergüenza y el desprecio eterno que la justa indignación amontonará sobre ellos, será una de las cosas más espantosas, junto con el eterno aguante de la ira del Altísimo, que, no necesito añadir, es la última copa del terrible festín del diablo, con la que el pecador secreto será colmado por los siglos de los siglos.

Ahora hago una pausa, pero es sólo para reunir fuerzas y rogar que no se olvide nada de lo que haya dicho, que tenga la más mínima relación personal con cualquiera de mis oyentes. Les ruego, hombres y hermanos, que si ahora están comiendo la grasa y bebiendo el dulce del banquete del infierno, hagan una pausa y reflexionen, ¿cuál será el fin? "El que siembra para la carne, de la carne segará corrupción. El que siembra para el espíritu, del espíritu segará vida eterna". No puedo dedicar más tiempo a esto, con toda seguridad.

II. Pero deben disculparme si sólo les dedico unos cuantos minutos para llevarlos a la CASA DEL SALVADOR, donde Él agasaja a sus amados. Vengan y siéntense con nosotros a la mesa de las providencias externas de Cristo. Él no agasaja a sus hijos a la manera del príncipe de las tinieblas, pues la primera copa que Cristo les trae es muy a menudo una copa de amargura. Hay sus propios hijos amados, sus propios redimidos, que sólo tienen una triste alegría. Jesús trae la copa de la pobreza y de la aflicción, y hace beber de ella a sus propios hijos, hasta que dicen: "Me has embriagado con ajenjo, y me has llenado de amargura". Así comienza Cristo. Primero el peor vino. Cuando el sargento comienza con un joven recluta, le da un chelín, y luego, después, vienen la marcha y la batalla. Pero Cristo nunca toma así a sus reclutas. Deben calcular el costo, no sea que comiencen a construir y no puedan terminar. No quiere tener discípulos que se dejen deslumbrar por las primeras apariencias. Comienza rudamente con ellos, y muchos han sido sus hijos que han descubierto que el primer plato de la mesa del Redentor ha sido la aflicción, el dolor, la pobreza y la necesidad.

Antiguamente, cuando lo mejor del pueblo de Dios estaba a la mesa, solía servirles lo peor, pues andaban por ahí con pieles de oveja y de cabra, siendo indigentes, afligidos, atormentados, de quienes el mundo no era digno, y seguían bebiendo de estas amargas copas durante muchos días; pero déjenme decirles que después les sacó copas más dulces, y ustedes que han sido atribulados lo han encontrado así. Después de la copa de aflicción, viene la copa de consolación, y, ¡oh, cuán dulce es eso! Estos labios han tenido el privilegio de beber esa copa después de la enfermedad y el dolor; y puedo atestiguar que dije de mi Maestro: "Has guardado el mejor vino hasta ahora". Era tan delicioso, que su sabor quitaba todo sabor de la amargura de la pena; y dije: "Ciertamente la amargura de esta enfermedad ha pasado, porque el Señor se me ha manifestado, y me ha dado su mejor vino." Pero, amados, el mejor vino ha de venir al fin. El pueblo de Dios lo encontrará así exteriormente. El pobre santo viene a morir. El maestro le ha dado la copa de la pobreza, pero ahora ya no bebe de ella, es rico a todos los efectos de la bienaventuranza. Ha bebido el cáliz de la enfermedad; ya no lo beberá más. Ha bebido el cáliz de la persecución, pero ahora es glorificado, junto con su Maestro, y sentado en su trono. Las mejores cosas le han llegado al final en circunstancias externas. Había una vez dos mártires quemados en Stratford-le-Bow;

uno de ellos era cojo, y el otro ciego, y cuando estaban atados a la estaca, el cojo tomó su muleta y la arrojó al suelo, y le dijo al otro: "Anímate, hermano, ésta es la aguda medicina que nos curará, yo no quedaré cojo dentro de una hora desde este momento, ni tú quedarás ciego." No, lo mejor había de venir al fin. Pero a menudo he pensado que el hijo de Dios es muy parecido a los cruzados. Los cruzados emprendieron su viaje, y tuvieron que abrirse paso a través de muchas millas de enemigos y marchar a través de leguas de peligro. Tal vez recuerden en la historia, el relato de que cuando los ejércitos del Duque de Bouillon llegaron a la vista de Jerusalén, saltaron de sus caballos, aplaudieron y gritaron: "Jerusalén, Jerusalén, Jerusalén". Olvidaron todas sus fatigas, todo el cansancio del viaje y todas sus heridas, porque allí estaba Jerusalén a su vista. Y cómo gritará al fin el santo: "¡Jerusalén, Jerusalén!", cuando hayan pasado todas las penas, la pobreza y la enfermedad, y sea bendecido con la inmortalidad. El vino malo - ¿malo dije? no, el vino amargo es quitado, y el mejor vino es sacado, y el santo se ve a sí mismo glorificado para siempre con Cristo Jesús.

Y ahora nos sentaremos a la mesa de la experiencia interior. El primer cáliz que Cristo trae a sus hijos, cuando se sientan a esa mesa, es uno tan amargo que, tal vez, ninguna lengua pueda describirlo jamás: es el cáliz de la convicción. Es una copa negra, llena de la más intensa amargura. El apóstol Pablo bebió una vez un poco de ella, pero era tan fuerte que lo dejó ciego durante tres días. La convicción de su pecado lo dominó totalmente; sólo pudo entregar su alma al ayuno y a la oración, y sólo cuando bebió de la siguiente copa se le cayeron las escamas de los ojos. He bebido de ella, hijos de Dios, y pensé que Jesús no era amable, pero, al poco tiempo, me trajo una copa más dulce, la copa de su amor perdonador, llena del rico carmesí de su preciosa sangre. Oh! el sabor de ese vino está en mi boca en esta misma hora, porque su sabor es como el vino del Líbano, que permanece en el barril durante muchos días. ¿No recuerdas cuando, después de haber bebido la copa del dolor, Jesús vino y te mostró sus manos y su costado, y dijo: "Pecador, yo he muerto por ti, y me he entregado a mí mismo por ti; cree en mí?" ¿No recuerdas cómo creíste, y sorbiste el cáliz, e inclinándote creíste de nuevo y tomaste un trago más profundo, y dijiste: "Bendito sea el nombre de Dios desde ahora y para siempre; y que toda la tierra diga: 'Amén', porque él ha roto las puertas de bronce, y cortado las barras de hierro en pedazos, y ha dejado ir libres a los cautivos?". Desde entonces el glorioso Maestro te ha dicho: "Amigo, sube más arriba", y te ha llevado a los asientos superiores de las mejores salas, y te ha dado cosas más dulces. No te hablaré hoy de los vinos que has bebido. La esposa del Cantar de los Cantares de Salomón puede suplir la deficiencia de mi sermón de esta mañana. Ella bebió del vino especiado de su granada; y lo mismo has hecho tú, en esos momentos elevados y felices en que tuviste comunión con el Padre, y con su Hijo, Jesucristo. Pero espera un poco, que él ha guardado aún el mejor vino. Pronto os acercaréis a las orillas del Jordán, y entonces comenzaréis a beber del viejo vino del reino, que ha sido elaborado desde la fundación del mundo. La vendimia de la agonía del Salvador; la vendimia de Getsemaní pronto será brotada para vosotros, el viejo vino del reino. Has entrado en la tierra "Beulah", y comienzas a probar el sabor pleno de los vinos sobre lías bien refinados. Ya sabes cómo describe Bunyan el estado que bordea el valle de la muerte. Era una tierra que manaba leche y miel; una tierra donde los ángeles venían a menudo a visitar a los santos, y a traer fardos de mirra del país de las especias. Y ahora se da el alto paso, el Señor pone su dedo sobre tus párpados y besa tu alma en tus labios. ¿Dónde estás ahora? En un mar de amor, y vida, y dicha, e inmortalidad. "¡Oh Jesús, Jesús, Jesús, tú sí que has guardado el mejor vino hasta ahora! ¡Maestro mío! Te he visto en sábado, pero éste es un sábado eterno. Te he visto en la congregación, pero ésta es una congregación que nunca se disolverá. ¡Oh Maestro mío! He visto las promesas, pero esto es el cumplimiento. Te he bendecido por misericordiosas providencias, pero esto es algo más que todas ellas: me diste gracia, pero ahora me has dado gloria; antes fuiste mi escudo, pero ahora eres mi sol. Estoy a tu diestra, donde hay plenitud de gozo para siempre. Tú has guardado hasta ahora tu mejor vino. Todo lo que tuve antes fue nada comparado con esto".

Y, por último, pues sólo me falta tiempo, podría predicar una semana sobre este tema. Los hijos de Dios deben sentarse a la mesa de la comunión. Y lo primero que deben beber allí, es la copa de la comunión con Cristo en sus sufrimientos. Si quieres llegar a la mesa de la comunión con Cristo, primero debes beber del vino del Calvario. Cristiano, tu cabeza debe estar coronada de espinas. Tus manos deben ser traspasadas, no quiero decir con clavos, pero, espiritualmente debes ser crucificado con Cristo. Debemos sufrir con él, o de lo contrario no podemos reinar con él; debemos trabajar con él primero, debemos beber del vino que su Padre le dio a beber, o de lo contrario no podemos esperar llegar a la mejor parte de la fiesta. Después de beber y seguir bebiendo el vino de sus sufrimientos, hemos de beber el cáliz de sus trabajos, hemos de ser bautizados con su bautismo, hemos de trabajar por las almas y simpatizar con él en la ambición de su corazón: la salvación de los pecadores, y después nos dará a beber el cáliz de sus honores anticipados. Aquí en la tierra tendremos buen vino en comunión con Cristo en su resurrección, en sus triunfos y sus victorias, pero el mejor vino vendrá al fin. Oh cámaras de comunión, se me han abierto vuestras puertas; pero sólo he podido echar un vistazo dentro de ellas; pero se acerca el día en que sobre vuestros goznes de diamante giraréis, y quedaréis abiertas de par en par por los siglos de los siglos; y yo entraré en el palacio del rey y no saldré más. Oh cristiano! pronto verás al Rey en su hermosura; pronto estará tu cabeza en su pecho; pronto te sentarás a sus pies con María; pronto harás como el esposo, le besarás con los besos de tus labios, y sentirás que su amor es mejor que el vino. Puedo concebiros, hermanos, en el último momento de vuestra vida, o mejor, en el primer momento de vuestra vida, diciendo: "Ha guardado el mejor vino hasta ahora". Cuando empecéis a verle cara a cara, cuando entréis en la más íntima comunión, sin nada que os perturbe o distraiga, entonces diréis: "El mejor vino se ha guardado hasta ahora."

Un santo agonizaba una vez, y otro que estaba sentado a su lado le dijo: "Adiós, hermano, no volveré a verte en la tierra de los vivos". "Oh", dijo el moribundo, "te volveré a ver en la tierra de los vivos que está allá arriba, adonde voy; ésta es la tierra de los moribundos". Oh, hermanos y hermanas, si no volvemos a encontrarnos en la tierra de los moribundos, ¿tenemos la esperanza de que nos encontraremos en la tierra de los vivos y beberemos por fin el último vino?

Sermón #226—Fiesta del Señor

PRONUNCIADO LA NOCHE DEL SÁBADO 28 DE NOVIEMBRE DE 1858, POR EL
REV. C.H. SPURGEON
EN EL MUSIC HALL, ROYAL SURREY GARDENS.

"El presidente de la fiesta llamó al novio, y le dijo: Todo hombre pone al principio vino bueno, y cuando los hombres han bebido bien, entonces el que es peor; pero tú has guardado el vino bueno hasta ahora."-Juan 2:9-10.

Había agotado mi tiempo esta mañana describiendo el festín de Satanás: cómo en las cuatro mesas, donde se sentaban los despilfarradores, los santurrones, los mundanos y los secretamente pecadores, Satanás procedía siempre así: primero, el buen vino, y cuando los hombres habían bebido bien, lo que era peor. Su festín disminuía de valor a medida que avanzaba, y pasaba del brillante crepitar de la espina bajo la olla a la negrura de las tinieblas para siempre. En mi segundo punto quería mostrar que la regla del banquete de Cristo es justamente la contraria: que Cristo siempre da el mejor vino al final, que guarda las cosas buenas hasta el final del banquete; es más, que a veces las primeras copas en la mesa de Cristo están llenas de ajenjo y hiel, y son sumamente amargas, pero que si nos demoramos en el banquete, se harán más dulces, y más dulces, y más dulces, hasta que por fin, cuando lleguemos a la tierra de Beulah, y especialmente cuando entremos en la ciudad de nuestro Dios, nos veremos obligados a decir: "Has guardado el buen vino hasta ahora"."

Ahora, mis queridos amigos, este es un gran hecho, que el banquete de Cristo aumenta en dulzura. Cuando el Señor Jesucristo proclamó por primera vez un banquete para los hijos de los hombres, la primera copa que puso sobre la mesa era muy pequeña y contenía muy pocas palabras de consolación. Ustedes recuerdan la inscripción en esa antigua vasija, la primera copa de consolación que se ofreció a los hijos de los hombres: "La simiente de la mujer herirá a la serpiente en la cabeza". Mucho para nosotros, porque podemos entenderlo mejor, y algo para ellos, porque el Espíritu de Dios podría ayudarles a entenderlo; pero aun así, en su revelación no parecía haber más que poca promesa. A medida que el mundo avanzaba, se producían mayores copas de vino precioso, del cual bebían los patriarcas y los santos antiguos; pero, amados, todo el vino que ellos tuvieron bajo la dispensación del Antiguo

Testamento estaba muy por detrás del que nosotros bebemos. El más pequeño en el reino de los cielos es más favorecido que el principal bajo la dispensación del Antiguo Testamento. Nuestros padres comían maná, pero nosotros comemos el pan bajado del cielo; ellos bebían agua en el desierto, pero nosotros bebemos de esa agua viva de la que el que beba no tendrá sed jamás. Es cierto que tenían mucha dulzura; las copas del antiguo tabernáculo contenían vino precioso; había en el símbolo externo, el signo y la sombra, mucho que era delicioso para la fe del verdadero creyente; pero debemos recordar que estamos bebiendo hoy de ese vino que los profetas y los reyes deseaban beber, pero murieron sin probarlo. Adivinaban su dulzura; podían prever por la fe lo que sería; pero ¡he aquí! a nosotros se nos permite sentarnos a la mesa y beber sorbos llenos de vinos de lías bien refinados, que Dios nos ha dado en este monte en el que ha hecho un banquete de grosuras para todo el pueblo.

Pero, amados, el texto sigue siendo cierto para nosotros: hay un vino mejor por venir. Nuestros privilegios son superiores a los de los patriarcas, reyes y profetas. Dios nos ha dado un día más brillante y más claro que el que ellos tuvieron; el suyo no era más que el crepúsculo de la mañana, comparado con el mediodía que nosotros disfrutamos. Pero no creas que hemos llegado aún al mejor vino. Hay banquetes más nobles para la iglesia de Dios; y ¿quién sabe cuánto tiempo pasará antes de que se pruebe el mejor de los vinos preciosos? No sabéis que el Rey del Cielo viene otra vez a esta tierra; Jesucristo, que vino una vez y ofreció su corazón por nosotros en el Calvario, viene otra vez a inundar la tierra de gloria. Vino una vez con una ofrenda por el pecado en la mano: he aquí que ya no viene con una ofrenda por el pecado, sino con la copa de la salvación y de la acción de gracias, para invocar el nombre del Señor y tomar para sí con gozo el trono de David, su padre. Tú y yo, si vivimos y permanecemos, pondremos aún esa copa en nuestros labios; y si morimos, tenemos este privilegio, este feliz consuelo, de que no nos quedaremos atrás, porque "sonará la trompeta, y los muertos resucitarán incorruptibles", y beberemos de ese vino milenario que Cristo, nuestro Salvador, ha reservado para los últimos. Santos, no sabéis qué copas de oro son aquellas de las que beberéis en los mil años del triunfo del Redentor. No sabéis qué vino espumoso y tinto será el que proceda de la vendimia de las colinas de gloria, cuando aquel cuyos vestidos están rojos de pisar el lagar, descienda en el gran día y se pare sobre la tierra. La sola idea de esto alegraba a Job. "Sé que mi Redentor vive, y que se levantará en el último día sobre la tierra; y aunque después de mi piel los gusanos destruyan este cuerpo, en mi carne veré a Dios". Que esto te regocije y te alegre, cristiano, que el buen vino se guarda hasta ese tiempo.

Y ahora, habiendo mostrado que ésta es la regla de Cristo en la gran dispensación que usa para toda su Iglesia, pasaré al tema de esta noche, que es el siguiente: Primero, el hecho de que el creyente encontrará que Cristo guarda para él el mejor vino hasta el final; segundo, la razón de Cristo para hacerlo; y tercero, la lección que debemos aprender de ello.

I. Primero, EL HECHO DE QUE CRISTO CONSERVA SU BUEN VINO HASTA EL ÚLTIMO. Mientras cabalgaba aquí, estaba pensando cuán cierto es esto para algunos del pueblo de Dios. Vamos, hay algunos de los más amados de Dios, que tienen sus nombres en la coraza del grandioso Sumo Sacerdote, que han sido comprados con su sangre, y son muy queridos para su alma, que no han sabido desde su juventud lo que es salir de las profundidades de la pobreza. Tienen que vivir de la mano a la boca, sin saber un día de dónde les vendrá otra comida. Cuántos más hay del pueblo de Dios que yacen en lechos de aflicción. Algunos de los más preciosos diamantes de Dios yacen en el estercolero de la enfermedad. Pueden ir y subir a muchos aposentos donde verán a las víctimas de todo tipo de enfermedades, repugnantes, prolongadas y dolorosas, y verán a los amados de Dios languideciendo en una vida agonizante. Podría señalaros a otros siervos de Dios, cuyos días se pasan en fatigas. Se necesita para el cuerpo humano, y especialmente para el alma, un poco de descanso y un poco del alimento del conocimiento; pero éstos han tenido tan poca instrucción que no pueden prepararse el alimento mental; si leen apenas pueden entender, y tienen una dura esclavitud en esta vida, que les amarga la vida y les impide el conocimiento. Tienen que trabajar de la mañana a la noche, sin apenas un momento de descanso. Oh, amados, ¿no será verdad de ellos, cuando la muerte les dé su descargo, cuando dejen este mundo, que ha sido para ellos, con énfasis, un valle de lágrimas? ¿No tendrán que decir: "Has guardado el buen vino hasta ahora"? Oh, qué cambio para la que ha venido cojeando estos muchos días de reposo al santuario, pues allí no subirá más a la casa del Señor cojeando y coja, sino que el "cojo saltará como el ciervo," y como Miriam, danzará con las hijas de Israel. Ah, puede que hayáis tenido que sufrir enfermedad y pena y dolor, ceguera y sordera, y miles de males de este mundo: ¡qué cambio para vosotros, cuando descubráis que todos han desaparecido! No tendréis dolores atroces, ni penosas necesidades, ni ansiosos cuidados. No tendréis que llorar para que la luz del sol penetre en vuestras moradas, ni llorar porque vuestra vista se esté perdiendo por el incesante trabajo con esa aguja asesina; sino que veréis la luz de Dios, más brillante que la luz del sol, y os regocijaréis en los rayos que proceden de su rostro. No tendréis más enfermedades; la inmortalidad las habrá cubierto y tragado; lo que fue sembrado en debilidad será levantado en poder; lo que fue sembrado desordenado, lleno de dolor y tristeza, y desarticulado y lleno de agonía, será levantado lleno de delicias deliciosas, ya no capaz de angustia, sino temblando de gozo y dicha indecible. Ya no seréis pobres; seréis ricos, más ricos que el sueño del avaro. Ya no tendréis que trabajar; descansaréis en vuestros lechos, cada uno de vosotros caminando en vuestra rectitud. No sufriréis más el abandono y el desprecio y la ignominia y la persecución; seréis glorificados con Cristo, en el día en que venga para ser admirado de los que le aman. ¡Qué cambio para los tales! El mejor vino en verdad se guarda para el final, en su caso, porque nunca han tenido ningún buen vino aquí, a los ojos de los hombres, aunque secretamente han bebido muchas veces de la botella de Jesús. Él ha puesto a menudo su copa cordial en sus labios. Han sido como la oveja que perteneció al hombre de la parábola de Natán: han bebido de la propia copa de Cristo en la tierra, pero aún más dulce que esa copa será el trago que recibirán al final.

Pero, mis queridos amigos, aunque pongo a estos primeros, como sintiendo especialmente el cambio, porque podemos ver la diferencia, sin embargo, será verdad que de los más favorecidos de los hijos de Dios, todos ellos dirán: "El mejor vino se guarda hasta ahora". De todos los hombres a quienes podría envidiar, creo que envidiaría en primer lugar al apóstol Pablo. ¡Qué hombre! ¡Cuán altamente favorecido! ¡Cuán grandemente dotado! ¡Cuán bendito! Ah, Pablo, tú podías hablar de revelaciones y de visiones de lo alto. Oyó cosas que era ilícito que un hombre dijera, y vio lo que pocos ojos han visto jamás. Fue arrebatado al tercer cielo. ¡Qué gozo debió de sentir el apóstol Pablo; qué miradas a las cosas profundas de Dios; qué remontadas a las alturas del cielo! Tal vez nunca hubo un hombre que fuera más favorecido por Dios; para tener su mente expandida, y luego tenerla llena de la sabiduría y la revelación del conocimiento del Altísimo. Pero pregúntale al apóstol Pablo si cree que haya algo mejor por venir, y te dirá: "Ahora vemos a través de un cristal oscuro, pero entonces veremos cara a cara; ahora conocemos en parte, pero entonces conoceremos como somos conocidos". Evidentemente esperaba algo más de lo que había recibido; y, amados, no quedó defraudado. Había un cielo tan por encima de todos los goces de Pablo, como los goces de Pablo estaban por encima de las depresiones de su espíritu, cuando dijo: "Desventurado de mí, ¿quién me librará del cuerpo de esta muerte?". Hay hijos de Dios que tienen todo lo que pueden necesitar de los bienes de este mundo; parecen estar libres de cuidados terrenales, y tienen fe suficiente para confiar en su Dios con respecto al futuro. Su fe es firme y fuerte; tienen mucho amor al Redentor; están ocupados en alguna obra deliciosa, y el Espíritu Santo asiste a esa obra con gran éxito. Sus días se suceden uno tras otro, como las olas del mar en calma. Dios está con ellos, y son grandemente bendecidos; extienden sus raíces junto al río, su hoja no se marchita, y todo lo que hacen, prospera; por dondequiera que vuelven su mano el Señor su Dios está con ellos, en cualquier tierra que ponen sus pies son como Josué, esa tierra les es dada para serles una herencia para siempre. Pero, amados, aun éstos verán cosas mayores de las que hasta ahora han contemplado. Tan alto como su Maestro los ha llevado a la casa de banquetes, tan elevada como es la habitación en la que ahora festejan, el Maestro les dirá: "Subid más alto". Sabrán más, disfrutarán más, sentirán más, harán más, poseerán más. Estarán más cerca de Cristo; tendrán goces más ricos y empleos más dulces de los que han tenido; y sentirán que su Maestro ha guardado su buen vino hasta ahora.

Entrando en detalles por un momento, muy brevemente, sólo debo observar que hay muchos aspectos bajo los cuales podemos considerar el estado celestial, y en cada uno de ellos tendremos que decir que Cristo ha guardado el buen vino hasta entonces. Aquí en la tierra el creyente entra en el reposo por la fe; el cristiano disfruta del reposo aun en el desierto; la promesa se cumple. "Habitarán seguros en el desierto, y dormirán en los bosques". Dios da a sus amados el sueño; hay una paz que sobrepasa todo entendimiento, de la que podemos gozar aun en esta tierra de agitación, contiendas y alarmas, una paz que el mundano no conoce ni puede adivinar.

"Una santa calma dentro del corazón,

La prenda del descanso glorioso.

Que para la iglesia de Dios permanece,

El fin de las preocupaciones, el fin de los dolores".

Pero amados, bebamos como bebamos de la copa de la paz, el buen vino se guarda para un tiempo futuro. La paz que bebemos hoy está salpicada con algunas gotas de amargura. Hay pensamientos perturbadores; vendrán las preocupaciones de este mundo, surgirán dudas; vivamos como vivamos en este mundo, tendremos inquietudes; espinas en la carne vendrán. Pero ¡oh! el "reposo que queda al pueblo de Dios". ¡Qué buen vino será ese! Dios tiene un sol sin una mancha, un cielo sin una nube, un día sin una noche, un mar sin una ola, un mundo sin una lágrima. Dichosos los que, habiendo pasado por este mundo, han entrado en el reposo, y cesado de sus propias obras, como Dios cesó de las suyas, bañando sus almas cansadas en mares de reposo celestial.

Mira el cielo bajo otro aspecto. Es un lugar de santa compañía. En este mundo hemos tenido un buen vino de dulce compañía. Podemos hablar de muchos de los preciosos hijos de Sión con quienes hemos tenido dulces consejos; bendito sea el Señor; no todos los justos han faltado entre los hombres. Algunos de ustedes pueden recordar nombres de oro que les eran muy queridos en los días de su juventud, de hombres y mujeres con quienes solían subir a la casa de Dios y tomar dulces consejos. Ah, qué palabras solían brotar de sus labios, y qué dulce bálsamo tenían ustedes en los días de su aflicción cuando los consolaban y los confortaban: y todavía les quedan amigos, a quienes admiran con cierto grado de reverencia, mientras que ellos los miran con intenso afecto. Hay algunos hombres que son consoladores para tu alma, y cuando hablas con ellos sientes que su corazón responde al tuyo, y que puedes gozar de unión y comunión con ellos. Pero amados, el buen vino se guarda hasta el final. Toda la comunión con los santos que hemos tenido aquí, no es nada comparada con la que gozaremos en el mundo venidero. Cuán dulce es para nosotros recordar que en el cielo estaremos en compañía de los mejores hombres, los más nobles, los más poderosos, los más honorables y los más renombrados. Nos sentaremos con Moisés, y hablaremos con él de toda su vida de maravillas; caminaremos con José, y oiremos de él la gracia que le guardó en su hora de peligro; no dudo que tú y yo tendremos el privilegio de sentarnos al lado de David, y oírle contar los peligros y las liberaciones por los que pasó. Los santos del cielo forman una sola comunión, no están divididos en clases separadas; se nos permitirá caminar por todas las filas gloriosas, y tener comunión con todos ellos; no tenemos por qué dudar de que podremos conocerlos a todos. Hay muchas razones que no podría enumerar ahora, porque me llevaría demasiado tiempo, que me parece que resuelven el punto de que en el cielo conoceremos tal como somos conocidos, y nos conoceremos perfectamente unos a otros; y eso, en verdad, nos hace desear estar allí. "La asamblea general y la iglesia de los primogénitos, cuyos nombres están escritos en el cielo". Oh, alejarnos de esta pobre iglesia de aquí, que está llena de contiendas y divisiones, y disputas y celos y animosidades; alejarnos de la sociedad de hombres que están llenos de debilidades, aunque tienen mucha gracia, y entrar en un lugar donde no habrá debilidades en aquellos con quienes hablamos, ni temperamentos apresurados,-cuando no esté en nuestro poder suscitar entre esas santas aves del Paraíso una causa de contienda, cuando caminemos en medio de todos ellos, y veamos que el amor resplandece en cada ojo, y sintamos que un profundo afecto está asentado en cada corazón. Ese será el mejor vino. ¿No anhelan beberlo? Entrar en esa gran comunión de la iglesia, y asistir a esas gloriosas reuniones de la iglesia,

"Donde toda la raza elegida
Se reunirán alrededor del trono,

> Para bendecir la conducta de su gracia,
> Y dar a conocer sus maravillas".

Una vez más, mira al cielo, si quieres, desde el punto de vista del conocimiento. En la tierra sabemos muchas cosas que nos hacen felices; Jesucristo nos ha enseñado muchas cosas que nos dan gozo y alegría. Es un mundo de ignorancia, pero aun así por la gracia hemos entrado en la escuela del evangelio, y hemos aprendido algunas dulces verdades. Es verdad que nos parecemos mucho al niño que empieza a escribir. Tuvimos que hacer muchos feos ganchos y perchas, y todavía no hemos aprendido a escribir la dulce y corrida mano del gozo; pero no obstante, el Señor nos ha enseñado algunas grandes verdades para llenar nuestro corazón de gozo; la gran doctrina de la elección, el conocimiento de nuestra redención, el hecho de nuestra seguridad en Cristo; estas grandes pero sencillas doctrinas han llenado nuestros corazones de dicha. Pero, hermanos, el mejor vino se guarda para el final, cuando el Señor Jesucristo tome el libro y rompa sus sellos, y nos permita leerlo todo, entonces sí que nos regocijaremos, porque el mejor vino estará en nuestros labios. Hay viejos barriles de conocimiento que contienen el vino más rico, y Cristo los apuntalará, y beberemos de ellos hasta saciarnos. No es conveniente que sepamos ahora todas las cosas; no podríamos soportar muchas, y por eso Cristo las retiene; pero

> "Allí verás, oirás y conocerás
> Todo lo que deseaba o deseaba a continuación,
> Y todo poder encuentra dulce empleo
> En ese mundo eterno de alegría".

Si lo desean, pueden considerar el cielo en otro sentido: como un lugar de manifestaciones y de alegrías. Ahora bien, este mundo es un lugar de manifestaciones para el creyente. ¿Me aventuraré por un momento, o incluso por un segundo, a hablar de las manifestaciones de sí mismo que Cristo se complace en ofrecer a sus pobres hijos en la tierra? No, amados, vuestra propia experiencia suplirá mi falta. Sólo diré que hay ocasiones en que el Señor Jesús dice a sus amados: "Ven, amado mío, salgamos al campo; hospedémonos en las aldeas. Madruguemos a las viñas; veamos si florece la vid, si aparece la uva tierna y brotan los granados: allí te daré mis amores." Pero, ¿cuál debe ser la comunión del cielo? Esta noche fracasaré en mi intento de hablarles del mejor vino, por esta sencilla razón: creo que hay muy pocos hombres que puedan predicar del cielo de tal manera que les interese mucho, pues ustedes sienten que todo lo que podemos decir está tan lejos de la realidad, que bien podríamos haberlo dejado en paz. Baxter podría escribir *El descanso del santo*, pero yo no soy Baxter, ¡ojalá lo fuera! Tal vez llegue el día en que pueda hablar más copiosamente de estas bendiciones; pero en este momento, en mi propia alma, cuando empiezo a hablar de la comunión celestial, parezco vencido, no puedo imaginarlo; pues el siguiente pensamiento que siempre sigue a mi primer intento de pensar en ello, es un pensamiento de abrumadora gratitud, unido a una especie de temor de que esto sea demasiado bueno para un gusano tan indigno como yo. Fue un privilegio para Juan poner su cabeza en el pecho del Maestro, pero eso no es nada comparado con el privilegio de yacer en su abrazo para siempre. Debemos esperar hasta que lleguemos allí, y como dijo uno de los antiguos: "En cinco minutos sabrás más del cielo de lo que yo podría contarte en toda mi vida". Sólo hace falta que veamos a nuestro Señor, que volemos a sus brazos, que sintamos su abrazo, que caigamos a sus pies y, ¿iba a decir, lloremos de alegría? No, eso sería imposible, sino permanecer allí, como disueltos en éxtasis, para sentir que al menos hemos llegado a ese querido lugar del que Él nos ha hablado cuando dijo: "No se turbe vuestro corazón; creéis en Dios, creed también en mí; en la casa de mi Padre hay muchas moradas; si no fuera así, os lo habría dicho; voy a prepararos un lugar". Verdaderamente ha guardado el mejor vino hasta el final.

II. Y ahora, ¿CUÁL ES LA RAZÓN DE NUESTRO SEÑOR PARA HACER ESTO? Ese era el segundo punto. Muy brevemente.

El Señor podría habernos dado primero el mejor vino, pero no actuará como el diablo; siempre hará una amplia distinción entre sus tratos y los tratos de Satanás.

Una vez más, no nos dará primero el mejor vino, porque eso no le agrada. "No temáis, manada pequeña, a vuestro Padre le ha placido daros el reino". Esa es la única razón por la que lo recibiréis; y la razón por la que no lo recibís ahora es porque a vuestro Padre no le place que lo tengáis todavía.

De nuevo: vuestro Padre no os da ahora el buen vino, porque os abre el apetito. En las antiguas fiestas de los romanos los hombres solían beber cosas amargas, y toda clase de mezclas singulares y nocivas, para darles sed. Ahora, en este mundo, Dios está, por así decirlo, haciendo que sus hijos tengan sed, para que puedan tomar sorbos más profundos del cielo. No puedo pensar que el cielo sería tan dulce para mí si primero no tuviera que morar en la tierra. ¿Quién conoce mejor la dulzura del descanso? ¿No es el trabajador? ¿Quién comprende mejor el gozo de la paz? ¿No es el hombre que ha vivido en tierra de guerra? ¿Quién conoce mejor la dulzura de la alegría? ¿No es el hombre que ha pasado por un mundo de dolor? Con estas pruebas se os agudizan los apetitos; se os prepara para recibir la plenitud del gozo que está en la presencia de Dios para siempre.

Además, el Señor tiene esto también en vista. Él te está haciendo apto para el mejor vino, para que él pueda ser glorificado por la prueba de tu fe. Si estuviera en mi poder ir al cielo esta noche, y pudiera entrar allí, sin embargo, si tuviera la sospecha de que hay más que hacer o más que sufrir aquí, preferiría infinitamente esperar el tiempo de mi Padre; porque, me parece, en el cielo bendeciremos a Dios por todo lo que hemos sufrido. Cuando todo haya terminado, ¡qué dulce será hablar de ello! Cuando ustedes y yo nos encontremos en las calles del cielo, y haya algunos de ustedes que hayan tenido pocas pruebas, pocas dudas y temores, y tribulaciones y conflictos, hablarán de cómo Dios los libró; pero no podrán hablar como lo harán algunos de los santos probados. ¡Ah, qué dulces historias contarán algunos de ellos! Me gustaría ir al lado de Jonás, y oír cómo descendió al fondo de las montañas, y cómo pensó que la tierra con sus barras le rodeaba para siempre. Y Jeremías: a menudo pienso en lo mucho que sacaremos de Jeremías en la eternidad, en lo que tendrá que contar quien se zambulló tanto en el mar del dolor. Y David también, el dulce salmista, tan lleno de experiencia, ¡nunca habrá terminado de hablar de lo que el Señor ha hecho por él! Y creo que tú y yo, cuando lleguemos al cielo, tendremos bastante en qué pensar. Como una pobre mujer dijo una vez, cuando estaba en gran duda y temor de si sería salvada en absoluto; ella dijo en su oración: "Señor, si quieres salvarme, sólo una cosa puedo prometerte. Si me llevas al cielo, nunca oirás lo último, porque te alabaré mientras dure la inmortalidad, y diré a los ángeles que me salvaste". Y ésta es la carga constante del cielo. Cada uno se pregunta si está allí. Amados, si no tuviéramos que pasar por estas pruebas y problemas, y estos conflictos del alma, y cosas semejantes, tendríamos muy poco de qué hablar en el cielo. No dudo que los niños en el paraíso sean tan felices como los demás, pero yo no deseo ser un niño en el paraíso. Bendigo a Dios por no haber ido al cielo cuando era un bebé: Tendré mucho más por lo que alabar a Dios cuando mire hacia atrás a través de una vida de misericordias, una vida de pruebas y, sin embargo, una vida de gracia sustentadora. Habrá una canción más fuerte, porque más profundos han sido nuestros problemas. Creo que estas son algunas de las razones de Dios.

III. Y ahora, queridos hermanos y hermanas, ¿qué diré acerca de la LECCIÓN QUE DEBEMOS APRENDER DE ESTE HECHO de que Cristo guardó el mejor vino hasta ahora? Cuando regresaba a casa la otra noche, noté la diferencia entre el paso del caballo al venir aquí y al regresar a casa, y pensé para mí mismo: "¡Ah! el caballo va bien, porque va a casa;" y me vino el pensamiento: "cuán bien debe ir un cristiano, porque va a casa." Saben, si estuviéramos yendo de casa, cada piedra áspera en el camino podría detenernos, y podríamos necesitar una buena cantidad de látigo para hacernos avanzar. Pero es ir a casa. Bendito sea Dios, cada paso que damos es ir a casa. Puede que tengamos problemas hasta las rodillas, pero todo está en el camino; puede que tengamos miedo hasta el tobillo, pero vamos a casa; puedo tropezar, pero siempre tropiezo hacia casa. Todas mis aflicciones y penas, cuando me abaten, me lanzan hacia el cielo. Al marino no le importan las olas, si cada una de ellas lo acerca a su puerto, y no le importa cuán fuerte aúllen los vientos, si sólo lo acercan a él. Esa es la feliz suerte del cristiano: vuelve a casa. Deja que eso te anime, cristiano, y te haga viajar alegremente, sin necesidad de que el látigo te impulse al deber, sino avanzando siempre con presteza a través del deber y de la prueba, porque vas de regreso a casa.

De nuevo: si tenemos lo mejor por venir, queridos amigos, no estemos descontentos. Soportemos ahora algunas de las cosas malas, porque sólo lo parecen. Un viajero que tiene prisa, si tiene que pernoctar en una posada, puede refunfuñar un poco por la falta de alojamiento, pero no dice mucho, porque parte mañana, sólo se detiene poco tiempo en la posada; dice: "Mañana por la noche llegaré a casa", y entonces piensa en las alegrías del hogar, y no se preocupa de las incomodidades de su duro viaje. Tú y yo somos viajeros. Pronto terminará. Puede que no hayamos tenido más que unos pocos chelines a la semana en comparación con nuestro vecino, pero seremos iguales a él cuando lleguemos allí. Puede que él haya tenido una casa grande, con muchas habitaciones, mientras que nosotros sólo hayamos tenido una habitación superior; ¡ah! tendremos una mansión tan grande como él en el Paraíso. Pronto llegaremos al final del viaje, y entonces el camino no significará nada, mientras hayamos llegado allí. Vamos, soportemos estos pocos inconvenientes del camino, porque viene el mejor vino; echemos todo el vinagre de la murmuración, porque vendrá el mejor vino.

Una vez más; si el cristiano tiene el mejor vino por venir, ¿por qué ha de envidiar al mundano? David lo hizo; él estaba descontento cuando vio la prosperidad de los malvados, y tú y yo a menudo estamos tentados a hacerlo; pero tú sabes lo que debemos decir cuando vemos a los malvados prosperar, cuando los vemos felices, y llenos de delicias de placer pecaminoso. Deberíamos decir: "¡Ah! mi buen vino está por venir; puedo soportar que tengas tu turno; mi turno vendrá después; puedo ser apartado de estas cosas, y yacer con Lázaro a la puerta, mientras los perros lamen mis llagas; mi turno vendrá, cuando los ángeles me lleven al seno de Abraham, y tu turno vendrá también, cuando en el infierno levantes tus ojos, estando en tormentos.

Cristiano, ¿qué más te diré? Aunque hay mil lecciones que aprender de esto, que el mejor vino se guarda hasta el final. "Cuídate de conservar el buen vino hasta el final. Cuanto más avanzas en el camino, procura llevar a tu Salvador el sacrificio más aceptable. Hace años tenías poca fe: ¡hombre, saca ahora el buen vino! Procura tener más fe. Tu Maestro es cada día mejor para ti, y verás que es el mejor de todos los Maestros y amigos. Procura ser cada día mejor con tu Maestro; sé más generoso con su causa, más activo para trabajar por él, más bondadoso con su pueblo, más diligente en la oración; y cuida de que, a medida que crezcas en años, crezcas en gracia, para que cuando llegues por fin al río Jordán, y el Maestro te dé el mejor vino, tú también le des el mejor vino, y le alabes con más fuerza cuando la batalla acabe de terminar, y cuando el torbellino se aleje hacia la paz eterna del paraíso."

Y ahora, queridos amigos, soy consciente de que he fracasado totalmente en mi empeño de dar a luz este buen vino; pero está escrito que Dios nos lo reveló por su Espíritu, pero que el oído no lo oyó. Ahora bien, si os lo hubiera dicho esta noche, vuestro oído lo habría oído, y el texto no habría sido cierto; y como sin querer he demostrado la verdad de esta Escritura, no puedo lamentarme mucho de haber contribuido a atestiguar la verdad de la palabra de mi Maestro. Sólo digo esto: cuanto más cerca vivas de Cristo, más cerca estarás del cielo, porque si hay un lugar al lado de Pisgah es el Calvario. Puede parecer extraño, pero si vives mucho en el Calvario vives muy cerca de Nebo; porque aunque Moisés haya visto Canaán desde Nebo, yo nunca he visto el cielo en otro lugar que no sea cerca del Calvario. Cuando he visto a mi Salvador crucificado, entonces lo he visto glorificado; cuando he leído mi nombre escrito con su sangre, entonces he visto después mi mansión que él me ha preparado. Cuando he visto mis pecados lavados, entonces he visto el manto blanco que he de llevar para siempre. Vive cerca del Salvador, hombre, y no estarás muy lejos del cielo. Recuerda que, después de todo, el cielo no está lejos. Es sólo un suave suspiro, y estamos allí. Hablamos de él como de una tierra muy lejana, pero está cerca, y ¿quién sabe si los espíritus de los justos están aquí esta noche? El cielo está cerca de nosotros; no podemos decir dónde está, pero sabemos que no es una tierra lejana. Está tan cerca, que, más pronto de lo que pensamos, estaremos allí, emancipados de nuestros cuidados y aflicciones, y bendecidos para siempre.

Sermón #2155—El Comienzo de los Milagros que hizo Jesús

SERMÓN PRONUNCIADO LA MAÑANA DEL DÍA DEL SEÑOR, 20 DE JULIO DE 1890,

POR C. H. SPURGEON,

EN EL TABERNÁCULO METROPOLITANO, NEWINGTON.

"Este principio de milagros hizo Jesús en Caná de Galilea, y manifestó Su Gloria; y Sus discípulos creyeron en Él". Juan 2:11.

En este momento no consideraré la relación de este milagro con la abstinencia total. El vino que Jesús hizo era buen vino y estaba hecho de agua; no es probable que encontremos nada parecido en este país, donde el vino rara vez se hace del jugo puro de la uva, y donde no se sabe quién lo hizo ni de qué está hecho. Lo que ahora se llama vino es un líquido muy diferente del que nuestro Señor produjo divinamente. Hacemos uso de nuestra libertad cristiana para abstenernos del vino, y juzgamos que nuestro Salvador aprobaría que evitáramos aquello que, en estos días, hace que nuestro hermano ofenda. Nosotros, que renunciamos a la copa embriagadora de hoy, tenemos nuestras maneras de ver la acción de nuestro Maestro en este caso, y no nos resulta difícil ver sabiduría y santidad en ello. Pero aunque no pudiéramos interpretar así lo que Él hizo, no deberíamos atrevernos a cuestionarlo. Donde otros discuten, nosotros adoramos.

Incluso esto es más de lo que pretendía decir, pues mi objetivo, esta mañana, está muy alejado de esta controversia. Persigo un tema espiritual y ruego la ayuda de lo alto para tratarlo correctamente. Sólo encontramos este milagro en Juan. Ni Mateo, ni Marcos, ni Lucas dicen una palabra de él. ¿Cómo lo supo Juan? En parte porque estaba presente. Pero creemos que el prefacio en referencia a la madre de Jesús le llegó de otra manera. ¿Recuerdas las palabras de nuestro Señor a Juan desde la Cruz y cómo está escrito: "Desde aquella hora aquel discípulo la llevó a su casa"? Creo que nadie oyó las palabras de Jesús a su madre, sino la misma María. Era propio de su delicadeza reprenderla cuando estaba sola.

Pero cuando Juan y la honrada madre conversaron juntos, ella, con toda probabilidad, le recordó el milagro y le habló de su error. Los santos obtienen cosas preciosas de los siervos pobres y probados de Dios, y los que hospedan a la viuda y al huérfano no quedarán sin recompensa. Si mi conjetura es correcta, veo la santa modestia de "la madre de Jesús": que narró su propia falta y no prohibió a Juan que la mencionara. El Espíritu Santo movió al evangelista a relatar no sólo el milagro, sino el error de María. Fue sabio, pues es un argumento concluyente contra la idea de que la madre de Jesús pueda interceder por nosotros ante su Hijo y usar de autoridad ante Él. De esta narración se desprende que nuestro Señor no toleraría tal idea, ni en su mente ni en la nuestra.

"Mujer, ¿qué tengo yo contigo?" es una frase que pone fin a cualquier idea de que nuestro Señor se sintiera movido por relaciones según la carne. Con todo amoroso respeto, Él excluye decididamente toda interferencia de María, pues Su reino había de ser según el espíritu y no según la carne. Me complace creer, en lo que respecta a la madre de Jesús, que aunque cayó en un error natural, ni por un instante persistió en él. Tampoco se lo ocultó a Juan, sino que probablemente tuvo cuidado de decírselo para que ningún otro cayera jamás en un error semejante al pensar en ella de una manera impropia.

No olvidemos nunca que "la madre de Jesús" tenía una fe muy firme y práctica en su Hijo, de quien ángeles y profetas le habían dado testimonio. Ella lo había visto en Su infancia y lo había observado como un niño, y no podía ser fácil creer en la divinidad de alguien a quien habías sostenido como un niño para ser alimentado con tu pecho. Desde Su maravilloso nacimiento ella creyó en Él, y ahora que recibe una especie de desaire de Él, su fe no decae, sino que se vuelve tranquilamente hacia los sirvientes y les ordena que estén listos para obedecer Sus órdenes, cualesquiera que sean. Ella sintió que Él estaba seguro de hacer lo más amable y necesario. Incluso de sus palabras: "Todavía no ha llegado mi hora", probablemente dedujo que su hora de trabajar llegaría.

Su fe estaba acompañada de imperfecciones, pero era de la clase correcta. Perseveró en la dificultad y al final triunfó, porque el vino que había faltado volvió a ser abundante y el que Él le proporcionó era de una calidad superior. Ojalá tengamos una fe que sobreviva a la reprimenda. Que, como María, cantemos: "Mi espíritu se regocija en Dios, mi Salvador", y que Jesús sea para nosotros, como lo fue para ella, un ser confiado y amado en quien nuestra alma ha aprendido a esperar con confianza.

Con ese fin he tomado este tema para mi discurso. ¡Oh, que Sus discípulos confíen más y más en Él! Juan dijo, en otro lugar, en relación a los hechos de nuestro Señor: "Estas se han escrito para que creáis que Jesús es el Cristo, el Hijo de Dios, y para que creyendo, tengáis vida por su nombre". En verdad, puedo decir que este sermón es predicado para que mis amados oyentes crean en el Señor Jesús, y sean salvos.

Consideraremos tres cosas en conexión con el texto. Primero, el significado de este comienzo de milagros. Lean "señales" en lugar de "milagros" y se acercarán más al significado del original. Este "principio de los milagros" tenía por objeto, como todo lo que le siguió, ser una señal instructiva.

En segundo lugar, observemos su especialidad como manifestación: "Y manifestó su gloria". Y luego, en tercer lugar, su suficiencia como confirmación de la fe: "Y sus discípulos creyeron en él". Estaba calculado para establecer su fe, y lo hizo.

I. Para comenzar, pensemos en EL SIGNIFICADO DE ESTE INICIO DE SIGNOS. Que el Espíritu Santo asista bondadosamente a nuestros pensamientos y caliente nuestros corazones. La primera señal-maravilla que obró Cristo fue la conversión del agua en vino en las bodas de Caná de Galilea, y como a menudo podemos juzgar el curso de un hombre por su principio, y el principio es a menudo la clave de todo lo que sigue, así podemos aprender todo el tenor de los milagros de nuestro Señor a partir de éste. Observen, primero, que este milagro mostró Su abnegación. Nuestro Señor había estado unos días antes en el desierto y, después de cuarenta días de ayuno, tenía hambre. Estaba en Su poder ordenar que las piedras se convirtieran en pan, y si lo hubiera hecho, el comienzo de los signos habría sido un milagro obrado para Sus propias necesidades.

Pero tal comienzo no habría sido como el curso de Su vida, y especialmente habría sido muy aparte de la conclusión de Su vida, cuando se dijo de Él: "A otros salvó; a sí mismo no puede salvarse". No haría pan para sí mismo, sino que haría vino para los demás. Y el hecho de que fuera vino y no pan lo que hizo, hace que el milagro sea aún más notable. No se limitó a hacer pan para los hombres, que es una necesidad, sino que incluso fue más allá e hizo vino para ellos, que es un lujo, aunque ni siquiera haría pan para sí mismo. Se ve el agudo contraste entre su negativa a servirse a sí mismo, incluso un mendrugo de pan, y su disposición a dar a los hombres no sólo lo que podría ser necesario para la vida, sino lo que sólo era necesario para su alegría.

Cuando faltó el vino, el único peligro era que los novios sufrieran y la boda quedara deshonrada, y esto lo evitó nuestro Señor. No iba a permitir que la humilde fiesta de dos aldeanos llegara a un final inoportuno cuando tan amablemente se habían invitado a sí mismo y a sus discípulos. Les devolvió la cortesía con su espontánea generosidad. ¡Cuánto debemos admirar y amar a nuestro Divino Señor! He aquí su bondad. No hay egoísmo en Él. Cada uno de nosotros puede exclamar: "Me amó y se entregó por mí". Él entregó Su vida por los hombres; Él lo dio todo por los demás. Ningún objetivo egoísta tiñó jamás Su vida consagrada. No se reservó ninguna medida o grado de poder para sí mismo; usó ese poder sin escatimarlo para los demás. Este comienzo de milagros es una muestra de trabajo desinteresado. La preocupación por los demás brilló en ese milagro como el sol en los cielos.

Luego, observen que este milagro estuvo marcado por la beneficencia. Fue "el principio de los milagros", y el primero es la nota clave para el resto: ¡felices nosotros de que el primer milagro esté lleno de bendición! Moisés comenzó su obra en Egipto con un milagro de juicio. Arrojó una vara y se convirtió en serpiente, y convirtió el agua en sangre; pero Jesús vence a la serpiente con la vara de la Escritura, y convierte el agua en vino. No obra plagas, sino que cura nuestras enfermedades. Bendito Maestro.

"Tu mano no lleva truenos, Ningún terror viste Tu frente, Ningún rayo que conduzca nuestras almas culpablesA llamas más feroces abajo".

La misión de Jesús es una misión feliz y por eso se abre con un banquete de bodas. Su objetivo es llevar la alegría y el gozo a los corazones apesadumbrados, y por eso comienza con un acto de generosidad real. En la coronación de los reyes, el conducto de Cheapside se llenó de vino, y aquí las tinajas están llenas de vino hasta el borde.

Los milagros posteriores fueron todos benéficos. Es cierto que marchitó una higuera infructuosa, pero fue un acto benéfico marchitar un árbol que desviaba a los hombres de su camino con falsas promesas de fruto, causando así amargos dolores de decepción a los caminantes hambrientos y desfallecidos. Fue una buena cosa enseñarnos a todos una lección práctica de sinceridad a un costo tan pequeño como el marchitamiento de un árbol inútil. Todas las acciones de nuestro Señor hacia los hombres están llenas de real benevolencia y gracia. Habrá un día en el que el Cordero se enojará y, como Juez, condenará a los impíos; pero mientras dure esta dispensación, Él es para nosotros todo misericordia, amor, bondad y generosidad. Si tú, mi oyente, vienes a Él, descubrirás que Su corazón estará contigo, y te bendecirá gratuitamente con vida, descanso, paz y gozo. El Señor te bendecirá y quitará la maldición lejos de ti.

Este principio de los milagros fue obrado en una boda para mostrar una gran beneficencia. El matrimonio era la última reliquia del paraíso que quedaba entre los hombres y Jesús se apresuró a honrarlo con Su primer milagro. El matrimonio es una ordenanza de Su Padre, pues fue Él quien trajo a Eva a Adán, y nuestro Señor obró en armonía con el Padre. Él tocó simbólicamente las fuentes mismas de la virilidad y dio Su sanción a esa ordenanza por medio de la cual se perpetúa la raza. Jesús viene a un matrimonio y da su bendición para que sepamos que nuestra vida familiar está bajo su cuidado. ¡Cuánto debemos a las alegrías de nuestras relaciones domésticas! De este modo, la vida pasa del agua al vino. Algunas veces hemos pensado que era casi una prueba de la divinidad del cristianismo que pudiera haber hogares tan felices como algunos de nuestros hogares se han vuelto por la presencia de nuestro amado Señor, a quien invitamos a nuestro banquete de bodas, y que nunca se ha ido, sino que ha permanecido con nosotros todos estos felices años. Fue un milagro que, al honrar el matrimonio, confirmó una institución cargada de felicidad para nuestra raza.

Pero, a continuación, fue un milagro de lo más compasivo. Los milagros de Nuestro Señor se obraron, en cada caso, para satisfacer una necesidad. El vino había fallado en el banquete de bodas y nuestro Señor había llegado en el momento del pellizco, cuando el novio temía ser avergonzado. Esa necesidad fue una gran bendición. Si hubiera habido suficiente vino para el banquete, Jesús no habría obrado este milagro y ellos nunca habrían probado este vino más puro y mejor. Es una bendita necesidad que deja espacio para que Jesús entre con milagros de amor. Es bueno que nos falte para que nuestra necesidad nos impulse a acudir al Señor, pues Él la suplirá con creces.

Mi querido oyente, si no tienes necesidad, Cristo no vendrá a ti. Pero si estás en extrema necesidad, Sus manos se extenderán hacia ti. Si tus necesidades se presentan ante ti como enormes vasijas vacías de agua, o si tu alma está tan llena de aflicción como si esas mismas vasijas estuvieran llenas de agua hasta el borde, Jesús puede, por Su dulce voluntad, convertir toda el agua en vino, y los suspiros en cantos. Alégrate de ser muy débil, para que el poder de Dios pueda descansar sobre ti. En cuanto a mí, dependo cada vez más del Señor para cada partícula de fortaleza. Mis diáconos y ancianos saben cuántas veces, un domingo por la mañana, antes de subir al púlpito, he dado gracias a Dios de que así sea. Me alegra depender enteramente del Señor, y tener tal fracaso en cuanto a todo mi vino natural de capacidad, que pueda haber ocasión para que mi Señor venga y suministre vino de fuerza, de otra y más divina calidad.

Es probable que hagamos mejor nuestro trabajo cuando más sentimos nuestra insuficiencia y nos sentimos impulsados a pedir ayuda a Dios. Si vamos torpemente a nuestro servicio, fracasaremos. Pero si vamos temblando en cuanto a nosotros mismos, mirando confiadamente al Señor, seremos más que vencedores. Si tenemos una gran necesidad. Si algo esencial nos ha fallado. Si es probable que seamos despreciados por el fracaso, esperemos con fe que el Señor Jesús venga para nuestra liberación. Deduzco de este milagro que nuestro Señor mira las necesidades del hombre y no sus posesiones. Él tiene un ojo puesto en nuestros fracasos y necesidades, y hace de nuestra angustia la plataforma sobre la cual manifiesta Su gloria al suplir todas nuestras necesidades.

Además, no puedo dejar de notar cuán condescendiente fue este milagro. Se nos dice, dos veces, que se realizó en Caná de Galilea. Dos veces se menciona esto para que lo observemos bien. Nuestro Señor no escogió los lugares altos de Jerusalén, ni ninguna de las ciudades notables de Palestina como escenario de Su primer milagro; fue a una tranquila aldea de Galilea, la Galilea de los gentiles, un distrito muy despreciado, y allí obró Su primer milagro en la ciudad de los juncos y las cañas, Caná de Galilea. Realizó la señal, no en una ocasión espiritual y sagrada, ni ante eclesiásticos y científicos. Algunos parecen creer que todo lo que hace nuestro Señor debe hacerse en iglesias o catedrales. No, no. Este milagro tuvo lugar en una casa particular y no en una reunión de oración o en una lectura bíblica, sino en la boda de una pareja de pobres campesinos, de nombres desconocidos.

Mira cómo Jesús condesciende a los lugares comunes de la vida y derrama una bendición sobre el lado secular de nuestra existencia. Los que ofrecieron aquel banquete eran personas de escasos recursos. El vino no se habría agotado tan pronto si hubieran sido muy ricos. Es cierto que acudieron a la boda siete personas más de las que esperaban, pero aun así, si hubieran sido gente rica habrían tenido más que suficiente para satisfacer a siete invitados más, pues los orientales tenían casa abierta para casi todo el mundo durante la semana de bodas. No se trataba en absoluto de una fiesta aristocrática, ni de un conjunto de notables de Israel. ¿Por qué nuestro Señor no comenzó sus milagros ante el rey, o el gobernador, o al menos en presencia del sumo sacerdote y de los escribas y doctores de la Ley? Nuestro Señor eligió no hacer su primer llamamiento a los grandes y dignos.

Siento mucho consuelo en este hecho: que Él venga a individuos comunes es una bendición para mí. Tú y yo podemos estar en lo más bajo de la escala en cuanto a posición y riqueza, pero Jesús se inclina hacia los hombres de condición humilde. A lugares comunes como este Newington, en el lado sur del Támesis, el Señor ha venido a visitar a Su pueblo. Aquí también ha obrado Sus transformaciones, y muchas vidas acuáticas han sido enriquecidas y colmadas por Su gracia. Mi querido lector, Jesús puede venir a ti, aunque seas sólo un obrero o un siervo, o un pobre comerciante, o la esposa de un artesano. Nuestro Señor ama a los pobres. Él frecuenta mucho las casas de campo. No se detiene en las grandes ocasiones, sino que hace Su morada con los humildes. Está lleno de condescendencia.

Este primero de los milagros fue sumamente munífico. En las bodas, no multiplicó el pan; trató con lujo y alegró sus corazones con lo que era como la sangre pura de la uva. Cuando nuestro Señor alimentó a las multitudes en el desierto, pudo haberles dado a cada uno un poco de pan para que no murieran de hambre. Pero Él nunca hace las cosas a la manera de un mendigo o de un asilo de pobres, y por eso les añadió pescado como condimento para el pan. Nuestro Señor no sólo da la existencia, sino la existencia feliz que es verdaderamente vida. No da a los hombres sólo lo suficiente para su necesidad, sino que les da hasta el grado superior que llamamos disfrute. Aquí convierte el agua buena y saludable en una bebida más dulce, más rica y más nutritiva; tal vez no sabemos cuán verdaderamente buena y sustentadora era esa bebida hecha por Dios para quienes tuvieron el privilegio de probarla.

Nuestro amado Señor dará a todos aquellos que son Sus seguidores un gozo indecible y lleno de gloria. No sólo tendrán suficiente gracia para vivir, de tal manera que apenas puedan esperar y servir, sino que beberán de "vinos de lías bien refinados", y tendrán gracia con la que cantar, gracia con la que regocijarse, gracia que los llene de seguridad y los haga rebosar de deleite. Nuestro Amado no sólo nos ha traído a la casa del pan, sino al banquete del vino. Tenemos el Cielo aquí abajo. Jesús no mide la gracia por gotas, como hacen los químicos con sus medicinas; Él da generosamente; Sus vasijas están llenas hasta el borde. Y la calidad es tan notable como la cantidad: Él da lo mejor de lo mejor: gozos, éxtasis y arrobamientos.

Oh alma mía, ¡en qué mesa real te sientas! Él te colma diariamente de beneficios. ¡Qué milagro de gracia! ¡Qué libre! ¡Qué libre! No necesitaba presionar para hacerlo. María no debe interferir. Apártate, buena mujer, pues el Señor sabe qué necesidad hay sin que tú se lo digas. Querida amiga, tal vez pienses que debes orar hasta cierta cantidad, pero el Señor está mucho más dispuesto a dar que tú a orar. No es tu oración la que hará que Él esté dispuesto a bendecirte, pues Él está dispuesto, incluso ahora, a hacer por ti más abundantemente de lo que pides o incluso de lo que piensas. Para obtener la provisión de vino es digno de mención que no se requirió nada de los hombres sino lo que era muy simple y fácil. Apresúrense, siervos obedientes, a traer agua; sólo sáquenla del pozo y viértanla en esas grandes vasijas de agua; eso es todo lo que tienen que hacer.

El Señor Jesús no viene a nosotros con condiciones duras y términos exigentes. No sueñes que para ser salvo tienes que hacer o sentir alguna gran cosa. Tal como eres, puedes creer en Jesús para vida eterna. Ten la fe suficiente para extraer vino a la orden del Señor, y, para tu propio asombro, habrá vino donde antes sólo había agua. El Señor, por Su Espíritu, puede venir y cambiar tu corazón y renovar tu espíritu, de tal manera que donde sólo ha habido un poco de pensamiento natural, habrá vida y sentimiento espirituales. El hará esto sin presionar y persuadir. La gracia es gratuita. Jesús tiene un tierno corazón hacia los pecadores necesitados; la lanza lo ha abierto; una oración lo tocará.

El primer milagro fue profético. En una boda comienza el Señor sus signos. Ahora nos invita a las bodas. En una gloriosa cena de bodas todo terminará. La historia de nuestra Biblia termina como todos los cuentos bien contados, con "se casaron y vivieron felices para siempre", como prueba léase el Apocalipsis. Nuestro Señor vendrá a celebrar una boda entre Él y Su Iglesia, y todo el vino que beberán en esa gran fiesta será de Su propia provisión, y toda la alegría y la dicha serán de Su propia donación. Él es el sol del día del Cielo. Él es la gloria de los glorificados. Él se encargará de que a lo largo de la era milenaria, sí, y a lo largo de la eternidad, la alegría de Sus elegidos nunca falte, sino que se alegren en Dios y en Él mismo sin medida y sin límite.

Nuestro Señor comenzó con este milagro especial como para mostrarnos que había venido aquí para transformar y transfigurar todas las cosas, para cumplir la Ley y sus tipos, dándole sustancia y realidad. Comenzó con este milagro especial para tomar al hombre y elevarlo de criatura caída a hijo y heredero nacido del Cielo. Jesús ha venido a librar a este planeta de sus nieblas y a revestirlo de vestiduras de gloria y belleza. Pronto veremos cielos nuevos y tierra nueva. La nueva Jerusalén descenderá del cielo desde Dios, preparada como una novia adornada para su esposo. Jesús ha venido a elevar y a cumplir, y da la señal de ello en este principio de signos.

II. En segundo lugar, quiero que noten en este milagro SU ESPECIALIDAD COMO MANIFESTACIÓN. "Este principio de milagros hizo Jesús en Caná de Galilea, y manifestó su gloria". Creo que hay una conexión muy clara entre el primer capítulo de este Evangelio y el pasaje que tenemos ante nosotros. Juan, en el primer capítulo, dijo: "Y el Verbo se hizo carne, y habitó entre nosotros, (y vimos su gloria, gloria como del unigénito del Padre), lleno de gracia y de verdad." Aquí tenemos una revelación de esa gracia y gloria. Observen que Él manifestó Su gloria. En verdad, glorificó al Padre, pues ese era Su gran fin y objetivo, pero sin embargo manifestó Su propia gloria en ese mismo acto.

Fíjate que era Su propia Gloria la que se manifestaba. Esto nunca se dijo de ningún profeta o santo. Moisés, Samuel, David, Elías, ninguno de ellos manifestó jamás su propia gloria; de hecho, no tenían ninguna gloria que manifestar. Aquí hay Uno más grande que un profeta. Aquí hay Uno más grande que el más santo de los hombres. Él manifestó Su propia gloria; no podía ser de otra manera. Siento que debo adorar a mi Señor Jesús mientras leo estas palabras. Jesús reveló Su propia gloria como Dios y como hombre. Durante todos esos años anteriores había estado velada. Había sido un niño obediente en casa, un joven trabajador como carpintero en Nazaret; entonces Su gloria era un manantial cerrado, una fuente sellada; pero ahora comenzaba a fluir en el torrente rubicundo de este grandioso milagro.

Si piensas en ello, verás más claramente qué gloria era. Era un hombre como los demás hombres, y sin embargo, a voluntad, convirtió el agua en vino. Era un Hombre con madre: Su madre estaba allí como para recordarnos que había nacido de mujer. Era un Hombre con una madre y, sin embargo, era tan verdaderamente "Dios sobre todas las cosas" que creó, por Su voluntad, una abundancia de vino. No era más que uno entre muchos invitados a la boda con sus seis humildes seguidores, y sin embargo actuó como el Creador. No estaba vestido con las vestiduras del sumo sacerdote, ni llevaba las filacterias de los fariseos, ni ninguna otra forma de ornamento que indicara un oficio o profesión eclesiástica; sin embargo, hizo maravillas mayores que las que ellos podían intentar. Era simplemente un hombre entre los hombres, y sin embargo era Dios entre los hombres. Su deseo fue Ley en el mundo de la materia, de modo que el agua recibió las cualidades del vino. Adoradle, hermanos y hermanas. ¡Adoradle con reverencia! Inclinaos ante Aquel que era un Hombre, un Hombre de verdad, y sin embargo obró como sólo Jehová mismo puede obrar. Adorad a Aquel que no considera un robo ser igual a Dios y, sin embargo, se encuentra entre los invitados a un humilde matrimonio, manifestando Su gloria incluso allí.

Observen, Él manifestó Su gloria operando más allá del poder de la naturaleza. La naturaleza no convierte el agua en vino en un instante; si esto sucede, debe ser por la mano directa del Señor. Es cierto que hay procesos mediante los cuales la gota de rocío penetra en la baya de la uva, y gradualmente, mediante arreglos secretos, se convierte en jugo refrescante. Pero, ¿con qué poder podría el agua tomarse de una vasija de barro y transmutarse en vino mientras es llevada a la mesa? Nadie más que Dios mismo podía hacerlo y, al hacerlo Jesús, mostró Su Deidad. Al hacerlo, mostró que tenía todo el poder en la tierra. Él puede hacer lo que quiere, y con su único acto de creación, o transformación, pone de manifiesto la gloria de su poder.

Lo hizo operando en parte sin ningún instrumento. Cuando Moisés endulzó el agua amarga fue mediante un árbol que el Señor le mostró. Cuando Eliseo purificó los manantiales echó sal en el agua. Aquí no tenemos ningún instrumento. Siempre que nuestro Señor usó medios visibles, se cuidó de seleccionar aquellos que en sí mismos eran evidentemente insuficientes para el propósito, si no opuestos a Su designio, como, por ejemplo, cuando sanó al ciego haciendo barro con saliva y poniéndoselo en los ojos, una cosa para cegarlo, en lugar de abrirle los ojos. Aquí, sin embargo, nuestro Señor no tenía ningún instrumento. Ni siquiera pronunció una palabra y dijo: "Agua, convierte en vino". No, Él simplemente quiso, y fue hecho. ¡Cuán divinamente manifiesta Su gloria a este respecto!

Y actuó con tanta facilidad y majestuosidad que nos recuerda el método y la manera del gran Dios. Él simplemente dice: "Llenen las vasijas de agua", y los sirvientes cumplen Su orden con entusiasmo, pues Él es el Amo de todas las mentes. "Sacad ahora", dice, y en el proceso de llevarlo al soberano del festín, el agua se convierte en vino. Aquí no hay esfuerzo, ni respiración como la de alguien que reúne sus fuerzas para realizar una hazaña. La tierra gira, pero la rueda de la Naturaleza nunca rechina sobre su eje. Dios actúa por medio de sus leyes de una manera perfectamente natural y sin restricciones. La Creación y la Providencia permanecen en el silencio majestuoso de la Omnipotencia. Todo es fácil donde está Dios. Con Su propia voluntad puede hacer todas las cosas por nosotros y en un momento convertir las aguas de nuestro dolor en alegría.

Nuestro Señor manifestó Su Gloria operando naturalmente y sin exhibición. Realmente creo que si hubiera podido obrar esta maravilla le habría dicho al gobernante del banquete: "Llama a todos los invitados para comentarles que el vino se ha acabado y estoy a punto de crear un nuevo suministro. ¿Ves esta enorme vasija de agua? Fijaos cómo la he llenado de agua para que sepáis que no hay vino en ella. Obsérvame mientras obro la transformación". Entonces habría hablado en voz alta, o habría hecho una serie de representaciones. Jesús no hizo nada de eso. Él odia la exhibición. No quiere que Su reino venga con la observación. Él rehúye la pompa, el ruido y la ceremonia. Él sólo actúa como un Dios cuyas maravillas son demasiadas como para hacerlas notar. Fue semejante a Dios de parte de nuestro Señor realizar una obra tan grande sin parecer que estaba haciendo algo fuera de lo común.

Que Él realizó literalmente el milagro fue certificado por testigos imparciales. Juan, o Felipe, o los seis podrían haber dicho: "Maestro, llenaremos de agua las tinajas". Pero no debía ser así, para que no hubiera sospechas de connivencia entre el Maestro y los discípulos. Los sirvientes ordinarios debían llenar de agua las tinajas. Además, los discípulos habrían estado muy contentos de llevar el vino al gobernante de la fiesta, diciendo: "Aquí está el vino que nuestro gran y buen Maestro ha hecho para ti." No, los sirvientes traerán el vino y no dirán nada en absoluto acerca de su procedencia; y el principal testigo de que lo que traen es realmente vino, y vino de la mejor calidad, será el maestro de ceremonias, un caballero que no tiene en absoluto una mentalidad espiritual, pero que ha estado en muchas fiestas semejantes y conoce la costumbre de ellas y tiene un proverbio listo para exponerlo.

Evidentemente era un hombre que juzgaba la calidad del vino y podemos aceptar con seguridad su veredicto: "Has guardado el mejor vino hasta ahora". Cuanto menos espiritual sea el hombre en este caso, mejor será el testimonio de la realidad del milagro. Si hubiera sido un seguidor de Jesús, podría haberse sospechado que estaba nadando con Él y sus discípulos. Pero se ve que es un hombre de otro molde. La obra de Dios es un hecho, no una ficción; apela a la fe, no a la imaginación. Dios hace Su obra transformadora de tal manera que tendrá testigos dispuestos a atestiguarla. Así como cuando Cristo resucitó de entre los muertos hubo testigos designados para certificarlo, así Su primer milagro es certificado más allá de toda duda como real y verdadero por el mejor de los testigos.

Había una razón especial para esto. Oh, mis amados oyentes, si vienen a Cristo, Él no los engañará. Sus bendiciones no son sueños. Si vienen y confían en Jesús, la obra que Él hará por ustedes será tan real como la que hizo en Caná. Incluso los impíos se verán obligados a ver que Dios ha hecho un cambio en ti. Cuando vean tu nueva vida, dirán: "Aquí hay algo bueno, como nunca antes vimos en él". Vengan, se los ruego, y acepten a Cristo como su todo en todo, y Él será, en verdad, todo lo que necesitan. Confíen en Él para sus pecados, y Él les traerá un verdadero perdón. Confíale tus problemas, y Él te dará un descanso perfecto. Confíale tu naturaleza malvada, y Él te renovará. Él no finge obras que no realiza. Él, por el testimonio de todos en la boda, convirtió realmente el agua en vino de calidad especial; y así Él puede transformar ahora tu carácter, y hacerlo tal como la naturaleza, cuando es mejor educada, no puede producirlo nunca.

Repito, la especialidad de esta manifestación radica en el hecho de que reveló al Señor Jesús, por Su propio poder Todopoderoso, elevando todo lo que tocaba, transformando a los hombres, las cosas y los hechos en más nobles de lo que eran antes, o de lo que jamás podrían haber llegado a ser. Esta es la especialidad de la manifestación de Cristo: Él dice: "He aquí, yo hago nuevas todas las cosas". Él hace surgir lo mejor de lo último. Eleva a los pobres del hambre al banquete. Él eleva a la humanidad caída a algo tan glorioso que, en Su Persona, está cerca del trono de Dios. En todo esto Cristo es revelado y Su nombre es glorificado.

III. Y ahora, por último, creo que tenemos aquí UNA RAZÓN PARA LA CONFIRMACIÓN DE LA FE. Se dice: "Y sus discípulos creyeron en él". Hermanos y hermanas, observen algo aquí. ¿Cómo sabía Juan que los discípulos creían en Él? Porque él era uno de ellos y él mismo creyó en Él. El mejor testimonio es el de uno que tiene parte en el hecho. Cuando uno mismo siente una cosa, tiene plena certeza de ella. Juan sabía que los otros cinco discípulos creían en Jesús por lo que le decían, pues sus sentimientos coincidían con los suyos. Procuremos que nosotros también participemos de la fe que las maravillas de nuestro Señor están destinadas a producir.

Observe que todos los invitados a ese banquete tomaron vino, pero los discípulos de ese banquete tenían algo mucho mejor: tenían un aumento de fe. Un aumento de fe es mejor, lejos, que todas las delicadezas de un banquete. Otros comieron y bebieron, pero estos hombres vieron a Dios en Cristo Jesús manifestando Su gloria. Nuestra pregunta es: ¿qué había en este milagro que tendiera a confirmar su fe? Observen que digo confirmar su fe. No originó su fe, sino que la estableció.

Su fe había sido originada por la Palabra del Señor predicada por Juan el Bautista: habían creído en Jesús como el Cordero de Dios que quita el pecado del mundo.

En segundo lugar, habían disfrutado de la comunión personal con Jesús, yendo a Él y morando con Él. Esto había fortalecido enormemente su fe. Y ahora empezaban a saborear el beneficio de estar asociados con Jesús y a ver por sí mismos lo que Jesús era capaz de hacer. Así creció su fe. Sus discípulos ya creían en Él, pero este milagro confirmó su confianza. El milagro justificaba sobradamente que los discípulos creyeran implícitamente en Jesús, pues es manifiesto que un milagro prueba el poder de obrar todos los milagros. Si Cristo puede convertir el agua en vino por su voluntad, puede hacer cualquier cosa y todo. Si Jesús ha ejercido una vez un poder más allá de la naturaleza, podemos creer fácilmente que puede hacerlo de nuevo; no hay límite para Su poder: Él es Dios y con Dios todo es posible. Así, el primer milagro confirmó su fe.

Pero, además, mostraba la disposición de su Maestro para afrontar dificultades inesperadas. Nadie había previsto que el vino fallaría. Jesús no había ido a las bodas, preparado y cebado, como decimos entre los hombres. La demanda llegó de repente y el suministro también. El vino se acabó y Él estaba preparado para la dificultad. ¿No confirma esto tu fe? Cristo está siempre preparado para cualquier emergencia. Mañana puede suceder algo en lo que no hayas pensado; Cristo estará listo para lo inesperado. De aquí al cielo te encontrarás con muchos eventos improbables, pero no serán sorpresas para Él. Él tiene una clara previsión: cuando llegue la prueba, Él proveerá: "En el monte de Jehová se verá."

Una vez más, su fe fue confirmada porque Él había demostrado que no podía permitir que fracasara nada con lo que Él estuviera relacionado. Me gusta sentirme seguro de que Jesús está conmigo en cualquier asunto, pues entonces sé que la complacencia del Señor prosperará en Sus manos. Es cierto que no era la boda de uno de Sus parientes o discípulos, pero aun así era una boda en la que Él era un invitado, y no permitiría que se dijera que les faltaban provisiones cuando Él estaba allí. Su conexión con el banquete podría parecer que era remota, pero era una conexión, y las conexiones ligeras son observadas por nuestro Señor Jesús. Oh, alma mía, si tan sólo pudiera tocar el borde de Su manto, la virtud vendría de Él a mí. Me subo al mismo barco con Jesús, y si me ahogo, Jesús debe ahogarse también, y por tanto sé que estoy a salvo. Oh, corazón mío, si tan sólo tengo la mano de Cristo en mi mano, o mi mano en Su mano, estoy unido a Él, y nadie puede separarnos. En esa unión está mi vida, mi seguridad, mi éxito; pues nada que Él toque, o que lo toque a Él, fallará jamás.

Él es sólo uno más en una boda, pero porque está allí las cosas deben ir bien. Creo que esto debió animar mucho a los discípulos cuando, más tarde, empezaron a predicar. Su confianza sería que Jesús estaba con ellos y que debían prevalecer. Eran hombres pobres e ignorantes, y toda la erudición de la época estaba en su contra; pero se decían a sí mismos: "No tememos, pues Jesús está en esta controversia, y Él la resolverá". Metamos a Cristo en nuestra disputa por el pacto y la verdad de Dios, y la batalla ya no será dudosa. Si, en el asunto de su salvación, la fe introduce al Salvador en el negocio, pueden estar seguros de la vida eterna.

Les demostró, además -y esto debió de confirmarles mucho en su fe-, que Él podía utilizar los medios más pobres. Para hacer vino, el Señor sólo tenía agua y seis grandes tinajas. Sí, pero Él puede hacer mejor vino del agua que el que los hombres pueden hacer de las uvas. Contemplen Sus tinajas y Sus lagares: seis vasijas de piedra. Tú y yo, ¿qué somos? Bien, somos pobres vasijas de barro y me temo que un poco agrietadas. Hay muy poco en nosotros, y lo que hay es débil como el agua; pero el Señor puede producir de nosotros un vino que alegre el corazón de Dios y del hombre, palabras de fe que agraden a Dios y salven al hombre. Los discípulos, en días posteriores, sabrían que no eran más que vasos de barro, y recordarían que su Señor podía obrar milagros con ellos. Cuando vieron la majestuosa facilidad con que obraba, ¿no crees que eso confirmó su fe? No llamó a los ángeles. No pronunció una larga oración, ni mucho menos repitió un encantamiento sagrado. No hizo más que quererlo y el hecho estaba consumado.

La próxima vez que se encontraran en una dificultad, los discípulos creerían que el Señor podía aparecerse por ellos con bastante facilidad. Se quedarían quietos y verían la salvación de Dios. De una manera u otra el Señor proveería y Él haría maravillas sin problemas para Él mismo. Hermanos y hermanas, todavía saldremos por el extremo grande del cuerno, pues Dios está con nosotros. Les mostró, también, que de ahora en adelante nunca tendrían que estar ansiosos. Los que leen el Testamento Griego, ¿notarán la expresión aquí? ¿Se dice: "Sus discípulos le creyeron"? No. ¿Es "creyeron en él"? No. ¿"Creyeron en él"? Sí. Es así en nuestra versión, pero en sería más correcto. El griego es "eis": Sus discípulos creyeron en Él. Creyeron tanto que parecían sumergirse en Jesús.

"En él": ¡piensa en lo que eso significa! Juan, Andrés, Natanael y los demás depositaron en Jesús sus preocupaciones de toda la vida y sintieron que ya no tendrían que preocuparse de nada más. Jesús se ocuparía de ellos hasta el final. Le dejarían todo a Él. María tomó un poco el asunto en sus propias manos, pero se equivocó en eso: los discípulos entraron en Jesús por la puerta abierta de este milagro confirmador, y allí descansaron. Sea esta su condición: "Echando toda vuestra ansiedad sobre él, porque él tiene cuidado de vosotros". Creyeron directamente en Jesús. Una cosa es creer en Él, y otra cosa es creer en Él; es algo descansado creer en Él, pero lo mejor de todo es creer directamente en Él, de tal forma que tu propia personalidad sea absorbida en Cristo, y sientas la bienaventuranza de la unión viva, amorosa y duradera con Él.

Aquellos seis hombres no habrían podido producir ni una gota de vino para la boda; pero si contaran con su Maestro, los siete podrían inundar las calles de vino si hubiera habido necesidad. Al asociarse con Jesús, su fe se levantó como una mañana sin nubes. Ahora estaban seguros, firmes, fuertes, pues su fe débil y aguada había adquirido la plenitud y la riqueza del vino generoso.

Lo he hecho cuando he dicho a cualquiera aquí que esté indeciso: mira, mi querido lector, Jesucristo vendrá y visitará a quienes son como tú. Él está dispuesto a ir a las casas de los hombres sencillos, aun cuando estén celebrando una fiesta. Pídele que venga a ti tal como eres. Mira cómo Él es capaz de bendecir la alegría humana. Tú piensas, tal vez, que irás a Jesús la próxima vez que estés afligido; pero yo te digo: ven a Él de inmediato, mientras estás gozoso. Ustedes que están progresando en los negocios, ustedes que se regocijan por un niño recién nacido, ustedes que se han casado recientemente, ustedes que han aprobado un examen con honores, vengan a Jesús en su gozo, y pídanle que eleve su felicidad a un grado y a una calidad superiores, y que la eleve hasta que toque el gozo del Señor.

Jesús es capaz de elevarte, amado amigo, de lo que ahora eres a algo mejor, más pleno, más grandioso, más noble, más santo y más semejante a Dios. ¡Que Él lo haga ahora! ¡Cree en Él! ¡Cree en Él! ¡Cree en Él! ¡Cree en Él y se hará! Amén.

Sermón #1865—La Fe del Noble

SERMÓN PRONUNCIADO LA MAÑANA DEL DÍA DEL SEÑOR, 11 DE OCTUBRE DE 1885,

POR C. H. SPURGEON,

EN EL TABERNÁCULO METROPOLITANO, NEWINGTON.

"Había un hombre noble cuyo hijo estaba enfermo en Cafarnaúm. Cuando oyó que Jesús había venido de Judea a Galilea, fue a Él y le rogó que descendiera y sanara a su hijo, porque estaba a punto de morir. Jesús le dijo: Si no ves señales y prodigios, no creerás. El noble le dijo: Señor, baja antes que muera mi hijo. Jesús le dijo: Vete, tu hijo vive. Y el hombre creyó la palabra que Jesús le había dicho y se fue. Y cuando ya bajaba, le salieron al encuentro sus siervos, y le dieron las nuevas, diciendo: Tu hijo vive. Entonces les preguntó a qué hora había comenzado a curarse. Y ellos le dijeron: Ayer a la hora séptima le dejó la fiebre. Y supo el padre que fue a la misma hora en que Jesús le dijo: Tu Hijo vive; y creyó él, y toda su casa." Juan 4:46-53.

Esta narración ilustra el ascenso y el progreso de la fe en el alma. Mientras trato de hablar de ello, ruego que sigamos experimentalmente la pista, deseando que esa fe tenga un auge en nuestros corazones, progrese en nuestros espíritus y se haga aún más fuerte en nosotros de lo que era en este noble. De lo que se trata, hermanos míos, no es sólo de oír hablar de estas cosas, sino de que se repitan en nuestra propia alma. Tenemos que ocuparnos de verdad y hacer que las cosas de Dios se conviertan en un hecho real para nosotros. Necesitamos no sólo oír acerca de este noble de Capernaum, o de cualquier otro, sino ver en nuestras propias almas la misma obra de gracia que fue obrada en él. El mismo Cristo vivo está aquí, y Su ayuda la necesitamos tanto como la necesitó este noble hombre. Que la busquemos como él la buscó, y que la encontremos como él la encontró. Así, el Espíritu Santo, que inspiró la narración que tenemos ante nosotros, se encontrará escribiéndola de nuevo, no en las páginas de un libro, sino en las tablas de carne de nuestros corazones.

Observen entonces, al comienzo, que los problemas, en primer lugar, condujeron a esta persona cortesana a Jesús. Si no hubiera tenido pruebas, podría haber vivido olvidando a su Dios y Salvador. Pero la aflicción llegó a su casa, y era el ángel de Dios disfrazado. Puede ser, querido amigo, que estés en problemas esta mañana; y, si es así, yo ruego que la aflicción sea el caballo negro sobre el que la misericordia cabalgue a tu puerta. Es una cosa triste, muy triste, que sucede con algunos hombres, que entre mejor los trata el Señor en la providencia, peor es el retorno que hacen. Por otro lado, hay corazones que se vuelven al Señor cuando Él los golpea. Cuando van a la deriva en aguas profundas, cuando apenas encuentran pan para comer, cuando la enfermedad ataca sus cuerpos y especialmente cuando sus hijos son azotados, entonces comienzan a pensar en Dios y en cosas mejores. ¡Bendita sea la disciplina del gran Padre en tal caso! Es bueno para los atribulados si su tribulación hiere su corazón hasta el arrepentimiento y el arrepentimiento les lleva a buscar y encontrar el perdón.

La forma particular de prueba que visitó a este noble fue la enfermedad de su hijo. Tenía un hijo pequeño al que quería mucho y que estaba enfermo de una fiebre mortal. El padre parece haber sido una persona naturalmente amable y afectuosa. Evidentemente, sus criados se interesaban mucho por él y por la aflicción doméstica que le afligía, pues se puede observar con qué impaciencia acudían a su encuentro para comunicarle la curación de su hijo. El corazón del padre estaba tristemente herido porque su querido hijo estaba a punto de morir. Sin duda había probado todos los remedios conocidos en la época, había mandado llamar a todos los médicos que se podían encontrar en kilómetros a la redonda de Capernaum, y ahora, habiendo oído hablar de uno, Jesús de Nazaret, que en Caná había convertido el agua en vino y en Jerusalén había hecho muchas obras poderosas, recurre a Él con ansiosa súplica y desesperada esperanza.

Nunca habría pensado en buscar a Jesús si no hubiera sido por ese querido niño moribundo. Cuán a menudo sucede que los niños, aunque no son ángeles, son usados para hacer una obra mejor de la que los ángeles podrían realizar, pues conducen dulcemente a sus padres a Dios y al cielo. Se enroscan en nuestros corazones, y entonces, si los vemos enfermos y notamos sus dolores, nuestros compasivos corazones se retuercen de angustia, y clamamos: "¡Oh Dios, perdona a mi hijo! Señor, ten piedad de mi pequeño!". Las primeras oraciones que brotan de muchos corazones son, bajo Dios, arrancadas por el dolor por los pequeños más queridos. ¿No está escrito: "Y un niño los pastoreará"? Así sucedió con este hombre: fue llevado a Jesús por la angustia, llevado a Jesús por la ansiedad acerca de un hijo. En este momento tengo la fuerte impresión de que estoy hablando a ciertas personas que no están convertidas, pero que han venido aquí porque están sumidas en una gran aflicción (tal vez un pequeño muy querido se está muriendo), y sus corazones claman a Dios que, si es posible, la preciosa vida pueda ser perdonada. En la Casa de Oración se sienten reconfortados, pero sus corazones están a punto de romperse por la pérdida que tanto temen. ¡Cuánto ruego a nuestro Señor que haga de este problema un medio de gracia!

La prueba fue la ocasión, el prefacio de la obra de la gracia divina. Ahora procederemos a examinar la parte salvadora de ella, es decir, la fe que nació en el corazón de este noble hombre. Primero divisaremos la chispa de la fe; luego, el fuego humeante de la fe, muy amontonado y amortiguado, de tal manera que es más humo que fuego. Luego, en tercer lugar, contemplaremos la llama de la fe, o la fe que por fin se muestra decididamente. Y en cuarto lugar, la conflagración de la fe, cuando la fe, por fin, ardió en el hombre, encendió toda su naturaleza y se extendió a toda su casa: "Y creyó, y toda su casa". Una vez más, digo, tratemos de seguirlo tanto en los hechos como en la meditación.

I. Quiero que marquen cuidadosamente LA CHISPA DE FE, diciendo todo el tiempo: "voy a mirar y ver si tengo esa chispa de fe. Y si la encuentro, la valoraré mucho y rogaré al Espíritu Santo que sople suavemente sobre ella, para que se convierta en algo más permanente y poderoso.

La fe de este noble descansaba, al principio, enteramente en el informe de otros. Vivía en Cafarnaúm, junto al mar. Y entre los vendedores de noticias se decía que había surgido un gran profeta que hacía grandes prodigios. Él mismo nunca había visto a Jesús, ni le había oído hablar, pero creyó en el informe de otros, y tenía razón al hacerlo, porque eran personas creíbles. Sin duda, muchos estaban en las primeras etapas de la fe: habían oído a amigos decir que el Señor Jesús recibe a los pecadores. Que Él quita el pecado, que Él calma la conciencia. Que Él cambia la naturaleza; que Él escucha la oración; que Él sostiene a Su pueblo bajo la angustia. Estas cosas las han oído de personas de buena reputación, a quienes estiman y, por lo tanto, las creen.

Amigo, ¿te dices a ti mismo: "No dudo de que todo esto sea verdad, pero me pregunto si será verdad para mí. Estoy en problemas esta mañana; ¿me ayudará el Señor Jesús? Tengo una presión presente sobre mi espíritu: ¿me aliviará la oración a Él?". No puedes decir que sabes, por nada que hayas visto de Él, que Jesús te bendeciría así, pero infieres que lo hará por lo que te han dicho tus amigos. Pues bien, la fe comienza a menudo de esa manera. Los hombres creen en el informe que les traen personas bien conocidas que han experimentado el poder del amor divino, y así, al principio, como los samaritanos, creen por el informe de la mujer. En el futuro llegarán a creer por haber oído, visto, gustado y palpado por sí mismos, pero el comienzo es bueno. Esta fe que viene de un informe de otros es una chispa de fuego verdadero. ¡Cuídala! Que Dios te conceda la gracia de orar al respecto, para que esa chispa se convierta en llama.

Obsérvese que esta fe era tan poca que sólo se refería a la curación del niño enfermo. El noble no sabía que necesitaba curación en su propio corazón; no percibía su propia ignorancia de Jesús y su propia ceguera ante el Mesías. Tal vez no sabía que necesitaba nacer de nuevo. Tampoco comprendía que el Salvador podía darle vida y luz espirituales. Tenía poco conocimiento del poder espiritual del Salvador y, por lo tanto, su fe tenía un alcance muy estrecho. Lo que sí creía era que el Señor Jesús, si iba a su casa, podía evitar que su hijo muriera de fiebre. Hasta allí había llegado, y la fe que tenía la puso en práctica de inmediato. Amigo, tú no sabes todavía cuán grande es mi Señor y qué cosas maravillosas hace por aquellos que ponen su confianza en Él. Pero tú estás diciendo: "Seguramente Él podría ayudarme, esta mañana, en mi presente prueba, y librarme de mi presente dificultad". Hasta aquí, todo bien. Usa la fe que tienes. Lleva ante el Señor la prueba del momento. Permíteme animarte a hacerlo. Si no puedes acudir a Él por las cosas celestiales, puedes, por el momento, comenzar con las penas y pruebas de la tierra.

Si no puedes acudir a Él por una bendición eterna, puedes acudir a Él por un favor pasajero, y Él está listo para oírte. Aunque tu oración se refiera únicamente a cosas mundanas, y no sea nada más que una oración meramente natural, sin embargo, ora, pues "Él oye a los jóvenes cuervos cuando claman," y estoy seguro que ellos no oran oraciones espirituales. Todo lo que los cuervos pueden pedir serán gusanos y moscas, y, sin embargo, Él los oye y los alimenta. Y tú, hombre, aunque sólo puedas orar en este momento por una misericordia muy común, una de las bendiciones más insignificantes, puedes orar con confianza si tienes alguna fe en el bondadoso Señor. Aunque esa fe sea sólo una chispa y nada más, yo no la apagaría, ni el Señor Jesús lo hará, pues Él ha dicho que no apagará el pábilo que humea. Si tienen algún deseo hacia Él, y algún grado de fe en Él, dejen que viva y que los conduzca a los pies del amado Señor.

La fe del noble era tan débil que limitaba el poder de Jesús a su Presencia local. De ahí que su oración fuera: "Señor, baja antes de que muera mi hijo". Si pudiera inducir al Señor Jesús a entrar en la habitación donde yacía el niño enfermo, creía que Él hablaría a la fiebre, y la fiebre sería curada; pero no tenía idea de que el Señor Jesucristo pudiera obrar a una distancia de veinticinco millas. No tenía idea de que la Palabra del Señor pudiera operar aparte de Su presencia. Sin embargo, era mejor tener esa fe limitada que no tener ninguna. Ustedes, hijos de Dios, cuando llegan a limitar al Santo de Israel, son culpables de pecado grave. Pero si aquellos que buscan al Señor, por ignorancia y debilidad de fe, se encuentran limitándolo, es mucho más excusable en ellos. El Señor Jesús lo trata con gracia y lo elimina con una suave reprensión. No es lo mismo que un principiante sea débil de fe a que vosotros, que habéis disfrutado de una larga experiencia de la bondad de Dios, caigáis en la desconfianza hacia Él. Por tanto, les digo a ustedes, en quienes el Señor está comenzando a obrar, que si no tienen más fe que la de decir: "El Señor Jesús podría sanarme si estuviera aquí; el Señor me ayudaría y respondería a mi clamor si estuviera aquí", es mejor tener una fe así que ser incrédulos. Tu fe estrecha lo limita excesivamente, y lo encierra en un lugar muy estrecho; y, por tanto, no puedes esperar que Él haga muchas obras poderosas por ti; y, sin embargo, hasta la medida de tu fe, Él irá contigo y te bendecirá.

Como un asunto de gracia soberana no prometida, Él puede incluso hacer mucho más abundantemente de lo que pides o incluso de lo que piensas. Por tanto, yo trataría tu fe como a un bebé; la amamantaría hasta que pudiera sostenerse por sí misma, y extendería mi dedo para ayudarla hasta que sus pasos tambaleantes se volvieran firmes. No culparemos al bebé porque no pueda correr o saltar, sino que lo cuidaremos y lo impulsaremos a una mayor fortaleza, fortaleza que alcanzará a su debido tiempo. Nuestro Señor Jesucristo merece la mayor fe de cada uno de nosotros. No lo aflijan con sospechas de Su capacidad. Dale la fe que tienes y pídele más.

La fe del noble en el Señor Jesucristo, aunque era sólo una chispa, influyó en él. Le llevó a emprender un viaje considerable para encontrar a nuestro Señor. De Cafarnaún subió a Caná para suplicar a Jesús. Y fue personalmente. Esto es tanto más notable cuanto que era un hombre de rango y posición. No sé si era Chuza, el mayordomo de Herodes. No me extrañaría que lo fuera, porque no tenemos noticia de que ninguna otra familia noble estuviera del lado de Cristo. Pero sí oímos de la esposa de Chuza, el mayordomo de Herodes, entre los que servían a nuestro Señor de sus bienes. También oímos hablar de Manaen, hermano adoptivo de Herodes. Puede haber sido uno de éstos. No lo sabemos, pero los nobles eran aves escasas en la Iglesia en aquellos días, como, de hecho, lo son ahora. Por lo tanto, es natural que volvamos a oír hablar de una persona así. Y ya que hemos mencionado honorablemente a esos dos, no nos precipitamos al conjeturar que este noble puede haber sido uno de ellos.

Ahora bien, los nobles, por regla general, no piensan en hacer viajes por sí mismos mientras tienen tantos criados a su disposición. Pero este noble vino a Cristo, él mismo, y le buscó personalmente para que viniera y sanara a su hijo. Si tu fe es débil en algunos aspectos y, sin embargo, es lo suficientemente fuerte en otros para conducirte personalmente a Cristo, personalmente para orar a Él, es una fe de un orden aceptable. Si te lleva a orar a nuestro Señor con todo tu corazón, suplicándole, entonces tu fe es del tipo correcto. Si te lleva a suplicarle a Cristo que tenga misericordia de ti, esa es la fe que salva el alma. Puede ser pequeña como un grano de mostaza, pero su importunidad muestra que hay acritud en ella; es verdadera mostaza. Querido señor, ¿estás comenzando a orar, en este momento, por causa del dolor? ¿Estás clamando en el silencio de tu alma: "¡Oh Dios, sálvame hoy! He venido a Londres para ver otras cosas, y me he dejado caer aquí esta mañana; ¡oh, que este sea el día en que seré ayudado a salir de mi problema, y yo mismo seré salvado! Si tu fe te lleva a la oración, es el hijo reconocido de la gracia, pues la fe nacida de verdad siempre clama. Tu fe te ayuda a asirte de Jesús con un agarre resuelto, diciendo: "No te soltaré, a menos que me bendigas". Puede ser poca fe, pero es fe verdadera. Es obrada en tu alma por el Espíritu de Dios y traerá una bendición con ella. Serás salvado por esta fe, para gloria de nuestro Señor y para tu propio consuelo.

Observo que la fe de este hombre le enseñó a rezar con el estilo correcto. Fíjate en el argumento que utilizó. Le pidió que descendiera y sanara a su hijo, pues estaba a punto de morir. No alegó ningún mérito, sino la miseria del caso. No alegó que el muchacho era de noble cuna; eso habría sido un muy mal alegato ante Jesús. Tampoco alegó que era un niño encantador; eso habría sido un argumento lamentable. Pero alegó que estaba a punto de morir. Su extremidad era su razón de urgencia. El niño estaba a las puertas de la muerte y, por tanto, su padre ruega que se abra la puerta de la misericordia. Cuando tú, amigo mío, seas enseñado por la gracia a orar correctamente, insistirás en aquellos hechos que revelan tu propio peligro y angustia, y no en aquellos que te harían parecer rico y justo. Recuerda cómo oró David. "Señor," dijo, "perdona mi iniquidad, porque es grande. Esa es una súplica evangélica. La mayoría de los hombres habrían dicho: "Señor, perdona mi iniquidad, porque era excusable y de ninguna manera alcanzaba la atrocidad de mis semejantes". David lo sabía mejor. Su clamor es: "Perdona mi iniquidad, porque es grande". Suplica a Dios, pobre pecador, la grandeza de tu necesidad, la gravedad de tus necesidades. Di que estás a punto de morir. Di que el asunto acerca del cual suplicas es un asunto de vida o muerte; este será un argumento calculado para conmover el corazón de la infinita compasión.

Cualquier matiz de bondad que tu orgullo te tentara a introducir en el cuadro lo estropearía. Pon los colores negros gruesos y triples. Suplícale a Dios por causa de Su misericordia, pues la misericordia es el único atributo al que puedes dirigirte con esperanza mientras seas un pecador sin perdón. No puedes pedirle al Señor que te bendiga debido a algún desierto o mérito que tengas, pues no tienes ningún rastro de tal cosa. Pero serás sabio al alegar tus necesidades. Clama: "¡Oh Dios, ten misericordia de mí, pues necesito misericordia!". Expón el caso de tu hijo y di: "Pues está a punto de morir". Esta es la llave que abre la puerta de la misericordia.

¿Me siguen, queridos oyentes, ustedes que todavía no se han convertido? ¿Hay, en todo caso, en ustedes algún deseo de venir al Señor Jesucristo, aunque sólo sea porque un problema temporal los está presionando penosamente? Un caballo no necesita una docena de espuelas para correr. La que ahora hiere tu flanco es lo suficientemente afilada, y está clavada tan profundamente que debes sentirla. Ríndete a ella, para que no haya necesidad de látigo ni de espuela para hacerte mover. Si eres el elegido del Señor, tendrás que venir, y cuanto más pronto lo hagas, mejor será para ti. Ven de una vez. No seas como el caballo o como la mula que no tienen entendimiento, sino ven a Jesús mientras Él arrastra suavemente. Aunque sea con una fe tan débil que temes que sea más bien incredulidad que fe, sin embargo, acércate a Él. Ven tal como eres, y mira a Jesús y ora, pues en esa oración residirá la esperanza, no, la certeza del alivio. El grandioso corazón de Jesús sentirá tu oración y dirá: "Ve en paz".

II. Así hemos visto la fe en la chispa. Ahora veremos EL FUEGO DE LA FE luchando por mantenerse y aumentando gradualmente. Veamos cómo el fuego arde, el montón empieza a humear y traiciona así el fuego interior.

La fe de este hombre era verdadera hasta donde llegaba. Eso es algo grandioso. Estaba ante el Salvador resuelto a no alejarse de Él. Su única esperanza para la vida de su hijo estaba en este gran Profeta de Nazaret, y, por tanto, no pensaba abandonarlo hasta que su petición fuera concedida. Al principio no obtiene la respuesta que desea, pero persevera y sigue suplicando. Esto demuestra que su fe tenía corazón y vitalidad. No era un capricho ni un impulso repentino, sino una persuasión real del poder de Jesús para curar. ¡Qué misericordia es librarse de toda fe fingida! Es mejor tener poca fe y que esa fe sea real, que poseer un gran credo y no dar crédito sincero al Señor Jesús. Dime, oyente mío, ¿tienes alguna fe real y práctica en el Señor Jesús?

La fe del noble era verdadera hasta donde llegaba, pero se veía obstaculizada por el deseo de señales y prodigios. Nuestro Señor, por lo tanto, lo reprendió suavemente, diciendo: "Si no veis señales y prodigios, no creeréis." Ahora sé que muchos de ustedes creen que el Señor Jesús puede salvar, pero han fijado en su mente la manera en que debe hacerlo. Ustedes han estado leyendo ciertas biografías religiosas y encuentran que tal hombre fue llevado a la desesperación, tuvo pensamientos horribles y así sucesivamente; por lo tanto, lo fijan en sus mentes que ustedes deben tener horrores similares o estarán perdidos. Establecéis como programa que debéis salvaros de esa manera, o no os salvaréis en absoluto. ¿Es esto correcto? ¿Es prudente? ¿Pretenden dictarle al Señor?

Tal vez has leído u oído que ciertas personas eminentes se convirtieron por medio de sueños asombrosos, o por movimientos notables de la Providencia, y te dices a ti mismo: "Algo igualmente singular debe sucederme a mí, o no creeré en el Señor Jesús". En esto yerras como el noble. Él esperaba que el Salvador bajara a la casa y realizara algún acto peculiar de Su oficio profético. De hecho, este noble es la reproducción neotestamentaria de Naamán en el Antiguo Testamento. ¿Recuerdan cómo Naamán dijo: "He aquí, yo pensaba que él vendría a mí y se pararía, e invocaría al Señor, su Dios, y golpearía con su mano sobre el lugar y sanaría al leproso"?

Naamán lo había planeado todo en su propia mente y, sin duda, había organizado una representación muy apropiada y artística. Y, por tanto, cuando el Profeta le dijo simplemente: "Ve y lávate siete veces en el Jordán," no podía recibir un Evangelio tan simple y escueto: era demasiado común, demasiado libre de ritual. Muchas personas, por sus prejuicios mentales, atarían al Señor de misericordia a tal o cual manera de salvarlos. Pero nuestro Señor no se dejará constreñir de esa manera. ¿Por qué habría de hacerlo? Él salvará a quien Él quiera y salvará como Él quiera. Su Evangelio no es: "Sufre tanto horror y desesperación, y vive", sino: "Cree en el Señor Jesucristo, y serás salvo". Él viene a muchos, y los llama eficazmente por medio de los suaves susurros de Su amor; ellos sólo confían en Él, y entran en un descanso inmediato. Con poco sentimiento impactante, ya sea horrible o extático, ejercen tranquilamente una confianza infantil en su Señor crucificado, y encuentran la vida eterna. ¿Por qué no habría de ser así contigo? ¿Por qué habrías de alejarte del consuelo estableciendo un programa y exigiendo que el Espíritu Santo le preste atención? Deja que Él te salve como quiera. ¡Fuera prejuicios insensatos!

Sin embargo, hay que decir esto de la fe del noble: podía soportar un desaire. Piensa que el Maestro sólo le dijo a este pobre padre angustiado: "Si no veis señales y prodigios, no creeréis". Era tristemente cierto, pero sonaba honestamente agudo. ¡Oh, los queridos labios de Jesús! Son siempre como lirios, que derraman mirra perfumada. La mirra, ya sabes, es amarga al paladar, y había una aparente amargura en este discurso al noble. Sin embargo, el padre no renunció a su pleito y giró sobre sus talones diciendo: "Me trata con dureza". Se dijo en su interior: "¿A quién debo acudir?" y, por tanto, no se marchó. Era como aquella mujer para quien los labios del Señor dejaron caer un bocado de mirra mucho más acre, cuando dijo: "No está bien tomar el pan de los hijos, y echarlo a los perrillos". Sin embargo, encontró un dulce olor en aquella mirra y perfumó con ella su oración al decir: "Verdad, Señor, que los perros comen de las migajas que caen de la mesa de sus amos." Este hombre respondió a nuestro Señor con mayor importunidad todavía. No quiso irse. Oh, querido corazón, que tengas tal fe en Cristo que, aunque Él te reprenda, no lo dejes. Jesús es tu única esperanza; por tanto, no te alejes de Él. Imiten a Bunyan cuando pronunció palabras a este efecto: "Me vi empujado a tales apuros que necesariamente tuve que acudir a Jesús. Y si me hubiera encontrado con una espada desenvainada en Su mano, antes me habría arrojado sobre el filo de Su espada que alejarme de Él, pues sabía que Él era mi última esperanza". Oh alma, aférrate a tu Señor, pase lo que pase.

Entonces vea con qué pasión suplicó este hombre. Gritó: "Señor, baja antes de que muera mi hijo". Tanto como si hubiera dicho: "Señor, no me interrogues ahora sobre mi fe. Oh, Señor mío, te ruego que no pienses en mí en absoluto, sino que cures a mi querido hijo, o morirá. Estaba a punto de morir cuando lo dejé: date prisa en bajar y sálvalo". Limitada era esa fe, pues todavía le pide a Cristo que baje y parece considerar esencial que nuestro Señor haga un viaje a Cafarnaún para obrar la curación. Pero observen cuán intensa, cuán ansiosa y cuán perseverante era su súplica. Si su fe fallaba en amplitud, sobresalía en fuerza. Querido amigo ansioso, sigue de cerca el ejemplo que tenemos ante nosotros. Ora y vuelve a orar. Aguanta y resiste. Llora y grita. Nunca ceses hasta que el Señor de amor te conceda una respuesta de paz.

III. Llegamos a una etapa superior y observamos LA LLAMA DE LA FE. La chispa creció como un fuego ardiente y ahora el fuego se revela en llama. Observa que Jesús dijo al suplicante: "Vete, tu hijo vive". Y el hombre creyó de verdad, y se fue.

Nótese aquí que creyó en las Palabras de Jesús por encima de todos sus prejuicios anteriores. Sólo había pensado que Cristo podía sanar si bajaba a Capernaum, pero ahora cree, aunque Jesús permanece donde está y sólo pronuncia las Palabras. Amigo, ¿creerás, en este momento, al Señor Jesucristo en Su palabra desnuda? Sin establecer ninguna regla en cuanto a cómo Él te salvará, ¿confiarás en Él? Has prescrito oscuras convicciones, o sueños vívidos, o sensaciones extrañas: ¿dejarás de cometer tales locuras? ¿Creerás en Jesucristo tal como se revela en las Escrituras? ¿Creerás que Él puede salvarte y te salvará ahora mismo con tu simple confianza? ¿No has oído hablar de Su pasión y muerte en la cruz por los culpables? ¿No has oído decir que toda clase de pecado e iniquidad será perdonada a los hombres si creen en Él? ¿No sabéis que el que cree en Él tiene vida eterna? ¿Habrás terminado con tus tonterías acerca de "desciende y sálvame", o "hazme sentir esto y te creeré"? ¿Creerás en Él ahora, a pesar de todos tus pensamientos, pretensiones y deseos anteriores, y simplemente dirás:

"confiaré mi alma a Cristo, creyendo que Él puede salvarme"? Serás salvo tan ciertamente como confíes así.

Lo siguiente que hizo este hombre para demostrar la sinceridad de su fe fue obedecer inmediatamente a Cristo. Jesús le dijo: "Vete", es decir, "Vete a casa": "Tu hijo vive". Si el hombre no hubiera creído en las Palabras, se habría quedado allí y habría seguido suplicando y buscando señales favorables. Pero como ha creído, se da por satisfecho con la Palabra del Señor y sigue su camino sin decir una palabra más. "Tu hijo vive" es suficiente para él. Muchos de vosotros habéis dicho, cuando habéis oído predicar el Evangelio: "nos decís que creamos en Cristo, pero nosotros seguiremos en oración." Eso no es lo que el Evangelio les recomienda. ¿Les oigo decir: "continuaré leyendo mi Biblia y asistiendo a los medios de gracia"? Ese no es el precepto del Salvador. ¿No están satisfechos con Su Palabra? ¿No tomarás esa palabra y seguirás tu camino? Si crees en Él, seguirás tu camino en paz; creerás que Él te ha salvado y actuarás como si supieras que es verdad. Te gozarás y te regocijarás en el hecho de que eres salvo. No se detendrán a discutir ni a cuestionar, ni a seguir todo tipo de experiencias y sentimientos religiosos, sino que exclamarán: "Él me dice que le crea, y yo le creo. Él dice: 'El que cree en mí tiene vida eterna', y yo creo en Él, y, por tanto, tengo vida eterna. Puede que no sienta ninguna emoción peculiar, pero tengo vida eterna. Ya sea que vea mi salvación o no, soy salvo. Está escrito: 'Mirad a mí, y sed salvos, todos los términos de la tierra'. Señor, he mirado y soy salvo. Mi razón para creerlo es que Tú lo has dicho. He hecho lo que me has ordenado y Tú cumplirás Tu promesa". Este modo de razonar se debe al Señor Jesús. Él merece que le tomemos la palabra y que confiemos en Él de verdad.

Ahora, la fe del noble se ha inflamado, en verdad. No cree en un simple informe, sino en la Palabra de Jesús. No espera una señal, sino que oye la Palabra, y en esa Palabra basa su confianza. Jesús dijo: "Tu hijo vive; sigue tu camino", y él sigue su camino para encontrar a su hijo vivo. Oh, alma buscadora, que Dios, el Espíritu Santo, te lleve a este estado de inmediato, que puedas decir ahora: "Oh, Señor, no esperaré más ningún tipo de sentimiento, o evidencia, o señal, sino que en Tu Palabra, que Tu sangre ha sellado, confiaré mi todo eterno, pues ahora acepto Tu promesa, y puesto que la creo, seguiré mi camino en paz."

Sin embargo, debo decir que la fe de este hombre en esta etapa aún estaba algo lejos de lo que podría haber sido. Era una gran cosa para él haber llegado tan lejos, pero todavía tenía que ir más lejos. Esperaba menos de lo que hubiera podido esperar y, por eso, cuando vio a sus criados, les preguntó cuándo empezaba a curarse el querido niño.

Se alegró mucho cuando prácticamente le dijeron: "Nunca empezó a recuperarse. La fiebre le abandonó de golpe; a la séptima hora se recuperó". Como ven, él esperaba un restablecimiento gradual. Esperaba el curso ordinario de la Naturaleza, ¡pero aquí había una obra milagrosa! Recibió mucho más de lo que esperaba. Cuán poco sabemos de Cristo, y cuán poco creemos en Él, aun cuando confiamos en Él. Medimos Su tesoro ilimitado con nuestras escasas bolsas. Sin embargo, la fe que salva no siempre es plena; hay espacio para que creamos más y esperemos más de nuestro bendito Señor. ¡Oh, que así lo hiciéramos!

Pero hay una cosa que quiero mencionar aquí, aunque no la entiendo del todo; tal vez ustedes puedan entenderla. El padre viajaba con el ocio de la confianza. Había unas veinticinco o treinta millas hasta Capernaum, y no dudo que el buen hombre se puso en marcha tan pronto como el Maestro le dijo: "Sigue tu camino". Sin duda se pondría en marcha de inmediato en obediencia a tal orden y avanzaría por el camino de vuelta a casa. Pero leemos que los criados salieron a su encuentro. ¿Se pusieron en marcha tan pronto como el niño fue curado? De ser así, podrían encontrarse con él a mitad de camino, o más o menos. Era cuesta arriba. Digamos, por tanto, que recorrieron diez millas y que al noble le quedaban quince, o incluso veinte, por recorrer. Los criados dijeron: "Ayer a la séptima hora le abandonó la fiebre". La hora séptima era alrededor de la una del día y ese día era "ayer". Sé que el día se cerraba al ponerse el sol, pero difícilmente se hablaría de "ayer" sin una noche de por medio.

¿Tardó el noble 15 o 16 horas en ese viaje parcial? Si es así, no viajó a una velocidad excesiva. Es cierto que veinticinco millas era un buen día de viaje para un camello, pues en Oriente los caminos son muy malos, pero aun así, me parece que el feliz padre se movía con la soltura de un creyente y no con la prisa de un padre ansioso. El avance habitual de un noble a través de las aldeas era lento, y no alteró el paso acostumbrado porque ni siquiera parecía apresurarse, ahora que su mente estaba creíblemente en reposo. Se sentía completamente seguro de que su hijo estaba bien y, por lo tanto, la fiebre de la ansiedad abandonó al padre, igual que la fiebre había abandonado a su hijo. Las mentes ansiosas, aun cuando creen, tienen prisa por ver; pero este buen hombre estaba tan seguro, que no permitió que el amor paternal le hiciera actuar como si permaneciera la sombra de una duda. Está escrito: "El que cree no se apresurará", y en él se cumplió literalmente.

Viajó con el estilo que se espera de un miembro de la casa real, acompañado de un séquito adecuado, y así todos vieron que su mente estaba tranquila con respecto a su hijo. Me gusta esta consagrada tranquilidad. Corresponde a una fe sólida. Quiero que todos vosotros, cuando creáis en Jesucristo, creáis hasta el fondo. No le den una fe a medias, sino una fe completa; ya sea acerca de un niño, o acerca de ustedes mismos; crean en serio. Di: "Sea Dios veraz, y todo hombre mentiroso. Mi alma descansa en Su palabra desnuda. Descansaré en el Señor y esperaré en Él pacientemente. ¿Qué, aunque ninguna alegría asombrosa destella a través de mi espíritu? Dios ha dicho: 'El que cree en Mí tiene vida eterna'; y, por tanto, yo tengo vida eterna. ¿Qué si no me levanto y bailo de gozo? Sin embargo, me quedaré quieto y cantaré dentro de mi alma, porque Dios ha visitado a Su siervo creyente. Esperaré hasta que me lleguen altas alegrías, pero mientras tanto confiaré y no temeré".

Querido oyente, ¿me acompañas en todo esto? ¿Estás dispuesto, de este modo, a ejercer una confianza sustancial y reposada en Jesús?

IV. Hasta aquí, la fe del noble ha crecido, pero ahora la veremos convertirse en LA CONFLAGRACIÓN DE LA FE. Cuando regresaba a su casa, sus criados lo recibieron con buenas noticias. En la quietud de su fe, se alegró sobremanera cuando le dijeron: "Tu hijo vive". El mensaje le llegó como el eco de las palabras de Jesús. "Lo oí", dijo, "ayer, a la hora séptima, pues entonces Jesús dijo: 'Tu hijo vive'. Ha llegado otro día y, he aquí, mis siervos me saludan con las mismas palabras: 'Tu hijo vive'." La repetición debió de asombrarle. A menudo observo en la predicación de la Palabra de Dios cómo las frases te impresionan por sus mismas palabras cuando Dios las bendice. La gente me dice: "Usted dijo, señor, lo mismo de lo que estábamos hablando cuando íbamos por el camino; usted describió nuestros casos hasta nuestros pensamientos, y mencionó ciertas expresiones que habían sido usadas en nuestra conversación; seguramente Dios estaba hablando a través de usted." Sí, a menudo es así. Las propias palabras de Cristo encuentran muchos ecos en las bocas de Sus siervos comisionados. La providencia del Señor gobierna tanto las palabras como los hechos, y hace que los hombres digan las palabras correctas sin que sepan por qué las dicen. Dios es tan bondadosamente Omnipresente que todas las cosas lo revelan cuando se les pide que lo hagan.

Ahora la fe del noble se ve confirmada por la respuesta a sus plegarias. Su experiencia ha venido en ayuda de su fe. Cree con más seguridad que antes. Ha comprobado la verdad de las palabras del Señor y, por tanto, sabe y está persuadido de que Él es Señor y Dios. La fe de un pecador que viene a Cristo es una cosa. La fe de un hombre que ha venido a Cristo y ha obtenido la bendición es otro asunto más fuerte. La primera fe, la fe más sencilla, es la que salva, pero la fe posterior es la que trae consuelo, gozo y fortaleza al espíritu.

"Mi oración ha sido escuchada", dijo, y luego se dirigió a los criados, y tras preguntar, su fe se vio sostenida por cada detalle. Gritó: "Cuéntamelo todo: ¿cuándo fue?". Cuando le respondieron: "A la hora séptima le dejó la fiebre", recordó que en aquel mismo momento, cuando allá en lo alto de las colinas de Caná, el Señor Jesucristo había dicho: "Id; vuestro hijo vive". Cuanto más estudiaba el caso, más maravilloso le parecía. Los detalles confirmaban singularmente su confianza y, por medio de ellos, se elevó a una fe más clara y firme. Hermanos y hermanas, ¡cuántas confirmaciones semejantes hemos tenido algunos de nosotros! Los dudosos intentan discutir con nosotros acerca de las simplicidades del Evangelio y quieren luchar con nosotros en su propio terreno de mero razonamiento especulativo. Estimado Señor, esto no es justo para nosotros. Nuestro terreno es de otro tipo. No somos extraños al asunto de la fe, sino adeptos a él, y usted debería permitir algo por nuestra experiencia personal de la fidelidad del Señor nuestro Dios.

Tenemos mil recuerdos atesorados de detalles felices que no podemos contarles. No os llamamos cerdos, pero al mismo tiempo no nos atrevemos a arrojar nuestras perlas ante vosotros. Tenemos un montón de cosas preparadas, pero no podemos repetirlas, porque para nosotros son demasiado sagradas; por eso no podemos utilizar esas razones que para nuestros propios corazones son las más convincentes. Tenemos otros argumentos que los que decidimos esgrimir en público. No te sorprendas si te parecemos obstinados; no sabes cuán intensamente seguros estamos. No pueden convencernos de nuestra conciencia secreta; bien podrían intentar convencernos de que se nos salgan los ojos de las órbitas. Sabemos y estamos seguros, porque hemos visto, oído, gustado y tocado la buena Palabra del Señor. Ciertas cosas están tan entrelazadas con nuestras vidas que estamos anclados en ellas. "Coincidencias", diréis. Pues bien. Digan lo que quieran, para nosotros son otras que para ustedes. Nuestra alma ha gritado, una y otra vez: "¡Esto, oh Señor, parece una observación muy fría!".

Si hubieras estado donde yo he estado y experimentado lo que yo he experimentado, reconocerías que el Señor extendió Su mano y salvó a Su siervo. Tendrías la misma convicción solemne que yo de que Dios estaba allí, obrando la salvación. Sé que no puedo crear esas convicciones en ti contándote mi historia. Si están decididos a no creer, no aceptarán mi testimonio, sino que pensarán que soy un iluso, aunque yo no soy más propenso a ser iluso que ustedes. Sin embargo, tanto si se inclina a creer como a no creer, yo no tengo esa vacilación. Me veo obligado a creer, porque cuanto más cuidadosamente examino mi vida, más me convenzo de que Dios debe haber estado obrando conmigo y por mí.

En el mismo momento en que Cristo dijo: "Tu hijo vive", ¡el hijo del noble vivió! La misma palabra que Jesús usó con el padre fue usada, también, por los sirvientes que habían estado a 30 millas de distancia y, por lo tanto, el padre sintió que algo más que humano se había cruzado en su camino. ¿Te extraña? Además, aquel querido niño, al que encontró sano y salvo, era un potente argumento. No se podía discutir con el feliz padre la fe que le había proporcionado tanta alegría. El niño era

al borde de la muerte hasta que la fe recibió las Palabras del Señor Jesús-y entonces la fiebre se fue. El padre debe creer, ¿quieres que dude?

Fortalecido en su fe por su experiencia, después de haber creído en las palabras desnudas de Jesús, el buen hombre ve ahora cumplida esa Palabra y cree en Jesús en el sentido más pleno. Cree por todo, por su cuerpo y por su alma, por todo lo que es y por todo lo que tiene. A partir de ese día se convierte en discípulo del Señor Jesús. Lo sigue, no sólo como Sanador, ni sólo como Profeta, ni sólo como Salvador, sino como su Señor y su Dios. Su esperanza, su confianza y su seguridad están puestas en Jesús como el verdadero Mesías.

Lo que sigue es tan natural y a la vez tan gozoso, que ruego que sea verdad para todos ustedes: ¡su familia también cree! Cuando llega a casa, su esposa sale a su encuentro. ¡Oh, el deleite que brilla en los ojos de esa mujer! "El querido muchacho está bien", dice, "está tan bien como nunca en su vida. No ha necesitado estar en cama durante semanas para recuperar sus fuerzas después de la influencia debilitadora de la fiebre. La fiebre ha desaparecido y el niño está bien. Oh, mi querido esposo, ¡qué ser tan maravilloso debe ser el que ha escuchado tus oraciones y a tanta distancia ha devuelto la salud a nuestro hijo! Creo en Él, esposo. Creo en Él". Estoy segura de que ella hablaría así. Los mismos procesos que habían estado obrando en su esposo habían estado obrando en ella por la gracia de Dios.

Ahora, piensa en el niño. Aquí viene, tan feliz y alegre. Y su padre le cuenta todo sobre su fiebre y su ida a ver a ese maravilloso Profeta en Caná, y cómo Él dijo: "Tu hijo vive". El niño grita: "¡Padre, yo creo en Jesús! Es el Hijo de Dios". Nadie duda de la fe del querido niño: no era demasiado pequeño para ser sanado, y no es demasiado pequeño para creer. Había disfrutado de una experiencia especial, más personal incluso que la de su padre y su madre. Había sentido el poder de Jesús, y no era de extrañar que creyera. Mientras tanto, el padre se regocija al descubrir que no será un creyente solitario, pues su esposa y su hijo también confiesan su fe. Pero no hemos llegado al final del asunto, pues los sirvientes que están alrededor exclaman: "Maestro, nosotros tampoco podemos dejar de creer en Jesús, pues hemos observado al querido niño y lo hemos visto recuperarse, y el poder que lo sanó debe haber sido divino."

Todos y cada uno, por Su Gracia, emulan la fe de su maestro en Jesús. "Me senté con el querido niño", dice la vieja enfermera. "No quería dormirme, porque sentía que si lo hacía, podría encontrarlo muerto cuando despertara. Lo vigilé y justo a la séptima hora vi que le sobrevenía un cambio delicioso y que la fiebre lo abandonaba." "¡Gloria a Jesús!" gritó la anciana, "¡Nunca vi ni oí cosa semejante! Es el dedo de Dios". Todos los demás criados pensaban lo mismo. ¡Hogar feliz! Poco después hubo un gran bautismo, cuando todos fueron a confesar su fe en Jesús. No sólo se curó el niño, sino toda la familia. El padre no sabía, cuando fue a suplicar por su hijo, que él mismo necesitaba ser salvado; la madre, también, probablemente sólo pensaba en su hijo; pero ahora la salvación ha llegado a toda la familia, y la fiebre del pecado y de la incredulidad se ha ido con la otra fiebre.

¡Que el Señor haga una maravilla como esa en todas nuestras casas! Si alguno de ustedes está gimiendo bajo una carga de dolor, confío en que se sentirá tan aliviado que, cuando se lo cuente a su esposa, ella también creerá en Jesús. Que el querido hijo que está a tu cuidado crea en Jesús mientras es todavía un niño, y que todos los que pertenecen a tu círculo doméstico pertenezcan también al divino Señor. Concede, en este momento, el deseo de Tu siervo, oh Señor Jesús, por Tu gloria. Amén.

Sermón #317—Características de la Fe

PRONUNCIADO EN LA MAÑANA DEL SÁBADO 27 DE MAYO DE 1860, POR EL

REV. C.H. SPURGEON

EN EXETER HALL, STRAND.

"Entonces Jesús le dijo: Si no viereis señales y prodigios, no creeréis."-Juan 4:48.

Recordarás que Lucas, en su carta a Teófilo, habla de cosas que Jesús empezó a hacer y a enseñar, como si hubiera una conexión entre sus obras y sus enseñanzas. De hecho, había una relación del tipo más íntimo. Sus enseñanzas eran la explicación de sus obras; sus obras, la confirmación de sus enseñanzas. Jesucristo nunca tuvo ocasión de decir a nadie: "Haced lo que yo digo, pero no lo que yo hago". Sus palabras y sus acciones estaban en perfecta armonía. Podías estar seguro de que era honesto en lo que decía, porque lo que hacía forzaba esa convicción en tu mente. Además, se os hacía ver que lo que os enseñaba tenía que ser verdad, porque hablaba con autoridad, una autoridad probada y demostrada por los milagros que hacía. Oh, hermanos míos en Cristo, cuando por fin se escriban nuestras biografías, Dios quiera que no sean sólo dichos, sino que sean una historia de nuestros dichos y hechos. Y que el buen Espíritu more de tal manera en nosotros, que al final se vea que nuestros hechos no chocaron con nuestros dichos. Una cosa es predicar, y otra cosa es practicar; y a menos que la predicación y la práctica vayan juntas, el predicador se condena a sí mismo, y su mala práctica puede ser el medio de condenar a multitudes al extraviarlas. Si haces profesión de ser siervo de Dios, vive de acuerdo con esa profesión, y si crees necesario exhortar a otros a la virtud, cuida de dar el ejemplo. No puedes tener derecho a enseñar, si tú mismo no has aprendido la lección que quieres enseñar a otros.

Esto a modo de prefacio; y ahora en cuanto al tema en sí. La narración que tenemos ante nosotros me parece sugerir tres puntos, y cada uno de esos puntos es triple. En primer lugar, señalaré en esta narración las tres etapas de la fe; en segundo lugar, señalaré las tres enfermedades a las que está sujeta la fe; y luego, en tercer lugar, plantearé tres preguntas sobre vuestra fe.

I. Comencemos, pues, por el primer punto. Me parece que tenemos ante nosotros la FE EN TRES DE SUS ETAPAS.

Sin duda, la historia de la fe podría dividirse con igual exactitud en cinco o seis etapas diferentes de crecimiento; pero nuestra narración sugiere una división triple, y por lo tanto nos atenemos a ella esta mañana.

Hay un noble que vive en Cafarnaún; oye el rumor de que un célebre profeta y predicador recorre continuamente las ciudades de Galilea y Judea, y se le da a entender que este poderoso predicador no se limita a entusiasmar a todos los oyentes con su elocuencia, sino que se gana el corazón de los hombres con milagros singularmente benévolos que realiza como confirmación de su misión. Guarda estas cosas en su corazón, sin pensar que alguna vez le serán de utilidad práctica. Cierto día, su hijo cae enfermo, tal vez su único hijo, uno muy querido para su padre, y la enfermedad, en lugar de disminuir, aumenta gradualmente. La fiebre exhala su aliento caliente sobre el niño, y parece secar toda la humedad de su cuerpo, y arrancar la flor de su mejilla. El padre consulta a todos los médicos que tiene a su alcance; éstos miran al niño y lo declaran francamente desahuciado. No hay cura posible. Ese niño está a punto de morir; la flecha de la muerte casi se ha hundido en su carne; casi ha penetrado en su corazón; no está sólo cerca de la muerte, sino a punto de morir; ha sido forzado por la enfermedad a recibir las flechas de púas de ese arquero insaciable. El padre recapacita y recuerda las historias que había oído sobre las curaciones de Jesús de Nazaret. Hay un poco de fe en su alma; aunque muy poca, la suficiente para que se esfuerce en comprobar la verdad de lo que ha oído. Jesucristo ha llegado de nuevo a Caná; son unas quince o veinte millas. El padre viaja a toda prisa; llega al lugar donde está Jesús: su fe ha llegado a tal punto que, en cuanto ve al Maestro, empieza a gritar: "Señor, baja antes de que muera mi hijo." El Maestro, en vez de darle una respuesta que pudiera consolarlo, lo reprende por la pequeñez de su fe, y le dice: "Si no veis señales y prodigios, no creeréis". El hombre, sin embargo, presta poca atención a la represión, pues hay un deseo que ha absorbido todas las fuerzas de su alma. Su mente está tan abrumada por una ansiedad, que es ajeno a todo lo demás. "Señor", dijo, "baja antes de que mi hijo muera". Su fe ha llegado a tal punto que suplica en oración y ruega encarecidamente al Señor que venga a curar a su hijo. El Maestro le mira con ojos de inefable benevolencia y le dice: "Vete, tu hijo vive". El padre sigue su camino alegre, rápido, contento, confiando en la palabra que hasta ahora ninguna evidencia había confirmado. Ha llegado a la segunda etapa de su fe; ha pasado de la etapa de búsqueda a la etapa de confianza. Ya no clama ni suplica por algo que no tiene; confía y cree que se le ha concedido, aunque todavía no ha percibido el don. De camino a casa, los criados le salen al encuentro con alegre prisa; le dicen: "Maestro, tu hijo vive". Pregunta rápidamente a qué hora le abandonó la fiebre. La respuesta es: hacia la séptima hora la fiebre se calmó; es más, siguió su curso. Entonces llega a la tercera etapa. Vuelve a casa; ve a su hijo perfectamente restablecido. El niño salta a sus brazos, lo cubre de besos; y cuando lo ha levantado una y otra vez para ver si era realmente el pequeño que yacía tan débil, pálido y enfermo, triunfa en un sentido aún más elevado. Su fe ha pasado de la confianza a la plena seguridad; y entonces toda su casa creyó tanto como él.

Les he dado sólo estos bosquejos de la narración, para que puedan ver las tres etapas de la fe. Examinemos ahora cada una más minuciosamente.

Cuando la fe comienza en el alma, es como un grano de mostaza. El pueblo de Dios no nace gigante. Al principio son bebés; y así como son bebés en la gracia, sus gracias están como en su infancia. La fe es como un niño pequeño, cuando Dios la da por primera vez; o para usar otra figura, no es un fuego, sino una chispa, una chispa que parece que debe apagarse, pero que sin embargo se aviva y se mantiene viva hasta que llega a una llama, semejante al vehemente calor del horno de Nabucodonosor. El pobre hombre de la narración, cuando se le dio la fe, la tuvo pero en un grado muy pequeño. Era fe de búsqueda. Esa es la primera etapa de la fe. Ahora fíjense que esta fe buscadora excitó su actividad. Tan pronto como Dios le da a un hombre la fe buscadora, ya no está ocioso acerca de la religión, no se cruza de brazos con el malvado antinomiano, y clama: "Si he de ser salvo, seré salvo, y me quedaré quieto, porque si he de ser condenado, seré condenado". No es descuidado e indiferente, como debería ser, en cuanto a si debe subir a la casa de Dios o no. Tiene fe buscadora, y esa fe lo hace asistir a los medios de gracia, lo lleva a escudriñar la Palabra, lo lleva a ser diligente en el uso de cada medio ordenado de bendición para el alma. Hay un sermón que escuchar: no importa que haya cinco millas que caminar, buscar la fe pone alas en los pies. Hay una congregación donde Dios está bendiciendo a las almas; el hombre, si entra, probablemente tendrá que estar de pie entre la multitud; pero eso no significa, que buscar la fe le da fuerza para soportar la incomodidad de su posición, pues, "Oh," dice, "si tan sólo pudiera oír la Palabra." Vean cómo se inclina hacia adelante para no perder ni una sílaba, pues "tal vez", dice, "la frase que pierda sea la misma que quiero". Cuán ferviente es su deseo de estar no sólo algunas veces en la casa de Dios, sino muy a menudo. Se convierte en uno de los oyentes más entusiastas, el más ferviente de los hombres que asisten a ese lugar de adoración. Buscar la fe le da al hombre actividad.

Más que esto, buscar la fe, aunque sea muy débil en algunas cosas, da a un hombre gran poder en la oración. Cuán sincero era este noble: "Señor, baja antes que muera mi hijo". Sí, y cuando la fe que busca entra en el alma, hace que un hombre ore. Ya no se contenta con murmurar unas cuantas palabras cuando se levanta por la mañana, y luego, medio dormido, repicar las mismas campanadas por la noche cuando se acuesta; sino que se escapa, roba un cuarto de hora de sus asuntos, si puede, para clamar a Dios en secreto. Todavía no tiene la fe que le permite decir: "Mis pecados son perdonados"; pero tiene la fe suficiente para saber que Cristo puede perdonar sus pecados, y lo que quiere es saber que sus pecados son realmente echados a las espaldas de Jehová. A veces este hombre no tiene ninguna comodidad para orar, pero la búsqueda de la fe le hará orar en una buhardilla, en un pajar, en un aserradero, desde detrás de un seto, o incluso caminando por la calle. Satanás puede poner mil dificultades en el camino, pero buscar la fe obligará al hombre a llamar a la puerta de la misericordia. Ahora bien, la fe que has recibido no te da paz, no te pone donde no hay condenación, pero sin embargo es una fe tal, que si crece llegará a eso. Sólo tiene que ser alimentada, cuidada, ejercitada, y la pequeña se hará poderosa, la fe que busca llegará a un grado más alto de desarrollo, y tú que llamaste a la puerta de la misericordia entrarás y encontrarás una bienvenida a la mesa de Jesús.

Y quisiera que notaran además, que la fe que buscaba en el caso de este hombre no lo hizo simplemente ferviente en la oración, sino importuno en ella. Pidió una vez, y la única respuesta que recibió fue un aparente desaire No se volvió enfurruñado y dijo: "Me reprende". No. "Señor", dijo, "baja antes de que muera mi hijo". No puedo decirles cómo lo dijo, pero no me cabe duda de que fue expresado en términos conmovedores, con lágrimas brotando de sus ojos, con las manos juntas en actitud de súplica. Parecía decir: "No puedo dejarte marchar si no vienes a salvar a mi hijo. Oh, ven. ¿Hay algo que pueda decir que pueda inducirte? Que el afecto de un padre sea mi mejor argumento; y si mis labios no son elocuentes, que las lágrimas de mis ojos suplan las palabras de mi lengua. Baja antes de que muera mi hijo". Y ¡oh! ¡qué poderosas oraciones son aquellas que la búsqueda de la fe hará rezar a un hombre! He oído a veces al buscador suplicar a Dios con todo el poder que Jacob pudo haber tenido en el arroyo Jabboks. He visto que el pecador, bajo la angustia de su alma, parece asirse de los pilares de la puerta de la misericordia, y sacudirlos de un lado a otro, como si prefiriera arrancarlos de sus profundos cimientos antes que irse sin lograr entrar. Le he visto tirar y tirar, y esforzarse y pelear y luchar, antes que no entrar en el reino de los cielos, porque sabía que el reino de los cielos sufría violencia, y que los violentos lo tomarían por la fuerza. Con razón no tienes paz, si has estado llevando ante Dios tus frías oraciones. Caliéntalas al rojo vivo en el horno del deseo, o piensa que nunca arderán en su camino hacia el cielo. Ustedes que simplemente dicen en la fría forma de la ortodoxia: "Dios, sé propicio a mí, pecador," nunca encontrarán misericordia. Es el hombre que clama en la ardiente angustia de la emoción del corazón: "Dios, sé propicio a mí, pecador; sálvame o pereceré", el que gana su pleito. Es el que concentra su alma en cada palabra, y arroja la violencia de su ser en cada frase, el que gana su camino a través de las puertas del cielo. Buscar la fe una vez que se da puede hacer que un hombre haga esto. Sin duda hay algunos aquí que ya han llegado tan lejos como eso. Me pareció ver que las lágrimas que brotaban de muchos ojos ahora mismo eran cepilladas muy apresuradamente, pero pude ver como un índice de que algunos decían en sus almas: "Ay, conozco el significado de eso, y confío en que Dios me ha traído hasta aquí."

Una palabra debo decir aquí con respecto a la debilidad de esta fe buscadora. Puede hacer mucho, pero comete muchos errores. El defecto de la fe buscadora es que sabe demasiado poco, pues observarán que este pobre hombre dijo: "Señor, baja, baja". Bien, pero él no necesita bajar. El Señor puede obrar el milagro sin bajar. Pero nuestro pobre amigo pensó que el Maestro no podía salvar a su hijo, a menos que viniera y lo mirara, y pusiera su mano sobre él, y se arrodillara tal vez sobre él como hizo Elías. "Baja", dijo. Lo mismo sucede contigo. Le has estado dictando a Dios cómo debe salvarte. Quieres que él te envíe algunas convicciones terribles, y entonces piensas que podrías creer; o bien quieres tener un sueño o una visión, o escuchar una voz que te hable, diciendo: "Hijo, tus pecados te son perdonados." Eso es culpa tuya. Tu fe buscadora es lo suficientemente fuerte como para hacerte orar, pero no es lo suficientemente fuerte como para desechar de la mente tus propias fantasías tontas. Estás deseando ver señales y maravillas, o de lo contrario no creerás. Oh noble, si Jesús decide hablar la palabra y tu hijo es sanado, ¿no te convendrá eso tanto como que él baje? "Y así, pobre pecador, si Jesús decide darte la paz esta mañana en esta sala, ¿no te parecerá eso tan bien como estar un mes bajo el látigo de la ley? Si al salir de estas puertas eres capaz simplemente de confiar en Cristo, y así encuentras paz, ¿no será eso una salvación tan buena como si tuvieras que pasar por el fuego y por el agua, y todos tus pecados tuvieran que cabalgar sobre tu cabeza? Aquí, entonces, está la debilidad de tu fe. Aunque hay mucha excelencia en ella porque te hace orar, hay alguna falla en ella porque te hace prescribir imprudentemente al Todopoderoso cómo te bendecirá, te hace impugnar en efecto su soberanía, y te lleva ignorantemente a dictarle en qué forma vendrá la bendición prometida.

Pasemos ahora a la segunda etapa de la fe. El Maestro le tendió la mano y le dijo: "Vete, tu hijo vive". ¿Ves el rostro de aquel noble? Esos surcos que había allí parecen alisados en un momento, todo ha desaparecido. Esos ojos están llenos de lágrimas, pero ahora son de otro tipo: son lágrimas de alegría. Da una palmada y se retira en silencio, con el corazón a punto de estallar de gratitud y el alma llena de confianza. "¿Por qué está tan feliz, señor?" "Porque mi hijo está curado", dice él. "No, pero tú no lo has visto curado." "Pero mi Señor dijo que lo estaba, y yo le creo". Pero puede ser que cuando vuelvas a casa descubras que tu fe es un engaño y tu hijo un cadáver." "No", dice él, "yo creo en ese hombre. Una vez creí en él y lo busqué, ahora creo en él y lo he encontrado". "Pero no tienes prueba alguna de que tu hijo esté curado". "No", dice él, "no quiero ninguna. Me basta la palabra desnuda de aquel divino profeta. Él lo dijo y yo sé que es verdad. Me dijo que siguiera mi camino; mi hijo vivió; yo sigo mi camino, y estoy en paz y tranquilo." Ahora fíjate, cuando tu fe llegue a una segunda etapa en la que seas capaz de tomarle la palabra a Cristo, entonces es cuando comenzarás a conocer la felicidad de creer, y entonces es cuando tu fe salva tu alma. Toma a Cristo en su palabra, pobre pecador. "El que crea en el Señor Jesucristo será salvo". "Pero", dice uno, "no siento ninguna evidencia". Créelo no menos por eso. "Pero", dice otro, "no siento gozo en mi corazón". Créelo, que tu corazón nunca esté tan sombrío: ese goce vendrá después. Esa es una fe heroica que cree en Cristo a pesar de mil contradicciones. Cuando el Señor te da esa fe, puedes decir: "No consulto con carne y sangre. El que me dijo: 'Cree y serás salvo', me dio gracia para creer, y por eso confío en que soy salvo. Cuando una vez arrojo mi alma, nade o se hunda, sobre el amor, la sangre y el poder de Cristo, aunque la conciencia no dé testimonio a mi alma, aunque las dudas me angustien y los temores me atormenten, es mío honrar a mi Señor creyendo en su Palabra, aunque sea contradictoria con el sentido, aunque la razón se rebele contra ella, y el sentimiento presente se atreva a mentirle". Es algo honorable cuando un hombre tiene un seguidor, y ese seguidor cree implícitamente en ese hombre. El hombre propone una opinión que está en contradicción con la opinión recibida del universo, se levanta y la dirige a la gente, y ellos silban y abuchean, y lo desprecian; pero ese hombre tiene un discípulo, que dice: "Yo creo a mi Maestro; lo que ha dicho yo creo que es verdad". Hay algo noble en el hombre que recibe tal homenaje. Parece decir: "Ahora soy dueño de un corazón al menos", y cuando tú, a pesar de todo lo que es conflictivo, te pones de pie ante Cristo y crees en sus palabras, le rindes un homenaje mayor que el de los querubines y serafines ante el trono. Atrévete a creer; confía en Cristo, te digo, y serás salvo.

En esta etapa de la fe es cuando el hombre comienza a disfrutar de tranquilidad y paz mental. No estoy muy seguro del número de millas que hay entre Caná y Cafarnaún, pero varios expositores excelentes dicen que son quince, algunos veinte. Supongo que la longitud de las millas puede haber variado últimamente. Sin embargo, a este buen hombre no le llevó mucho tiempo volver a casa con su hijo. Fue a la hora séptima cuando el Maestro dijo: "Tu hijo vive". Es evidente por este texto, que no se reunió con sus siervos hasta el día siguiente, porque dicen: "Ayer a la hora séptima le dejó la fiebre." ¿Qué deduces de ello? Por qué saco esta deducción: el noble estaba tan seguro de que su hijo estaba vivo y bien, que no tenía ninguna prisa violenta por volver. No se fue a casa inmediatamente, como si tuviera que llegar a tiempo para conseguir otro médico, si Cristo no había tenido éxito; sino que siguió su camino pausada y tranquilamente, confiado en la verdad de lo que Jesús le había dicho. Bien dice un viejo padre de la Iglesia: "El que cree no se apresura". En este caso era verdad. El hombre se tomó su tiempo. Es posible que transcurrieran doce horas o más antes de que llegara a su casa, aunque probablemente sólo tenía que recorrer quince millas. Quien toma la palabra desnuda de Cristo como la base de su esperanza, está sobre una roca, mientras que todo otro terreno es arena que se hunde. Hermanos y hermanas míos, algunos de ustedes han llegado hasta aquí. Ahora están tomando a Cristo por su palabra; no pasará mucho tiempo antes de que lleguen a la tercera y mejor etapa de la fe. Pero si tardáis mucho, seguid aquí; seguid creyendo en vuestro Señor y Maestro, seguid confiando en él. Si no te acepta en su casa de banquetes, sigue confiando en él. No, aunque te encierre en el castillo o en el calabozo, sigue confiando en él. Di: "Aunque me mate, confiaré en él". Si clavara en tu carne las flechas de la aflicción, confía en él; si te despedazara con su diestra, confía en él; y en un momento tu justicia saldrá como la luz, tu gloria como una lámpara encendida.

Ahora debemos apresurarnos a pasar a la tercera y mejor etapa de la fe. Los criados se reúnen con el noble: su hijo está curado. Llega a su casa, abraza a su hijo y lo ve perfectamente restablecido. Añade ahora, dice la narración: "Creyó él y toda su casa". Y, sin embargo, habrán notado que en el versículo cincuenta dice que él creyó. "El hombre creyó a la palabra que Jesús le había hablado". Ahora bien, algunos expositores han estado muy desconcertados; porque no sabían cuándo creyó este hombre. El buen Calvino dice, y sus observaciones son siempre de peso, y siempre excelentes (no vacilo en decir que Calvino es el expositor más grandioso que jamás haya pensado en aclarar la Palabra de Dios; en sus comentarios a menudo lo he encontrado haciendo pedazos sus propios institutos, no tratando de dar a un pasaje un significado calvinista, sino siempre tratando de interpretar la Palabra de Dios como él la encuentra), Calvino dice que este hombre tenía en primer lugar, sólo una fe, que dependía en una cosa de Cristo. Creyó la palabra que Cristo había hablado. Después tuvo una fe que llevó a Cristo a su alma, para convertirse en su discípulo, y confiar en él como el Mesías. Creo que no me equivoco al usar esto como ilustración de la fe en su estado más elevado. Encontró a su hijo curado en el mismo momento en que Jesús dijo que lo estaría. "Y ahora", dice, "creo"; es decir, cree con plena certeza de fe. Su mente estaba tan libre de todas sus dudas; creía en Jesús de Nazaret como el Cristo de Dios, seguro de que era un profeta enviado de Dios, y las dudas y los recelos ya no ocupaban su alma. Ah! conozco muchas pobres criaturas que quieren llegar a este estado, pero quieren llegar todos a la primera Son como un hombre que quiere subir por una escalera sin subir por los peldaños más bajos. "Oh", dicen, "si tuviera la plena certeza de la fe, entonces creería que soy hijo de Dios". No, no, cree, confía en la palabra desnuda de Cristo, y entonces llegarás después a sentir en tu alma el testimonio del Espíritu de que eres nacido de Dios. La seguridad es una flor; primero debes plantar el bulbo, el bulbo desnudo y tal vez indecoroso de la fe; plántalo en el grano, y pronto tendrás la flor. La semilla marchita de un poco de fe brota hacia arriba, y luego tienes el grano maduro en la espiga de la plena certeza de la fe. Pero aquí quiero que noten que cuando este hombre llegó a la plena certeza de la fe, se dice que su casa también creyó. Hay un texto que se cita a menudo, y creo que todavía no lo he oído citar correctamente. A propósito, hay algunas personas que no saben más de autores que lo que oyen citar, y algunos que no saben más de la Biblia que lo que han oído citar también. Ahora, está ese pasaje: "Cree en el Señor Jesucristo, y serás salvo"-¿Qué han hecho las últimas tres palabras para que sean cortadas?-"Y tu casa"; esas tres palabras me parecen tan preciosas como las primeras. "Cree y serás salvo tú y tu casa". ¿La fe del padre salva a la familia? Sí. La fe del padre le hace orar por su familia, y Dios escucha su oración, y la familia se salva. No, la fe del padre no puede ser un sustituto de la fe de los hijos, ellos también deben creer. En ambos sentidos de la palabra, digo "Sí, o No". Cuando un hombre ha creído, hay esperanza de que sus hijos se salven. No, hay una promesa; y el padre no debe descansar satisfecho hasta que vea a todos sus hijos salvos. Si lo hace, todavía no ha creído correctamente. Hay muchos hombres que sólo creen para sí mismos. A mí me gusta, si recibo una promesa, creerla tan amplia como sea. ¿Por qué no habría de ser mi fe tan amplia como la promesa? Ahora, así es: "Cree, y serás salvo, y tu casa. "Tengo un reclamo a Dios por mis pequeños. Cuando me presento ante Dios en oración, puedo alegar: "Señor, yo creo, y tú has dicho que seré salvo, y mi casa; tú me has salvado, pero mejor no has cumplido tu promesa llena has salvado también mi casa". Sé que a veces se piensa que nosotros que creemos que el bautismo de infantes es una herejía, y que ni un solo texto de la Escritura le da tanto como un apoyo inferencial, descuidamos a nuestros niños. Pero, ¿podría haber una columnia mayor? Por qué en lugar de eso pensamos que estamos haciendo a nuestros hijos el mayor servicio que podemos hacerles, cuando les enseñamos que no son miembros de la iglesia de Cristo, que no se convierten en cristianos el día en que son bautizados, que deben nacer de nuevo, y que ese nuevo nacimiento debe ser en ellos algo que puedan realizar conscientemente, y no algo que podamos hacer por ellos en su infancia, mientras todavía llevan sus ropas largas, rociándoles un puñado de agua en la cara. Creemos que es mucho más probable que se conviertan que aquellos que son educados en la noción engañosa que se les enseña en esa expresión del catecismo, una expresión sumamente perversa, blasfema y falsa: "En mi bautismo fui hecho miembro de Cristo, hijo de Dios, heredero del reino de los cielos". El Papa de Roma nunca pronunció una frase más impía que esa, nunca dijo una sílaba más contradictoria con todo el tenor de la Palabra de Dios. Los niños no se salvan por el bautismo, ni tampoco los adultos. "El que creyere, será salvo; y el que creyere, será salvo"; pero el bautismo no precede a la creencia. Tampoco coactúa ni interviene en nuestra salvación, porque la salvación es obra de la gracia, obtenida por la fe y sólo por la fe. Bautizado o no bautizado, si no crees, estás perdido; pero no bautizado, si crees eres salvo. Y nuestros niños que mueren en su infancia sin ningún rito profano o supersticioso, se salvan a pesar de ello.

II. Y ahora llegamos al segundo departamento de nuestro tema, las TRES ENFERMEDADES A LAS QUE LA FE ESTÁ MUY SUJETA, y estas tres enfermedades brotan en diferentes etapas.

En primer lugar, con respecto a la búsqueda de la fe. El poder de la búsqueda de la fe radica en que impulsa al hombre a orar. Y aquí está la enfermedad, porque es muy probable que, cuando estamos buscando comenzar, suspendamos la oración. Cuántas veces el diablo susurra al oído de un hombre: "No reces, no sirve de nada. Sabes que serás excluido del cielo". O, cuando el hombre piensa que ha obtenido una respuesta a la oración, entonces Satanás dice: "No necesitas orar más, ya tienes lo que pediste". O, si después de un mes de clamar ha recibido una bendición, entonces Satanás le susurra: "¡Tonto eres tú por quedarte a la puerta de la misericordia! ¡Vete! ¡Vete! Esa puerta está levantada y atrancada, y nunca serás oído". Oh, amigos míos, si están sujetos a esta enfermedad mientras buscan a Cristo, les pido que clamen contra ella, y trabajen contra ella; nunca dejen de orar. Un hombre nunca puede hundirse en el río de la ira mientras pueda clamar. Mientras puedan clamar a Dios por misericordia, la misericordia nunca se retirará de ustedes.

Oh, no dejes que Satanás te aleje de la puerta del armario, sino que te empuje dentro, quiera o no quiera. Renuncia a la oración, y sellarás tu propia condenación; renuncia a la súplica secreta, y renunciarás a Cristo y al cielo. Continúa orando, y aunque la bendición se demore, debe llegar; en el tiempo de Dios debe aparecérsete.

La enfermedad que con mayor probabilidad recae sobre los que se encuentran en la segunda etapa, es decir, los que confían implícitamente en Cristo, es la enfermedad de querer ver señales y prodigios, pues de lo contrario no creerán. En la primera etapa de mi ministerio, en medio de una población rural, solía encontrarme continuamente con personas que se creían cristianas porque, según imaginaban, habían visto señales y prodigios, y desde entonces me han contado historias de lo más ridículas personas serias y sinceras, como razones por las que se creían salvas. He oído una narración más o menos así: "Creo que mis pecados han sido quitados". ¿Por qué? "Bueno, señor, estaba en el jardín trasero y vi una gran nube, y pensé, ahora Dios puede hacer que esa nube se vaya si quiere, y se fue; y pensé que la nube y mis pecados se habían ido también, y no he tenido ninguna duda desde entonces". Yo he pensado: "Bueno, tienes buenas razones para dudar, porque eso es totalmente absurdo. Si te dijera los caprichos y fantasías que a algunas personas se les meten en la cabeza, te sonreirías, y eso no te beneficiaría. Es cierto que los hombres inventan cualquier historia ociosa, cualquier fantasía extraña, para hacerles pensar que entonces pueden confiar en Cristo. Oh, queridos amigos, si no tienen una mejor razón para creer que están en Cristo que un sueño o una visión, es tiempo de que comiencen de nuevo. Les concedo que ha habido algunos que han sido alarmados, convencidos, y tal vez convertidos, por extraños fenómenos de su imaginación; pero si confían en ellos como si fueran promesas de Dios, si los consideran como evidencias de que son salvos, les digo que estarán descansando en un sueño, en un engaño. Bien podrías tratar de construir un castillo en el aire, o una casa sobre la arena. No, el que cree a Cristo, cree a Cristo porque él lo dice, y porque aquí está escrito en la Palabra, no lo cree porque lo soñó, o porque oyó una voz que probablemente podría ser un mirlo cantando, o porque creyó ver un ángel en el cielo, que era tan probable que fuera niebla de una forma peculiar como cualquier otra cosa. No, debemos acabar con ese deseo de ver señales y prodigios. Si vienen, dad gracias; si no vienen, confiad simplemente en la Palabra que dice: "Todo pecado será perdonado a los hombres". No deseo decir esto para herir ninguna tierna conciencia, la cual tal vez haya encontrado algún pequeño consuelo en tan singulares prodigios, sino que sólo lo digo honestamente, para que ninguno de ustedes se deje engañar: Os advierto solemnemente que no confiéis en nada de lo que creáis haber visto, soñado u oído. Este volumen es la palabra segura del testimonio, a la que hacéis bien si prestáis atención, como a una luz que brilla en un lugar oscuro. Confiad en el

Señor; esperadle pacientemente; depositad toda vuestra confianza donde él puso todos vuestros pecados, es decir, sólo en Cristo Jesús, y seréis salvos, con o sin ninguna de estas señales y prodigios.

Me temo que algunos cristianos de Londres han caído en el mismo error de querer ver señales y prodigios. Se han estado reuniendo en encuentros especiales de oración para buscar un avivamiento; y porque la gente no ha caído desmayada, y no ha gritado ni hecho ruido, tal vez han pensado que el avivamiento no ha llegado. ¡Oh, si tuviéramos ojos para ver los dones de Dios en la forma en que Dios elige darlos! No queremos el avivamiento del Norte de Irlanda, queremos el avivamiento en su bondad, pero no en esa forma particular. Si el Señor lo envía en otra forma, nos alegraremos tanto más de no tener estas obras excepcionales en la carne. Donde el Espíritu obra en el alma, siempre nos alegramos de ver una verdadera conversión, y si decide obrar también en el cuerpo en Londres, nos alegraremos de verlo. Si los corazones de los hombres son renovados, qué importa que no griten. Si sus conciencias son vivificadas, qué importa que no caigan en un ataque; si encuentran a Cristo, quién lamentará que no se queden inmóviles y sin sentido durante cinco o seis semanas. Tómenlo sin las señales y los prodigios. Por mi parte, no los deseo. Permítanme ver la obra de Dios hecha a la manera de Dios, un verdadero y completo avivamiento, pero podemos prescindir fácilmente de las señales y los prodigios, porque ciertamente no son exigidos por los fieles, y sólo serán el hazmerreír de los incrédulos.

Habiendo hablado así de estas dos enfermedades, sólo mencionaré la otra. Hay una tercera, pues, que se interpone en nuestro camino para alcanzar el más alto grado de fe, es decir, la plena certeza, y es la falta de observación. El noble de nuestro texto hizo cuidadosas averiguaciones acerca del día y la hora en que su hijo fue sanado. Así obtuvo su seguridad. Pero nosotros no observamos la mano de Dios tanto como deberíamos. Nuestros buenos antepasados puritanos, cuando llovía, solían decir que Dios había destapado las botellas del cielo. Cuando llueve hoy en día, pensamos que las nubes se han condensado. Si tenían un campo de heno fuera, solían suplicar al Señor que hiciera brillar el sol. Nosotros, tal vez, somos más sabios de lo que pensamos; y consideramos que apenas vale la pena orar por tales cosas, pensando que vendrán en el curso de la naturaleza. Creían que Dios estaba en cada tormenta, es más, en cada nube de polvo. Solían hablar de un Dios presente en todo; pero nosotros hablamos de tales cosas como leyes de la naturaleza, como si las leyes fueran alguna vez algo, excepto que hubiera alguien para llevarlas a cabo, y algún poder secreto para poner toda la máquina en movimiento. No obtenemos nuestra seguridad, porque no observamos lo suficiente. Si observaras la bondad providencial día a día, si notaras las respuestas a tus oraciones; si anotaras en algún lugar del libro de tus recuerdos las continuas misericordias de Dios hacia ti, creo que llegarías a ser como este padre que fue llevado a caer en la certeza de la fe, porque notó que la misma hora en que Jesús habló, fue la misma hora en que vino la sanidad. Sé vigilante, cristiano. Al que busca providencias nunca le faltará una providencia que mirar.

Guardaos, pues, de estas tres enfermedades: de dejar de orar; de esperar ver señales y prodigios, y de la negligencia en observar la mano manifiesta de Dios.

III. Y ahora llego a mi tercer y último encabezado, sobre el cual solemnemente, aunque brevemente, hay TRES PREGUNTAS QUE SE LE DEBEN HACER ACERCA DE SU FE.

Primero, pues, dices: "Tengo fe". Que así sea. Hay muchos hombres que dicen que tienen oro y no lo tienen, hay muchos que se creen ricos y aumentados en bienes, que están desnudos y son pobres y miserables. Te digo, pues, en primer lugar, ¿te hace orar tu fe? No la oración del hombre que recita como un papagayo las oraciones que ha aprendido, sino ¿gritas como un niño vivo? ¿Le cuentas a Dios tus necesidades y tus deseos? ¿Buscas su rostro y pides su misericordia? Hombre, si inviertes sin oración, eres un alma sin Cristo; tu fe es un engaño, y la confianza que de ella resulta, un sueño que te destruirá. Despierta de tu sueño de muerte; porque mientras seas mudo en la oración, Dios no podrá responderte. No vivirás para Dios, si no vives en el armario, el que nunca está de rodillas en la tierra nunca estará de pie en el cielo; el que nunca lucha con el ángel aquí abajo, nunca será admitido en el cielo por el ángel de arriba. Sé que hoy hablo a algunos que no oran. Ustedes tienen mucho tiempo para su recuento, pero no tienen ninguno para su armario. Nunca han orado en familia; pero] no les hablaré de eso. Has descuidado la oración privada. ¿No te levantas a veces por la mañana tan cerca de la hora en que debes cumplir con tus compromisos, que te arrodillas, es cierto, pero dónde está la oración? Y en cuanto a las ocasiones adicionales de súplica, nunca se entregan a ellas. La oración con ustedes es una especie de lujo demasiado caro para permitirse a menudo. Pero quien tiene verdadera fe en su corazón, reza todo el día. No quiero decir que esté de rodillas; pero a menudo, cuando está negociando, cuando está en su tienda, o en su casa de contabilidad, su corazón encuentra un pequeño espacio, un vacío por un momento, y salta al seno de su Dios, y vuelve a bajar, refrescado para seguir con sus negocios y encontrarse con el rostro del hombre. Oh, esas oraciones jaculatorias, no simplemente llenar el incensario con incienso por la mañana, sino echar pequeños trozos de canela e incienso durante todo el día, para mantenerlo siempre fresco, esa es la manera de vivir, y esa es la vida de un verdadero creyente genuino. Si tu fe no te hace orar, no tengas nada que ver con ella, deshazte de ella, y que Dios te ayude a comenzar de nuevo.

Pero tú dices: "Tengo fe". Te haré una segunda pregunta. ¿Esa fe te hace obediente? Jesús dijo al noble: "Vete", y él se fue sin decir palabra, por mucho que hubiera deseado quedarse a escuchar al Maestro, obedeció. ¿Tu fe te hace obediente? En estos días tenemos ejemplos de cristianos de la clase más lamentable, lamentable; hombres que no tienen la honestidad común. He oído decir a comerciantes que conocen a muchos hombres que no tienen el temor de Dios ante sus ojos, y que son hombres muy justos y rectos en sus tratos; y por otro lado, conocen a algunos cristianos profesantes que no son positivamente deshonestos, pero que pueden retroceder y cubrirse un poco; no son caballos que no andan, pero de vez en cuando se encabritan; no parecen mantenerse al día si tienen una cuenta que pagar; no son regulares, no son exactos; de hecho, algunas veces -¿y quién ocultará lo que es verdad?-se ve a los cristianos haciendo cosas sucias, y a los profesantes de la religión ensuciándose con actos que los hombres mundanos despreciarían. Ahora, señores, doy mi testimonio esta mañana como ministro de Dios, demasiado honesto para alterar una palabra para complacer a cualquier hombre que viva, ustedes no son cristianos si pueden actuar en los negocios por debajo de la dignidad de un hombre honesto. Si Dios no te ha hecho honesto, no ha salvado tu alma. Ten por seguro que si puedes seguir adelante, desobedeciendo las leyes morales de Dios, si tu vida es inconsistente y lasciva, si tu conversación está mezclada con cosas que incluso un mundano podría rechazar, el amor de Dios no está en ti. No abogo por la perfección, pero sí abogo por la honestidad; y si tu religión no te ha hecho cuidadoso y orante en la vida común; si de hecho no has sido hecho una nueva criatura en Cristo Jesús; tu fe no es más que un nombre vacío, como bronce que resuena o címbalo que retiñe.

Te haré una pregunta más sobre tu fe, y he terminado. Dices: "Tengo fe". ¿Te ha llevado tu fe a bendecir a tu familia? El buen Rowland Hill dijo una vez, a su manera pintoresca, que cuando un hombre se volvía cristiano, su perro y su gato debían ser mejores por ello, y creo que era el señor Jay quien siempre decía que un hombre cuando se volvía cristiano, era mejor en todas las relaciones. Era mejor esposo, mejor amo, mejor padre que antes, o de lo contrario su religión no era genuina. Ahora, ¿han pensado alguna vez, mis queridos hermanos y hermanas cristianos, en bendecir su hogar? ¿He oído decir a alguno: "Yo guardo mi religión para mí mismo"? Entonces, no se preocupen mucho de que alguna vez se la roben; no necesitan ponerla bajo llave; no hay suficiente para tentar al mismo diablo a que venga y se la quite. Un hombre que puede guardar su piedad para sí mismo tiene una proporción tan pequeña de ella, que me temo que no será ningún crédito para sí mismo, ni ninguna bendición para otras personas. Pero a veces, por extraño que parezca, uno se encuentra con padres que no parecen interesarse por la salvación de sus hijos más de lo que se interesan por los niños pobres de la barriada trasera de St. Les gustaría que el niño saliera bien, y les gustaría que la niña se casara cómodamente; pero en cuanto a que se conviertan, no parece preocuparles. Es cierto que el padre ocupa su asiento en una casa de culto, y se sienta con una comunidad de cristianos; y espera que sus hijos salgan bien. Tienen el beneficio de su esperanza, ciertamente un legado muy grande: sin duda, cuando muera, les dejará sus mejores deseos, y ¡que se enriquezcan con ellos! Pero nunca parece haber hecho de la cuestión de si se salvarán o no, un asunto de ansiedad del alma. ¡Fuera con una religión como esa! Echadla al muladar; arrojadla a los perros; que sea enterrada como Koniah, con el entierro de un asno; arrojadla fuera del campamento, como una cosa inmunda. Esa no es la religión de Dios. El que no cuida de su casa es peor que un pagano y un publicano.

No os contentéis nunca, hermanos míos en Cristo, hasta que todos vuestros hijos se salven. Poned la promesa delante de vuestro Dios. La promesa es para vosotros y para vuestros hijos. La palabra griega no se refiere a los niños, sino a los hijos, a los nietos y a todos los descendientes que tengáis, sean adultos o no. No dejes de suplicar, hasta que no sólo tus hijos sino también tus bisnietos, si los tienes, sean salvos. Estoy aquí hoy como prueba de que Dios no es infiel a su promesa. Puedo mirar hacia atrás cuatro o cinco generaciones, y ver que Dios se ha complacido en escuchar las oraciones del abuelo de nuestro abuelo, que solía suplicar a Dios que sus hijos vivieran ante él hasta la última generación, y Dios nunca ha abandonado la casa, sino que se ha complacido en llevar primero a uno y luego a otro a temer y amar su nombre. Así sea con vosotros: y al pedir esto no estáis pidiendo más de lo que Dios está obligado a daros. Él no puede negarse a menos que se retracte de su promesa. No puede negarse a darte tu alma y la de tus hijos como respuesta a la oración de tu fe. "Ah", dirá alguno, "pero tú no sabes qué hijos son los míos". No, mi querido amigo, pero sé que si eres cristiano, son hijos que Dios ha prometido bendecir. "Oh, pero son tan revoltosos que me rompen el corazón". Entonces ruega a Dios que les rompa el corazón, y ya no te lo romperán a ti. "Pero llevarán mis canas con dolor a la tumba". Ruega entonces a Dios que lleve sus ojos con dolor a la oración, y a la súplica, y a la cruz, y entonces no te llevarán al sepulcro. "Pero", dices, "mis hijos tienen un corazón tan duro". Mira los tuyos. Creéis que no pueden salvarse: miraos a vosotros mismos, el que os salvó a vosotros puede salvarlos a ellos. Acudid a él en oración, y decidle: "Señor, no te dejaré ir si no me bendices"; y si vuestro hijo está a punto de morir, y, como pensáis, a punto de condenarse a causa del pecado, suplicad todavía como el noble: "Señor, desciende antes que perezca mi hijo, y sálvame por tu misericordia". Y tú, que habitas en lo alto de los cielos, nunca rechazarás a tu pueblo. Lejos de nosotros soñar que olvidarás tu promesa. En nombre de todo tu pueblo ponemos solemnemente nuestra mano sobre tu palabra y te prometemos tu alianza. Tú has dicho que tu misericordia es para los hijos de los que te temen y guardan tus mandamientos. Tú has dicho que la promesa es para nosotros y para nuestros hijos; Señor, no te retractarás de tu propio pacto; desafiamos tu palabra por santa fe esta mañana: "Haz lo que has dicho".

Otros libros del autor de esta misma editorial:
Todos disponibles en el idioma Español por Amazon
*Muy Pronto

1. Las Bienaventuranzas, Charles Spurgeon.
2. El poder del Evangelio, Charles Spurgeon.
3. All of Grace, Charles Spurgeon Big Print.*
4. Todo por Gracia, (Spanish Edition).
5. Sermones sobre el Génesis Volumen 1, Charles Spurgeon.*
6. Sermones sobre el Génesis Volumen 2, Charles Spurgeon.*
6. Sermones sobre el Génesis Volumen 3, Charles Spurgeon.*
7. Sermones sobre el Éxodo, Charles Spurgeon.*
8. Sermones sobre el Levítico, Charles Spurgeon.*
9. El poder de la oración, Spurgeon.*
10. Las Parábolas, Spurgeon.*
11. La Iglesia Spurgeon.*
12. La Biblia, Spurgeon*
13. La chequera de la fe, Spurgeon*
14. Los Ángeles, Spurgeon.*
15. El Diezmo, Spurgeon.*
16. El Poder del Espíritu Santo, Spurgeon.
17. La vida de Cristo, Spurgeon.*
18. Sermones sobre Números, Charles Spurgeon.*
19. Sermones sobre Deuteronomio, Charles Spurgeon.

¡¡¡¡¡¡Y VENDRÁN MÁS!!!!!!
*Todos ellos en letra grande (A4).
Si desea un descuento al por mayor del 50% en estos libros de Spurgeon, póngase en contacto con nosotros por correo electrónico:
kalhelministries21@gmail.com

www.ingramcontent.com/pod-product-compliance
Lightning Source LLC
Chambersburg PA
CBHW060420010526
44118CB00017B/2296